VIRGINIA LENG

Das Vielseitigkeitspferd
Der Vielseitigkeitsreiter

Virginia Leng

Das Vielseitigkeitspferd
Der Vielseitigkeitsreiter

Ausbildung, Training, Event

Unter Mitarbeit von
Genevieve Murphy

Die Deutsche Bibliothek – CIP-Einheitsaufnahme

Das Vielseitigkeitspferd, der Vielseitigkeitsreiter
Ausbildung, Training, Event / Virginia Leng.
Alle Fotos: Kit Houghton. Übers.: Julia Kemmler. –
München; Wien; Zürich: BLV, 1992
   Einheitssacht.: Training the event horse ‹dt.›
   ISBN 3–405–14344–6
NE: Leng, Virginia; Houghton, Kit; EST

Bildnachweis:
Alle Fotos: Kit Houghton
Umschlaggestaltung: F & H Werbeagentur GmbH,
München
Umschlagfotos: Kit Houghton
Layout und Satz: A.C. Loipersberger, München

Übersetzung: Julia Kemmler

BLV Verlagsgesellschaft mbH
München Wien Zürich
8000 München 40

Titel der englischen Originalausgabe:
Training the Event Horse
© Ginny Leng 1990 – engl. Originalausgabe
erschienen bei Stanley Paul and Co. Ltd.,
London (Random Century Group)

© der deutschsprachigen Ausgabe:
1992 BLV Verlagsgesellschaft mbH, München

Druck und Bindung:
Freiburger Graphische Betriebe, Freiburg i.Br.

Printed in Germany · ISBN 3–405–14344–6

INHALT

VORWORT

Ich war immer ein Teil eines Teams beim Training von Pferden in Ivyleaze, dem Zuhause meiner Mutter in der Nähe von Badminton, wo ich das beste Team der Welt im Hintergrund habe. Unser gemeinsames Wissen wurde in diesem Buch zusammengefaßt, und das ist wiederum eine Gemeinschaftsaufgabe. Es wäre nicht geschrieben worden ohne die Hilfe meiner Mutter, Heather Holgate, und die unserer Freundin Dorothy Willis, die seit 1980 in Ivyleaze ist; beide haben einen riesigen Erfahrungsschatz angesammelt. Außerdem bin ich unserem Tierarzt Don Attenburrow zu Dank verpflichtet, seine schmerzlindernden Untersuchungen haben viel dazu beigetragen, die Behandlung und das Wohlbefinden der Pferde zu verbessern. Es gab viele andere, die mir während der Jahre viele wertvolle Ratschläge gegeben haben und damit mein Wissen über einen wunderbaren Sport, in dem man niemals aufhört zu lernen, vergrößerten.

Ich möchte mich bei all denen entschuldigen, die ich auslasse und möchte nur drei Trainer erwähnen, die enormen Einfluß auf mich ausübten. Pat Manning war meine Leitfigur in der Dressur; Lady Hugh Russell war hauptsächlich dafür verantwortlich, mir beizubringen, wie man im Gelände reitet, und Pat Burgess war mir beim Parcoursspringen eine große Hilfe. Ein herzlicher Dank geht auch an meine wunderbaren Sponsoren von Citibank Savings. Ohne deren ständige Ermunterung und Unterstützung wäre es unmöglich gewesen, einen Stall voller Pferde zu erhalten.

Abschließend muß ich mich bei den Mädchen – in der Vergangenheit und in der Gegenwart – bedanken, die sich mit solcher Hingabe um die Pferde in Ivyleaze kümmerten. Sie hielten unsere Vielseitigkeitspferde gesund und glücklich und machten es ihnen möglich, auf dem Turnier ihr Bestes zu geben.

Abbildung links: Es dauert eine Zeit, bis das Pferd völlig vertrauensvoll ins Wasser springt. Beneficial springt unerschrocken hinein und amüsiert sich offensichtlich.

1

DAS VERSTEHEN DES PFERDES

Ich wurde einmal gebeten, den wichtigsten Schlüssel zum Training eines Militarypferdes hervorzuheben. War es das Longieren, das Konditionsprogramm oder die Ausbildung im Gelände? Für die Antwort mußte ich mein Gehirn nicht beanspruchen, »es ist eine Kombination all dieser Punkte«.

In Ivyleaze haben wir alle unsere einzelnen Aufgaben, die zum selben Ziel führen. Zusammen sind wir in der Lage, jedes Pferd in unserem Stall zu dem Stadium zu bringen, in dem es sein volles Potential als Militarypferd entfalten kann. Kein spezieller Teil ist dabei wichtiger als ein anderer; alle sind essentiell, um ein gemeinsames Ziel zu erreichen. Wir sind deshalb bemüht, alles, was mit dem Pferd vom ersten Umgang bis zum Start in der schweren Klasse passiert, wie einen natürlichen Fortschritt zum vorhergehenden erscheinen zu lassen.

Die Ausbildung eines Vielseitigkeitspferdes kann man nicht verkürzen. Jedes Tier muß wie ein Individuum behandelt werden und soviel Zeit bekommen, wie es in den einzelnen Ausbildungsstufen benötigt. Das bedeutet, daß jeder Schritt zufriedenstellend vollendet werden muß, bevor man den nächsten Schritt einführt. Probleme, die auf Mißverständnissen beruhen, treten unvermeidlicherweise auf, wenn Sie versuchen, den Fortgang zu beschleunigen. Die Ausbildung muß langsam und ohne schlechte Erfahrungen erfolgen, denn das ist die einzige Möglichkeit, mit der wir die Zusammenarbeit und das Vertrauen des Pferdes festigen können. Das ist das Herzstück einer jeden erfolgreichen Partnerschaft zwischen Pferd und Reiter.

In Ivyleaze glauben wir fest an den Grundsatz, daß Vorbeugen besser als Heilen ist. Diese Worte werden wahrscheinlich in diesem Buch öfter wiederholt, denn sie beeinflussen unseren gesamten Ausblick auf die Ausbildung. Wir meiden Probleme wie die Pest, weil wir wissen, wie schwierig diese zu überwinden sind.

Pferde haben ein scharfes Bewußtsein dafür, was um sie herum vorgeht und ein sehr gutes Gedächtnis. Tritt ein Problem auf, kann es unter Umständen unmöglich sein, dieses vollständig zu beheben, weil es vielleicht in einem Kästchen im Gedächtnis des Pferdes abgelegt ist, stets bereit, in jeder Situation, die derjenigen, in der es das erste Mal auftrat, ähnlich ist, wieder aufzutauchen. Verweigerungen sind ein Beispiel für etwas, das leichter zu verhindern als zu heilen ist.

Unsere andere goldene Regel ist, niemals auf etwas zu beharren. Diese Maxime wird bei jeder Ausbildungsstufe angewendet, egal auf welchem Niveau. Sie akzentuieren die Probleme nur, wenn Sie immer weiter machen, denn dann wird das Pferd gelangweilt, verwirrt oder ärgerlich. Es wird deshalb unkooperativ.

Nachdem jedes Pferd ein Individuum ist, ist es unmöglich, vorherzusagen, wie lange jede Ausbildungsstufe dauern wird. Ich habe versucht, einige grobe Richtlinien zu geben, einfach deshalb, weil der Leser vielleicht nicht weiß, ob eine bestimmte Stufe drei Minuten oder drei Monate dauert – es kann aber dafür keine genaue und feste Regel geben. Der Trainer muß auf das Pferd hören und mit äußerster Vorsicht vorgehen.

Macht das Pferd keine Fortschritte, müssen Sie natürlich überprüfen, ob Sie selbst nichts falsch machen. Haben Sie das getan, müssen Sie aber die Tatsache berücksichtigen, daß manche Pferde länger als andere brauchen. Sie haben die Ergebnisse vielleicht schon nach zwei Tagen erwartet und sind daher versucht, zu etwas Neuem überzugehen, wenn diese noch nicht erreicht sind. Würden Sie noch zwei Wochen durchhalten, nicht mehr als eine kurze Zeit pro Trainingseinheit, würde das Problem wahrscheinlich verschwinden.

Der Reiter muß lernen, auf sein Pferd zu hören. Einige wenige Menschen haben einen angeborenen Instinkt, der es ihnen ermöglicht, dies mit Leichtigkeit zu tun, die meisten müssen aber lernen, empfänglicher zu sein. Eine Partnerschaft muß auf gegenseitigem Vertrauen und Respekt basieren, und das kann ausschließlich durch die Sensibilität des Reiters erreicht werden. Ausfallende Maßnahmen sind ein Zeichen des Versagens, sie zeigen, daß das Wissen und das Verständnis des Reiters erschöpft sind. Das selbe gilt für die Verwendung von irgendwelchen Tricks, auf die die Menschen gerne zurückgreifen, wenn ihre eigenen Ausbildungsmethoden unzureichend sind.

Bevor Sie eine Bestrafung verordnen, müssen Sie sicher sein, daß Sie das Problem nicht selbst geschaffen haben; in neun von zehn Fällen entstammt der Widerstand den Fehlern des Reiters und nicht aus der Widerspenstigkeit des Pferdes. Mit anderen Worten, es ist nicht der Reiter, der ein Problem mit dem Pferd hat, sondern umgekehrt! Um klare und verständliche Hilfen zu geben, muß der Reiter wie ein Baum sein, die Arme und Beine (die Zweige und Äste) müssen in der Lage sein, sich unabhängig voneinander zu bewegen, während der Stamm ruhig bleibt. Die Hilfen kommen von den Beinen, dem Körpergewicht und zum Schluß von den Händen. Die Verwendung des Sitzes wird häufig falsch interpretiert und deshalb falsch angewendet; solche Mißverständnisse treten weniger leicht auf, wenn Sie an Ihr Gewicht (mehr als an Ihren Sitz) als Hilfe denken. Alles ist von der Qualität der dressurmäßigen Arbeit Ihres Pferdes abhängig. Ist es über dem Sprung nicht gerade, gibt es nur einen einzigen Grund: es ist in der dressurmäßigen Arbeit nicht gerade. Dressur ist deshalb die Basis jeder erfolgreichen Ausbildung. Vom Pferd wird nicht verlangt, irgendetwas zu lernen, was es nicht bereits kann. Auf der Koppel trabt, galoppiert und springt das Pferd; es macht fliegende Wechsel und Piaffen. Die Dressur zeigt dem Pferd lediglich, diese Dinge auszuführen, wenn man es von ihm verlangt, mit dem Gewicht eines Reiters auf dem Rücken. Es ist dieses zusätzliche Gewicht, das sein natürliches Gleichgewicht stört. Es ist so gebaut, daß sein Körper vorne schwerer ist, und mit dem falschen Training ist das Gewicht des Reiters dafür verantwortlich, daß es noch mehr auf die Vorhand kommt. In der Folge davon werden Verletzungen und Streß verursacht. Die Pferde, die allein in der Wildnis sind, verletzen sich selten an den Sehnen oder Bändern; sie treten normalerweise auf, weil das Pferd nicht gelernt hat, sein eigenes Gewicht zu tragen, plus das Gewicht des Reiters, in einer Weise, die am wenigsten Streß verursacht. Die Menschen führen es oft darauf zurück, daß Reiter Glück oder Pech haben, wenn ihre Pferde gesund bleiben oder lahm werden. Es ist natürlich etwas Wahres dran; aber es ist auch richtig zu sagen, daß wir helfen können, unser eigenes Glück zu schaffen, indem wir in der Ausbildung dem Pferd lernen, sich selbst im Gleichgewicht zu tragen – mit dem Gewicht des Reiters obendrauf. Das schont nicht nur das Pferd, es ermöglicht ihm auch mit Genauigkeit und Rhythmus zu springen und die nötige Fitneß zu erreichen, die es für den Ausdaueraspekt einer Großen Prüfung benötigt. Ein Pferd kann nur dann sein Bestes geben, wenn es in einer entspannten und liebevollen Umgebung gearbeitet wird. Der tatsächliche Fortschritt ist von seinem Temperament, der Größe, dem Körpergewicht, der Reife, der Kondition und der Gesundheit abhängig.

Die Ausbildung des Pferdes ist ein langsamer aber faszinierender Vorgang, und wenn wir Erfolg haben, ist die Belohnung wundervoll.

2

DAS FINDEN DES RICHTIGEN PFERDES

Seit ich das Glück habe, für England in einem britischen Team zu starten, bin ich immer auf der Suche nach Pferden, die in der Lage sind, internationalen Standard zu erreichen.

Dabei muß ich zugeben, daß ich nicht die am leichtesten zufriedenzustellende Person der Welt bin. Selbst wenn meine Mutter und Dot glauben, das ideale Pferd gefunden zu haben, bin ich immer noch nicht zufrieden. Wahrscheinlich bin ich durch die Auswahl verwöhnt worden!

Ich mag es, wenn Pferde auf eine bestimmte Art und Weise gehen und mir damit das Gefühl geben, wir könnten gemeinsam alles schaffen. Es beunruhigt mich, wenn ich unfähig bin, den Schlüssel zu einem bestimmten Pferd zu finden. Dann beginne ich mich zu fragen, ob das Pferd bei einem anderen Reiter größere Chancen hätte, sein volles Potential zu entwickeln. *Master Craftsman* war eines dieser Pferde. Er machte mir während der ganzen Zeit, in der er in L- und M-Vielseitigkeiten startete, Sorgen, und wenn er nicht der ganze Stolz meiner Mutter gewesen wäre, hätten wir ihn wahrscheinlich wieder verkauft. Was dies für ein schrecklicher Fehler gewesen wäre, realisierte ich, als ich *Crafty* bei den Olympischen Spielen 1988 in Seoul ritt. Dabei lernte ich, daß Ausharren belohnt werden kann!

Einige der Pferde, die wir kaufen, sind junge Pferde, die noch nicht angeritten sind und an deren Springvermögen wir glauben müssen. Wir geben niemals Riesensummen für Pferde aus und kaufen niemals fertig ausgebildete Pferde; wir bilden sie lieber selbst aus. Das einzige Pferd, das fertig ausgebildet in Ivyleaze ankam, war *Griffin*, den wir bei Ian Stark gegen *Murphy Himself* eintauschten. *Griffin* war zu klein für Ian, und *Murphys* wildes Temperament machten ihn zu groß und stark für mich; er brauchte einen Mann auf seinem Rücken. Meine Ziele werden nicht automatisch von allen

Reitern geteilt. Nicht jedermann sucht ein Pferd mit internationalem Potential – wahrscheinlich auch deshalb, weil diese Pferde nicht auf Bäumen wachsen. Würde ich ein Pferd für A- und L-Prüfungen kaufen, würde ich einige Punkte übersehen, die ich bei einem Militarypferd als Mängel ansehen würde. Es gibt aber einige Prioritäten, die immer die gleichen bleiben; egal was für ein Ziel wir haben, wir brauchen ein Pferd, das ehrlich, mutig und gesund ist.

Weil einige Faktoren immer gleich sind, beginne ich mit der Beschreibung eines Pferdes, das alle gern in Ivyleaze haben. Der Erfolg meiner Mutter bei der Suche nach dem richtigen Pferdematerial hat mich veranlaßt, ihre Gedanken an den Anfang zu stellen. Sie erbte einen instinktiven sechsten Sinn von ihrem Vater, der einer der anerkanntesten Richter des West Country war. Der Instinkt eines anderen ist weder einfach zu verstehen noch verständlich zu erklären, aber meine Mutter hat ihr Bestes versucht.

HEATHER HOLGATES INSTINKT

»Der erste Eindruck, den mir ein Pferd vermittelt, ist ungeheuer wichtig, beinahe so wichtig wie beim Kennenlernen einer Person«, sagte meine Mutter. »Es ist das allgemeine Gefühl, das ich bekomme, wenn ich in die Box gehe, das diesen Eindruck vermittelt. Das hat nichts damit zu tun, ob das Pferd sich freut, mich zu sehen oder nicht. Irische Pferde sind in der Regel etwas verärgert, mich zu sehen, aber zwischenzeitlich habe ich davon so viele angesehen, daß ich mir darüber im voraus im klaren bin. Obwohl der Kopf eine Menge aussagt, geht das Anfangsgefühl vom ganzen Pferd aus. Es ist so instinktiv, daß es beinahe unmöglich zu erklären ist. Später achte ich natürlich auf ganz spezielle Dinge. Ich mag ein vernünftiges Gesicht, aber ich habe mir niemals Gedanken über die Augen gemacht. Hätte ich mich davon beeinflussen lassen, hätten wir *Priceless* niemals gekauft; man konnte seine Augen kaum als groß und edel bezeichnen. Jedermann muß erkennen und sich daran erinnern, daß kein Pferd der Welt hundertprozentig ist. Ich vertrete oft die Theorie, daß es um so besser ist, je mehr Fehler man erkennen kann; wenn alles an einem Pferd absolut phantastisch erscheint, ist sehr oft irgendwo ein Problem versteckt. In diesem Bewußtsein, glaube ich, sollte man in der Lage sein, bestimmte Dinge wie z.B. Hasenhacken zu übersehen. Dasselbe gilt für Überbeine, solange diese nicht so groß sind, daß sich das Pferd anschlägt und damit die Überbeine vergrößert. Kleinigkeiten wie diese sollten aber Ihre Entscheidung, das Pferd zu kaufen, nicht beeinflussen, obwohl es natürlich wesentlich ist, das Pferd sehr genau untersuchen zu lassen. Obwohl es natürlich immer schön ist, ein Pferd zu haben, das sich gut bewegt, mache ich mir nicht viele Gedanken, ob es sich gerade bewegt oder nicht. Manche würden vom Kauf absehen, wenn sie sehen, daß das Pferd bügelt, aber ich kümmere mich nicht darum, solange der Rest in Ordnung ist. Ich würde mich eher um seinen Rhythmus und seine Aufrichtung kümmern, und wie aktiv es seine Hinterbeine einsetzt. Bewegung kann verbessert werden, vorausgesetzt das Pferd hat gute Grundgangarten, und deshalb überlege ich immer, was man daraus machen kann und wie lange es wohl dauert. Außer das Pferd ist zu jung, sehe ich mir natürlich an, wie es springt. Ich möchte sehen, ob es seine Schulter benützt, wie hoch es seinen Vorderarm zieht und ob es seine Vorderbeine faltet. Dies sind technische Dinge, derer ich mir jetzt bewußter bin, als vor 10 Jahren, wo ich mich nicht besonders darum kümmerte. Ich achte immer noch auf das Gesicht und die Ohren des Pferdes, wenn es sich dem Hindernis nähert. Sie werden mir sagen, wie clever das Pferd ist und ob es gern springt oder etwas unwillig ist. Ein gutes Temperament ist absolut lebenswichtig, egal ob Sie nach einem Weltpferd oder einem A-Pferd suchen. In den meisten Fällen haben Halbblüter ein besseres Temperament als Vollblüter, aber es gibt überall Ausnahmen von der Regel, und ich kannte ein oder zwei Vollblüter mit einem super Temperament. Ich suche als erstes und wichtigstes nach einem freundlichen und edlen Pferd, nach allem, was ich von der Military gesehen habe. Ich weiß, daß Sie ohne diese Eigenschaften nirgendwo hinkommen können. In meinem Fall hilft es natürlich auch noch, ein Pferd zu finden, das meine Tochter auch mag!«

Da ich diejenige bin, die die Pferde auf Turnieren reitet, sind es unvermeidlicherweise die Pferde, die mir am wenigsten liegen, die wieder verkauft werden. Dies sind sicherlich keine Vorurteile.

Von den erfolgreichen Pferden, die wir früher in Ivyleaze hatten, ging eines nach Canada, wo es mit seinem neuem Besitzer die Canadischen Meisterschaften der Jungen Reiter gewann; ein anderes war auf der Shortlist für das Canadische Olympiadeteam l988. Nur deshalb, weil wir jedes Jahr einige Pferde verkaufen müssen, kaufen wir normalerweise Wallache. Stuten sind viel schwieriger zu verkaufen, also machen wir uns nicht extra auf den Weg um welche anzusehen. Würde die richtige Stute bei uns vor der Haustüre stehen, würde ich sie nicht wieder wegschicken, nur weil sie das falsche Geschlecht hat. Ich bin der Meinung, daß eine gute Stute sehr schwer zu schlagen ist.

ANATOMISCHE ASPEKTE

Dot und ich konzentrieren uns auf die anatomischen Aspekte genauso wie wir auf unseren Instinkt hören; keiner von uns ist mit dem sechsten Sinn meiner Mutter gesegnet. Ich sehe immer zuerst auf die Beine und die Hufe des Pferdes. Es erscheint dumm, sich in das Gesicht eines Pferdes zu verlieben, ohne zu wissen, ob es stabile Gelenke und Hufe hat, die es aber braucht, um Sie durch das Gelände zu tragen.

HUFE

Hufe, die nicht gleich sind, halten mich von einem Pferd ab, denn Sie können bedeuten, daß das normale Wachstum des Hufes durch eine vorhergegangene Lahmheit zurückblieb. Weiche oder empfindliche Sohlen sollte man für unseren Sport

Night Caps Kopf zeigt Unerschrockenheit und Intelligenz.

am besten meiden, denn der Boden der Gelände-strecken kann hart sein. Sie können die Sohle testen, indem Sie drauf schlagen und beobachten, ob das Pferd zurückweicht. Die Hufe des Pferdes müssen sein eigenes Gewicht von ca. 500 kg (10 cwt) plus das Gewicht des Reiters tragen. Im Trab ruht diese schwere Last auf zwei Hufen gleichzeitig; im Galopp trägt einen Moment lang nur ein Fuß das ganze Gewicht. Deshalb ist es offensichtlich, daß das Militarypferd stabile und gesunde Hufe braucht.

BEINE

Ich achte darauf, daß die Beine in einem guten Zustand sind, mit einem starken Oberarm. Kleinere Mängel würden mich nicht unbedingt stören, solange sich kein narbiges Gewebe in den Bereichen, die an Hindernisse kommen können oder nicht durch Bandagen geschützt werden können, befinden. *Priceless* hatte eine Narbe auf seinem Röhrbein, aber er war immer durch Gamaschen geschützt; auf dem Knie oder vorne am Fesselkopf wäre sie ein Problem gewesen. Wie meine Mutter, würde ich eine Hasenhacke nicht weiter beach-

ten, denn diese ist lediglich ein Gebäudefehler. In einem Schauring würde man sie natürlich als Mangel betrachten, aber das betrifft mich nicht, denn ich suche mehr nach einem Athleten als nach einem Schaupferd. *Priceless* hatte eine Hasenhacke, aber wir haben ihn trotzdem gekauft. Spat allerdings, der eine Lahmheit werden kann, würde mich wahrscheinlich veranlassen, nach Hause zu fahren ohne zu sehen, wie sich das Pferd bewegt oder springt. Sie erkennen Spat, wenn Sie sich im rechten Winkel zur Hinterhand des Pferdes stellen; von hier aus kann man dann eine offensichtliche Schwellung unterhalb des Sprunggelenks erkennen. Die Hasenhacke ist aus diesem Winkel schlechter zu erkennen, Sie können sie aber besser sehen, wenn Sie näher zum Kopf des Pferdes gehen. Sie können aber auch das Hinterbein anheben und somit das Gelenk abbiegen, manchmal, wenn es sich um eine Hasenhacke handelt, verschwindet die Schwellung. Ich bevorzuge ein Pferd, das von Natur aus so gebaut ist, daß es seine Hinterbeine unter den Körper bringt. Man muß zugeben, daß dies bei *Master Craftsman* nicht der Fall ist; seine Hinterhand scheint weiter hinten zu sein als bei den meisten unserer Pferde, was ihn aber anscheinend nicht besonders beeinträchtigt! Die Beine sollten starke Knochen haben und genug Platz für die Sehnen. Ich mag keine Piephacken, würde aber kein Pferd deswegen verschmähen. Mit Sicherheit ablehnen würde ich ein Pferd mit kaputten Sehnen. Sie zeugen von Schwäche und von in der Zukunft zu erwartendem Ärger.

KOPF

Ich mag ein gutes, ehrliches Gesicht und bin mit Bestimmtheit gegen hübsche Gesichter. *Night Cap* entspricht wahrscheinlich am meisten meiner Idealvorstellung. Er hat ein wunderbares Gesicht, mit einem gütigen und ehrlichen Blick. Es ist das Gesamtbild, das mir gefällt, es ist hoffnungslos, es in einzelne Teile zerlegen zu wollen. *Priceless* hat ein richtiges Arbeitergesicht. Wir glauben, daß es *Arkle's* Gesicht ähnlich ist, obwohl *Priceless*

Schweinsaugen hat. Wie auch immer – wir glauben, daß er genug geleistet hat, um zu beweisen, daß auch ein Pferd mit kleinen Augen ein großes Herz und einen scharfen Verstand haben kann. Der Ausdruck in den Augen sagt mehr über das Temperament des Pferdes aus als die Größe (der Augen). Er zeigt Dinge, wie schlechte Laune, Mißtrauen oder eine freundliche Einstellung dem Menschen gegenüber.

KÖRPER

Mein potentielles Militarypferd muß eine gute Vorderpartie mit einer schrägen Schulter und einem gut ausgeprägten Widerrist haben. Man kann die Hinterhand stark verbessern, deshalb benötigt sie keine so genaue Prüfung. Ich mag es, wenn die Proportionen des Pferdes stimmen, so daß seine allgemeine Gestalt gut aussieht, die einzelnen Teile zusammenpassen und ein angenehmes Bild ergeben. Ich bevorzuge den Pferdekörper, der von der Nase

Ein Beispiel für gute Hufe und Gliedmaßen. Achten Sie auf das kurze Stück zwischen Fesselkopf und Karpalgelenk, das auf starke Sehnen schließen läßt.

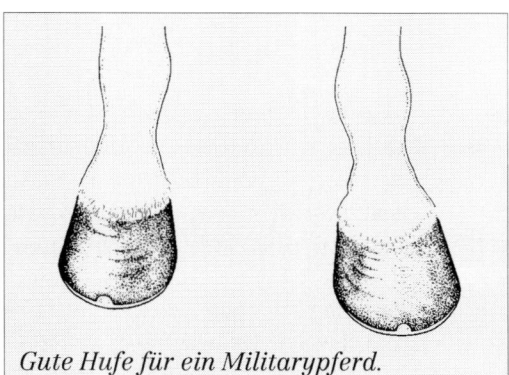

Gute Hufe für ein Militarypferd.

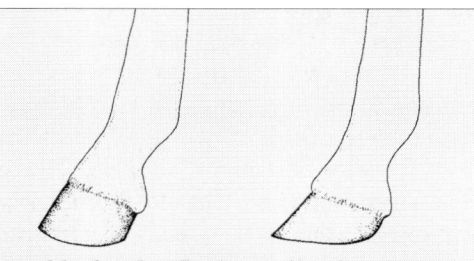

Bockhufe oder flache Hufe sollten gemieden werden.
Bockhufe werden leicht verletzt, denn die Erschütterung wird nicht leicht verteilt.
Flache Hufe bringen zusätzlichen Druck auf Strahl und Ferse.

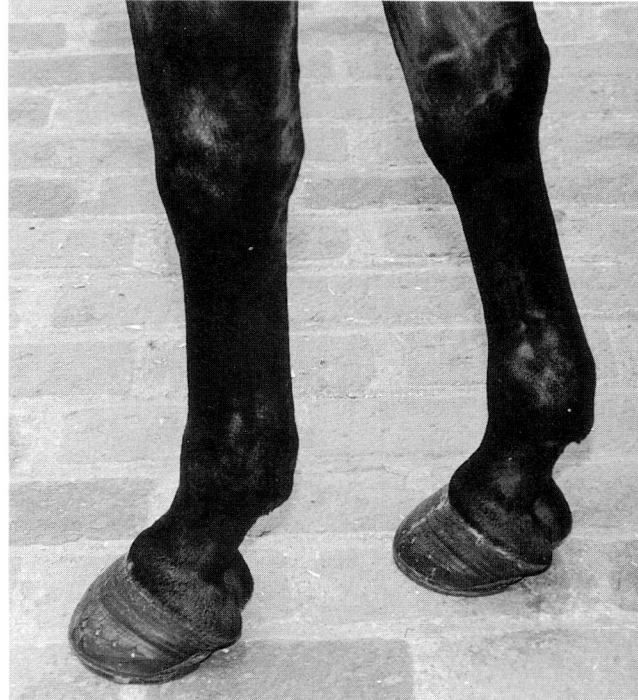

bis zum Schweif weder zu lang, noch zu kurz ist.

BEWEGUNG UND SPRINGVERMÖGEN

Als nächstes würde ich das Pferd im Schritt und im Trab vorführen lassen, damit ich es aus allen Winkeln ansehen kann, wenn es auf mich zukommt, von mir weggeht oder an mir vorbeigeht. Ich bevorzuge Pferde, die sich gerade bewegen, aber ein leichtes Bügeln ist nicht das Ende der Welt. Es muß auf jeden Fall eine schwungvolle Bewegung im Trab haben und den Eindruck vermitteln, als würde es sich gern bewegen. Mein nächster Wunsch wäre, das Pferd unter einem anderen Reiter zu sehen, um herauszufinden, wie es sich bewegt und springt. Es würde mich nicht stören,

wenn das Pferd nicht am Gebiß ist oder sich nicht richtig biegt; vielmehr interessiert mich sein natürliches Gleichgewicht und seine Kadenz.

Andere Dinge, wie z.B. eine offensichtliche Steifheit würde ich mir für später vormerken, wenn ich das Pferd selbst reite. Bevor ich selbst reite, möchte ich das Pferd unter einem anderen Reiter springen sehen. Ich würde mit einem kleinen Kreuz beginnend, bis auf ein vernünftiges Hindernis von 120 cm vorangehen. Praktisch jedes Pferd springt mit runder Basküle, wenn es zuvor niemals über Sprünge geritten wurde. Probleme entstehen erst durch falsche Ausbildung, und wenn die schlechten Angewohnheiten erst festgefahren sind, ist es schwer, sie wieder auszumerzen. In

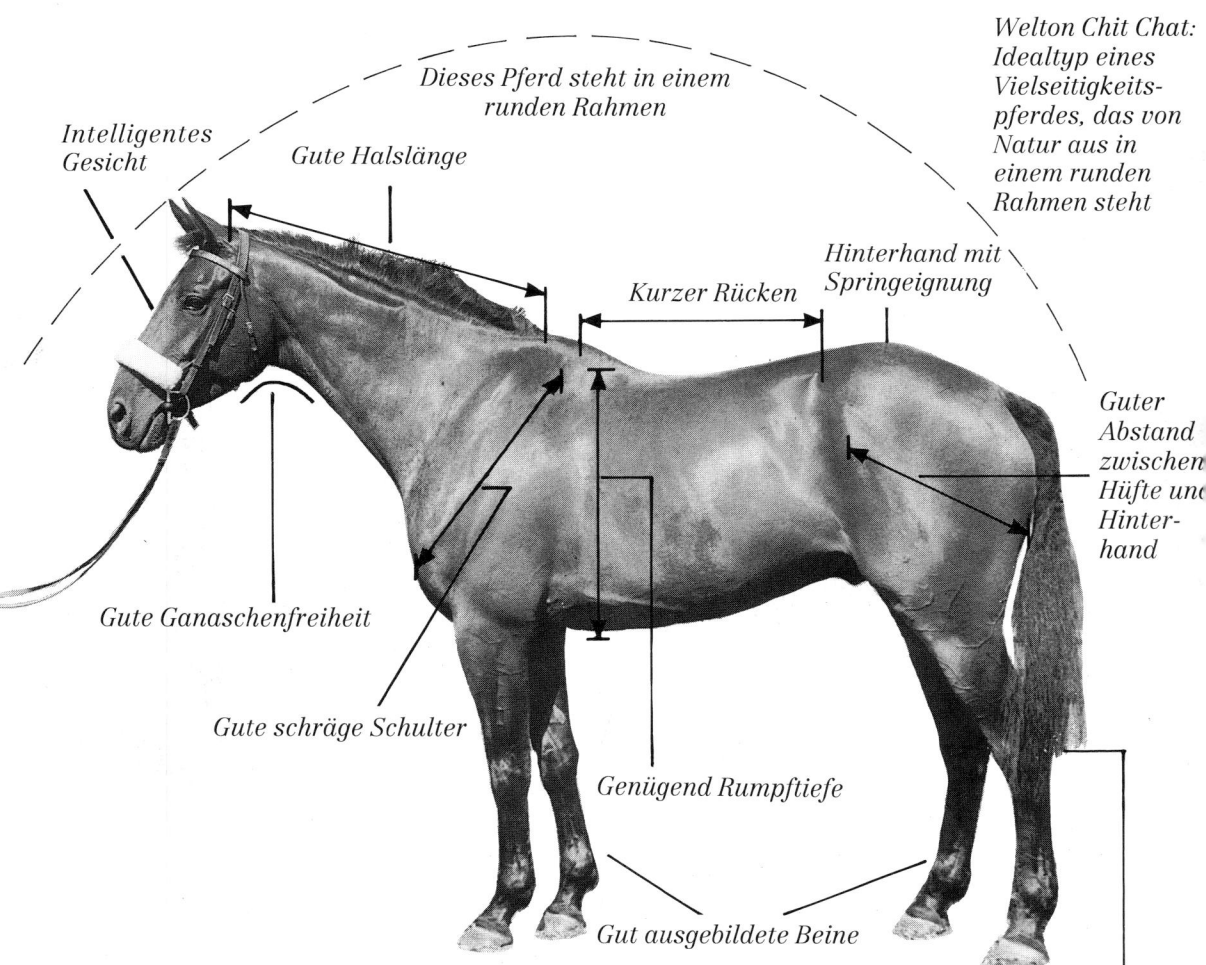

Dieses Pferd steht in einem runden Rahmen

Welton Chit Chat: Idealtyp eines Vielseitigkeitspferdes, das von Natur aus in einem runden Rahmen steht

Intelligentes Gesicht

Gute Halslänge

Kurzer Rücken

Hinterhand mit Springeignung

Guter Abstand zwischen Hüfte und Hinterhand

Gute Ganaschenfreiheit

Gute schräge Schulter

Genügend Rumpftiefe

Gut ausgebildete Beine

Die Sprunggelenke sind ziemlich dicht am Boden

der Gefahr, besonders kleinlich zu erscheinen, muß ich zugeben, daß ich kein Pferd kaufen würde, das mit weggedrücktem Rücken oder Hängebein springt. Das letztere bedeutet, daß das Pferd über dem Sprung den Vorderarm nicht genug nach oben zieht. Das wäre im A- und L-Bereich kein Nachteil; in der Tat kannte ich einige Pferde, die trotz Hängebein erfolgreich schwere Vielseitigkeitsprüfungen gingen. Ich habe einfach das Gefühl, daß sich diese Pferde schlechter aus einer unangenehmen Situation, in die man während einer schweren Military leicht geraten kann, befreien können; weil sie praktisch nicht in der Lage sind, dicht an ein respektables Hindernis zu kommen, ohne dagegen zu schlagen. Verweigert das Pferd, würde ich nicht automatisch daraus folgern, daß es feig ist. Es könnte natürlich nur feig sein – aber es ist genauso möglich, daß das Problem aufgetreten ist, weil der Reiter nervös war oder dem Pferd das Vertrauen fehlte. Um zur Wurzel dieses Problems zu kommen, müßte ich mich selbst auf das Pferd setzen. Dann würde ich das Pferd zuerst normal arbeiten und anschließend über einige kleine Sprünge reiten und mich währenddessen immer auf die Unzulänglichkeiten, die mir beim Zusehen aufgefallen waren, konzentrieren. In der Regel kann ich dann mehr oder weniger sicher sagen, ob das Pferd grün oder nachlässig ist, ob es nicht genug Vertrauen hat oder einfach nur feig ist. Daraufhin werde ich mich fragen, ob wir unter Anwendung unserer Methode Fortschritte machen könnten oder nicht. Nach unse-

Griffin: ein weiterer guter Vielseitigkeitstyp mit einigen kleinen Gebäudefehlern. Sein schwerer Kopf macht es ihm schwerer, sich auszubalancieren und seine Hinterhand unterzusetzen, aber aufgrund seines guten Gebäudes ist er nicht auf der Vorhand

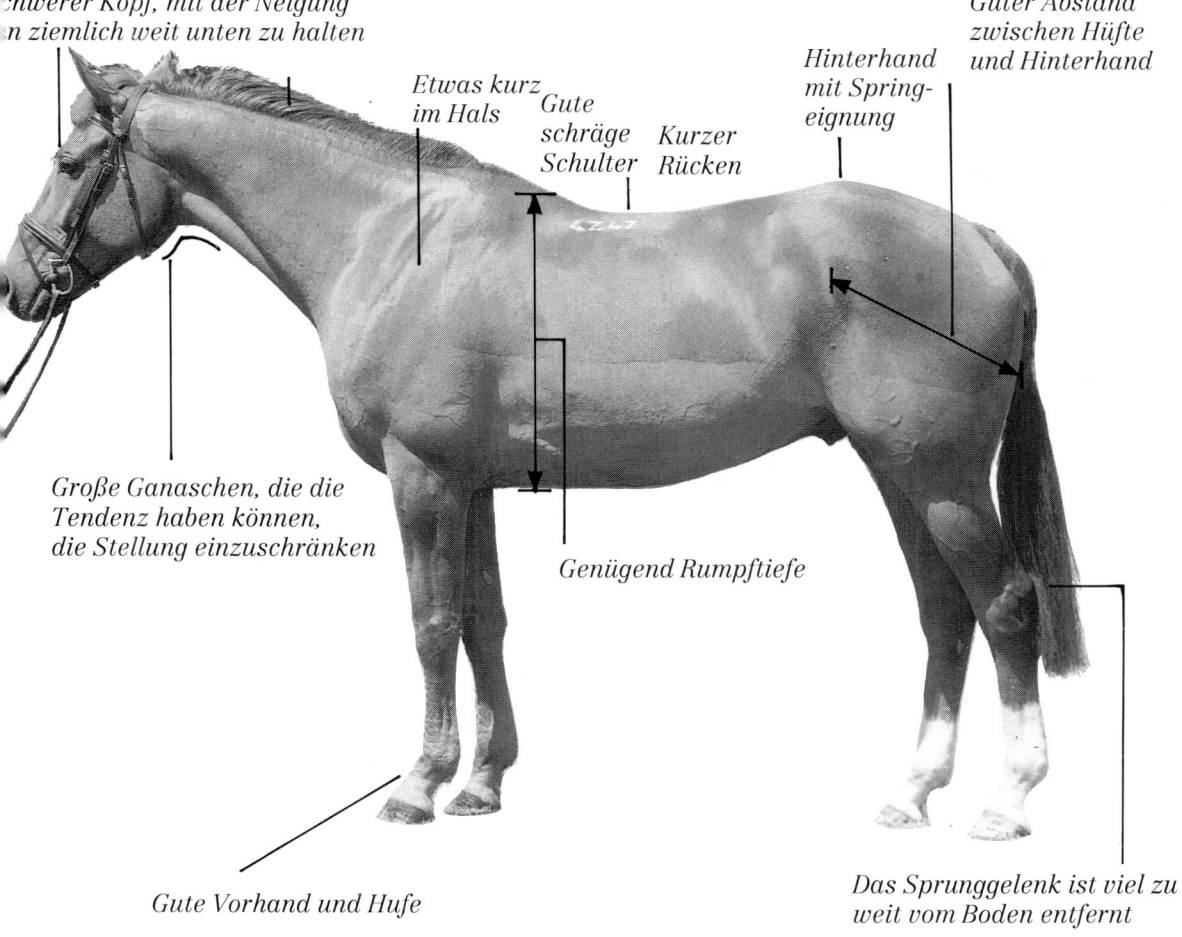

*chwerer Kopf, mit der Neigung
n ziemlich weit unten zu halten*

*Etwas kurz
im Hals*

*Gute
schräge
Schulter*

*Kurzer
Rücken*

*Hinterhand
mit Spring-
eignung*

*Guter Abstand
zwischen Hüfte
und Hinterhand*

*Große Ganaschen, die die
Tendenz haben können,
die Stellung einzuschränken*

Genügend Rumpftiefe

Gute Vorhand und Hufe

*Das Sprunggelenk ist viel zu
weit vom Boden entfernt*

rer Erfahrung sind die meisten Pferde nicht von Natur aus unvorsichtig Fehler, die aussehen wie reine Nachlässigkeit, sind in der Regel das Ergebnis von Unsicherheit, die – abgesehen von den üblichen Ausnahmen – immer vom Menschen erzeugt wurde.

TEMPERAMENT

Nach der ersten Bekanntschaft eine Psychoanalyse des Pferdes zu machen ist niemals leicht. Das Temperament ist von höchster Priorität, dabei sind es oft sehr kleine Anhaltspunkte, die uns sagen, ob der sonderbare kleine Kerl – mit der Hilfe von Training und Vertrauen – für oder gegen uns arbeitet. Meistens wurde ein schlechtes Tempe-

rament vom Menschen verursacht. Vermuten Sie aber, daß das Pferd eine feige oder gemeine Ader hat, ist es besser, sich ein anderes Pferd zu suchen. Es gibt viele verschiedene kleine Anzeichen, die Ihnen sagen, ob das Pferd mutig und clever ist. Wird es aus dem Stall geholt, können Sie darum bitten, es weiter aus seiner gewohnten Umgebung zu führen, damit Sie sehen können, wie das Pferd mit verschiedenen Neuigkeiten und Geräuschen fertig wird. Sie können es zum Beispiel an einem Auto vorbeiführen lassen, indem von innen Hunde bellen oder bei dem, mit Absicht, zwei Türen offenstehen, um zu sehen, wie es reagiert. Geht das Pferd vertrauensvoll weiter, wissen Sie, daß es mutig ist. Die Ohren sind die be-

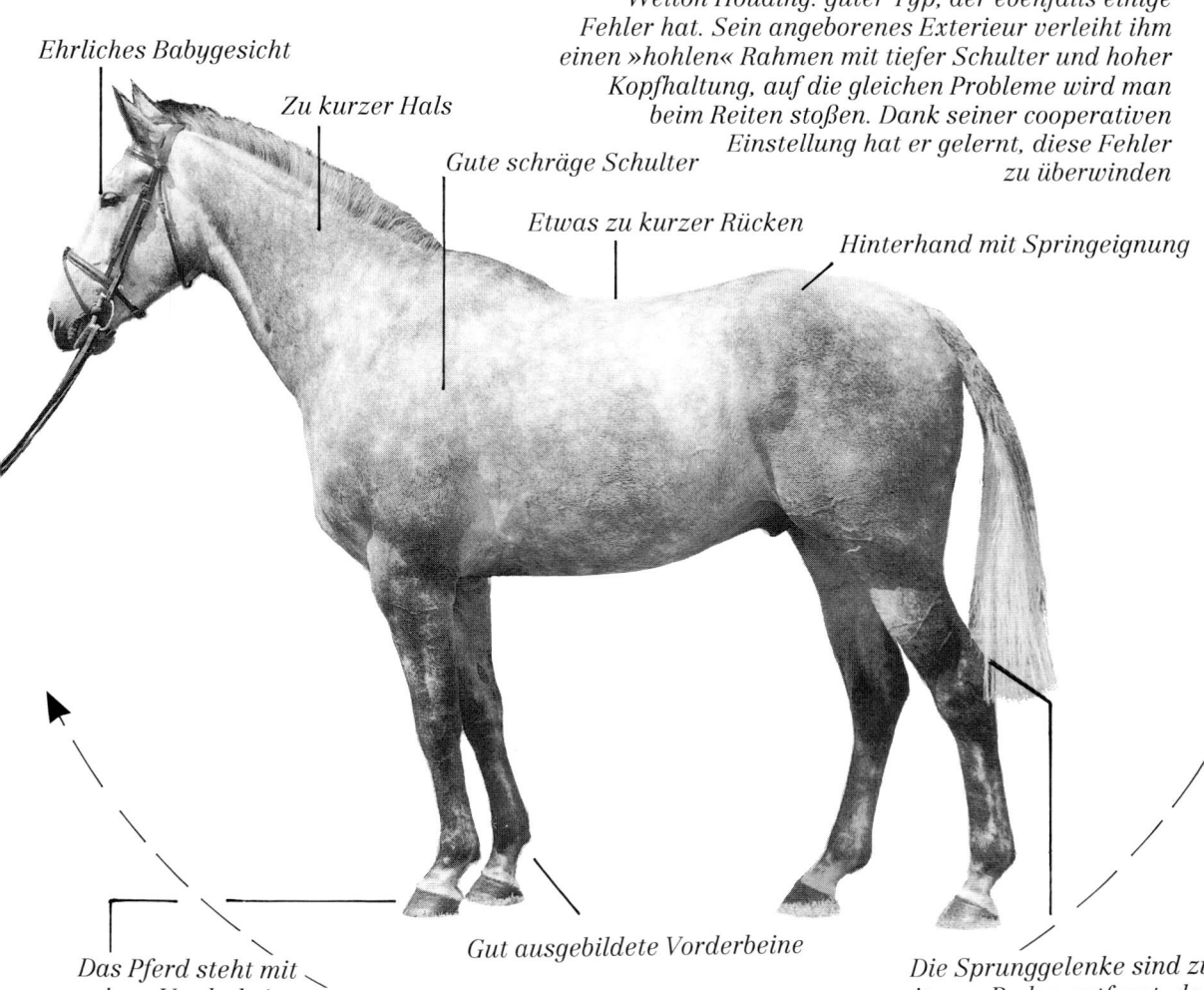

Welton Houding: guter Typ, der ebenfalls einige Fehler hat. Sein angeborenes Exterieur verleiht ihm einen »hohlen« Rahmen mit tiefer Schulter und hoher Kopfhaltung, auf die gleichen Probleme wird man beim Reiten stoßen. Dank seiner cooperativen Einstellung hat er gelernt, diese Fehler zu überwinden

Ehrliches Babygesicht

Zu kurzer Hals

Gute schräge Schulter

Etwas zu kurzer Rücken

Hinterhand mit Springeignung

Das Pferd steht mit seinen Vorderbeinen etwas zu weit hinten, das könnte auch bedeuten, daß es dazu neigt, genauso zu springen

Gut ausgebildete Vorderbeine

Pferd mit »hohlem« Rahmen

Die Sprunggelenke sind z *weit vom Boden entfernt, da* *macht das Unterspringen schwierige*

sten Anzeiger von Intelligenz. Sehen Sie, daß das Pferd ein Ohr spitzt, wenn ein Auto die Straße entlang fährt, wissen Sie, daß es sich bewußt ist, was passiert. Ist einem etwas bewußt, so ist man auch in der Lage, damit umzugehen. Es ist also beinahe dasselbe, als wäre man clever.

ABSTAMMUNG UND FARBE

Meine Vorstellung hat sich im Laufe der Zeit geändert. Seit ich Vollblüter wie *Master Craftsman* reite, bin ich geneigter einen zu kaufen, als zu der Zeit, in der ich *Priceless* und *Night Cap* ritt, die beide etwas Warmblut hatten. Weil sie für Rennen gezüchtet wurden, sind Vollblüter in der Arbeit gefürchteterweise faul, und Sie müssen immer aufpassen, die Dressurarbeit nicht zu übertreiben. Es widerspricht ihrem Zuchtziel, in der korrekten Haltung Schritt, Trab und Galopp zu gehen, das Warmblut hingegen wurde speziell dafür gezüchtet. Ich bin natürlich daran interessiert, etwas über die Abstammung des Pferdes zu erfahren, obwohl es weniger relevant als im Rennsport ist. Manche Hengste haben einen schlechten Ruf, weil sie zum Beispiel schlechtes Temperament oder Sehnenprobleme an ihre Nachzucht weitergeben. Auf andere hält man große Stücke, weil sie mehrere gute Nachkommen produziert haben. Zu dieser zweiten Kategorie zählen *Ben Fairie* (der Vater von *Priceless* und *Night Cap*) und *Master Spiritus* (der Vater von *Master Craftsman*). Wir haben Pferde von beiden Hengsten, die wir aber nicht nur aufgrund des guten Rufs gekauft haben, sondern weil uns die Pferde auch gefielen. Die Farbe ist unwesentlich. Persönlich würde ich liebend gern einen Schecken reiten; diese werden oft für etwas gewöhnlich gehalten, aber ich glaube, daß sie, richtig herausgebracht, wirklich elegant aussehen. Meine Lieblingsfarben sind grau und dunkelbraun. Füchse begeistern mich nicht so sehr, mit Sicherheit würde ich aber keinen wieder wegschicken, wenn ich alles andere an ihm leiden könnte.

TIERÄRZTLICHE UNTERSUCHUNG

Wir kaufen sehr selten Pferde, die nicht zuerst unser Tierarzt Don Attenburrow angesehen hat. Es gibt wenige Dinge, die man mit Bestimmtheit über ein Tier sagen kann, aber Dank Don's Radiostethoskop können wir den Zustand seiner Lungen schwarz auf weiß feststellen. Mit dem Radiostethoskop kann man die Lungenfunktion besser untersuchen als mit dem herkömmlichen Stethoskop, bei dem man ein Röhrchen in die Kehle des Pferdes schiebt. Das Stethoskop ermöglicht die Untersuchung der oberen Atemwege. Weil man es aber nur bei einem stillstehenden Pferd anwenden kann, ist der Befund nicht endgültig. Don's Radiostethoskop dagegen untersucht die Lunge, während das Pferd galoppiert und schließlich interessieren wir uns für die Atmung des Pferdes, während es sich bewegt. Man bringt dabei ein Mikrophon auf der Haut oberhalb der Luftröhre an, das die Geräusche auf einen Kassettenrekorder überträgt und eine grafische Darstellung produziert, ähnlich der bei der Untersuchung des menschlichen Herzens (EKG). Don ist deshalb in der Lage, den Zustand der Pferdelunge zu hören und zu sehen. Unser unersetzlicher Tierarzt untersucht zusätzlich noch die Augen unseres möglichen Kaufs und hört das Herz ab, dabei benutzt er dann ein konventionelles Stethoskop. Gleichzeitig geht er sicher, daß keine alten Verletzungen vorhanden sind, die zukünftig Ärger verursachen könnten. Unglücklicherweise kann das Untersuchungszertifikat des Tierarztes lediglich feststellen, daß der Tierarzt während des Zeitpunktes der Untersuchung keine Mängel feststellen konnte; es bietet keine beruhigende Garantie für die Zukunft. Der Tierarzt ist kein Wundermann; er kann Ihnen nicht versprechen, daß Ihr Pferd die nächsten 10 Jahre gesund sein wird. Es kann schon 10 Minuten später ausrutschen und lahmgehen.

DAS PFERD FÜR VIELSEITIGKEITS-ANFÄNGER

Je mehr Pferde Sie ansehen, um so mehr lernen Sie – vermeiden Sie also allzu große Eile beim Kauf. Sie müssen die Hilfe eines erfahrenen Pferdekenners gewinnen, ob Sie nun auf Anzeigen (die Ihnen nicht unbedingt die volle Wahrheit sagen) antworten oder ob Sie sich auf den Weg zu einem Pferd, das Ihnen empfohlen wurde, machen. Diese Hilfe ist absolut lebenswichtig, wenn Sie das Pferd auf einer Auktion kaufen wollen, wo man sich allzu leicht von einem Paar vertrauensvoller Augen beeinflussen läßt. Kaufen Sie niemals ein Pferd, ohne es korrekt untersucht zu haben. Wenn es Ihnen erlaubt ist, das Pferd zum Ausprobieren mitzunehmen (was bei einer Auktion natürlich nicht der Fall ist), haben Sie die Chance herauszufinden, wie gut Sie zusammenpassen. Sobald Sie das Pferd gekauft haben, wird es zu einem Teil Ihres Lebens, Verträglichkeit ist also wichtig. Ein Lebewesen auszuprobieren erfordert natürlich große Verantwortung, und Sie müssen dementsprechend versichert sein. Die Umstände und Ambitionen sind bei jedem Reiter verschieden und alle müssen beachtet werden. Bei den folgenden Vorschlägen ging ich von einem unerfahrenen Reiter mit begrenzten Geldmitteln aus, der nach einem Pferd sucht, mit dem es Spaß macht, an kleinen Militarys teilzunehmen. Die Mittel sollten natürlich nicht allzu begrenzt sein. Der Kauf des Pferdes ist erst der erste Teil der Ausgaben. Er wird von den Zahlungen für Sattelzeug, Beschlag, Einstreu, Futter, Tierarzt, Transport und Nenngeld ergänzt. Dann sollte noch etwas Geld für das Training in Reserve bleiben. Jeder Reiter, egal in welchem Ausbildungsstand, braucht Hilfe, um die Fehler auszubügeln, die sich unbemerkt einschleichen, denn sonst wird die Leistung des Pferdes immer schlechter und nicht besser. Wie bereits erwähnt, gibt es in jedem Niveau des Sports Prioritäten. Mut und Ehrlichkeit sind natürlich wichtig – man bekommt keinen Spaß, wenn man ein Pferd reitet, das anhält oder unzuverlässig ist. Ich würde außerdem auf gute Hufe und Beine achten, denn sie werden selbst bei kleinen Vielseitigkeiten einem bestimmten Grad an Belastung und Streß ausgesetzt sein. Sie können nicht garantieren, daß das Pferd gesund bleibt, aber die Wahrscheinlichkeit, daß es lahm gehen wird, ist geringer, wenn es die geeigneten Gliedmaßen und Hufe für seine Aufgabe hat. Sein Gebäude sollte im Grunde genommen ebenfalls korrekt sein, denn Fehler in diesem Bereich können eine nachteilige Auswirkung auf seine Bewegungen und das Springen haben.

Abstammung

Die Abstammung ist bei kleineren Prüfungen nicht wichtig, es spielt überhaupt keine Rolle, wenn das von Ihnen ausgewählte Tier mit einem Wagenpferd verwandt ist. Es kann vielmehr ein Vorteil sein, wenn die Mittel begrenzt sind, denn solch ein Pferd kann den größten Teil des Jahres draußen leben und wäre deshalb billiger und einfacher zu halten als ein Pferd mit hohem Blutanteil. Der Verwandte des Wagenpferdes hat wahrscheinlich auch ein ausgeglicheneres Temperament als das Tier mit der qualitätvolleren Abstammung; sehr oft bewegt es sich sehr gut und besitzt sowohl Ausdauer als auch ein gutes Springvermögen. In einer Ein-Tages-Prüfung wird nicht sehr viel galoppiert, es gibt vielmehr eine Menge Kurven und Wendungen, für die man ein Pferd braucht, das eher handlich als schnell ist. Es spielt nicht die geringste Rolle, wenn das Pferd ein wenig gewöhnlich und unscheinbar ist; es sollte trotzdem in der Lage sein, eine Geländestrecke in der Zeit zu beenden, sobald es bereit ist, dies zu versuchen.

Alter

Das Alter kann ein weites Gebiet umfassen. Ich würde ein Mindestalter von sechs Jahren für einen Vielseitigkeitsanfänger vorschlagen, denn das Pferd sollte dann ausgewachsen sein. Ein älteres Pferd bis zu 12 Jahren wäre genauso annehmbar und hätte den Vorteil, weniger zu kosten. Außerdem wäre es ein ausgezeichneter Lehrmeister.

Erfahrung

Erfahrung ist ein großer Vorteil für den unerfahrenen Reiter. Obwohl es für Pferd und Reiter nicht unmöglich ist, gemeinsam zu lernen, würde ich mit Sicherheit für jeden Newcomer ein Pferd vorschlagen, das bereits gesprungen wurde. Es sollte außerdem gerne springen. Ein Anfänger sollte niemals darüber nachdenken, ein Pferd zu kaufen, das er verweigern sah. Pferde können ziemlich schlau sein, unabhängig von Alter und Abstammung merken sie, wenn ein Unerfahrener oben drauf sitzt und testen ihn aus, genauso wie es ein ungezogenes Kind mit einem neuen Babysitter versucht.

Kurze Galoppsprünge / Begrenzte Pferde

Pferde mit einem kurzen Galoppsprung mögen ihre Grenzen haben, aber sie haben klare Vorteile für den Military-Anfänger. Ein Pferd mit einem großen Galoppsprung kann viel schwieriger über Sprünge zu trainieren sein, als die »Kaninchen« dieser Erde, die viel leichter zu manövrieren sind und meistens jeden Sprung genau am richtigen Punkt treffen. Es kann wie der Unterschied beim Fahren eines Lkw und Mini erscheinen.

Ton

Ein Ton ist nicht unbedingt ein Nachteil, wenn Sie das Pferd nur in kleinen Vielseitigkeitsprüfungen und vielleicht als höchstes Ziel in einer Großen L-Vielseitigkeit starten wollen.

Ein Ton wäre erst in einer Großen M-Prüfung ein Handicap, denn dann ist das Pferd mit dem Ton nicht mehr in der Lage, die schnellere Zeit zu bewältigen, obwohl es natürlich hierfür auch wieder Ausnahmen gibt. Don traf Pferde, die einen Ton hatten; doch mit Hilfe seines Radiostethoskopes war er sich sicher, daß ihr Zustand keinen bedeutsamen Einfluß auf ihre Leistung haben würde.

Koppen oder Weben

Koppen oder Weben würde wiederum nicht unbedingt eine Rolle spielen, solange das Pferd kein Gewicht verliert oder andere Pferde im Stall es imitieren. Stellen Sie Ihren Kopper oder Weber in einen anderen Stall, müssen Sie die anderen Leute vorher warnen. Andernfalls können Sie ein paar Freunde verlieren, wenn deren Pferde die Angewohnheiten Ihres Pferdes annehmen.

Die Größe ist für den Anfänger sehr wichtig. Wenn Sie nicht sehr viel Erfahrung haben, sollten Sie kein Pferd kaufen, das zu groß für Sie ist. Dasselbe gilt für ein kleines Pferd, das aufgrund seiner außergewöhnlichen Bewegungen wie ein sehr großes Pferd zu reiten ist. Auch wenn es beim ersten Reiten perfekt zu reiten erscheint, könnte es zu stark für Sie werden, sobald es einmal richtig fit ist. Sie sind gut bedient mit einem Pferd, das etwas zu klein für Sie ist, aber übermotorisiert zu sein ist beängstigend, um nicht zu sagen schlichtweg gefährlich. Vergessen wir nicht, daß dieser Sport Spaß machen sollte!

ZUSAMMENFASSUNG

Grundlegende Anforderungen an ein Pferd mit internationalem Potential:

Hufe: Sollten Teil eines passenden Paares sein. Sollten nicht steil oder flach sein. Meiden Sie Pferde mit empfindlichen Sohlen.

Beine: Guter Zustand ist erforderlich und sie sollten in der richtigen Proportion zum Körper des Pferdes sein.Sie sollten starke Knochen und ausreichend Platz für die Sehnen haben.Lassen Sie das Pferd stehen, wenn es irgendwelche Anzeichen beschädigter Sehnen zeigt.

Gesicht: Suchen Sie nach einem ehrlichen Gesicht und freundlichen Augen.

Körper: Eine schräge Schulter und ein ausgeprägter Widerrist sind erforderlich.Außerdem ein gutes Gebäude bei korrekten Proportionen.

Bewegung: Suchen Sie nach der natürlichen Sprungfeder im Trab und nach Freude an der Bewegung.

Springvermögen: Suchen Sie nach einem gerundeten Rücken, dem Anheben der Vorhand und dem Einfalten der Fesselköpfe. Sollte Freude am Springen haben.

Temperament: Muß ehrlich und mutig sein. Achten Sie darauf, wie das Pferd auf fremde Dinge reagiert. Seine Ohren sagen Ihnen, wie aufmerksam es auf seine Umgebung achtet und ob es einen guten Verstand hat.

Abstammung: Mindestens 50 Prozent Vollblut.

Farbe: Unwichtig.

Untersuchung: Wesentlich.

Schlußfolgerung: Handsome is as handsome does. Auf deutsch: Gut ist, was gute Leistungen zeigt.

Grundlegende Anforderungen an ein Pferd, das von einem unerfahrenen Reiter in kleinen Prüfungen geritten wird:

Hufe, Beine Gesicht, Temperament, Farbe, Untersuchung: Wie oben

Alter: Sechs bis zwölf Jahre.

Abstammung: Unwichtig, reines Vollblut ist nicht erforderlich.

Bewegung: Pferde mit kleinem Galoppsprung sind leichter zu reiten, es könnte ihnen aber an den Tritten für eine gute Dressurnote fehlen.

Körper: Das Gebäude sollte im wesentlichen korrekt sein.

Springvermögen: Meiden Sie jedes Pferd, das verweigert. Achten Sie auf die Freude am Springen.

Größe: Darf nicht zu groß für den Reiter sein.

3

LEKTIONEN AN DER LONGE

Dorothy, die mit der Hilfe von mir und meiner Mutter die meiste Longenarbeit in Ivyleaze macht, sagt, es bedeutet für den Longenführer Teil eines Dreiecks zu sein, das aus der Longierleine, dem Pferd und der Peitsche gebildet wird. Sie kann das Dreieck vergrößern oder verkleinern, indem sie die Peitsche näher zur Hinterhand des Pferdes bringt oder weiter weg führt. Dabei ist es genauso wie beim Reiten; Dot nähert sich mit der Peitsche dem Pferd, wenn sie mehr Energie erzeugen möchte, so wie der Reiter den Druck mit den Schenkeln verstärken würde. Ist das Pferd sehr eifrig und zeigt viel Energie, hält man die Peitsche beim Longieren weiter weg, genauso wie die Schenkel des Reiters passiv bleiben würden. Wir halten diese Übungen an der Longe für etwas grausam, speziell für junge Pferde, von denen zum erstenmal richtige Arbeit verlangt wird. Sie sind an den Umgang mit Ihnen gewöhnt, aber man hat von ihnen bis jetzt noch nicht verlangt, sich zu konzentrieren und sich anzustrengen. Longieren ist deshalb der Beginn der Arbeitsbeziehung zu einer Person, und dies wird seine zukünftige Einstellung gegenüber der Arbeit und den Menschen prägen. Wir beginnen mit dem Longieren der jungen Pferde, wenn sie drei Jahre alt sind. Normalerweise im Herbst, wenn es dem Ende der Militarysaison zugeht und wir deshalb mehr Zeit für die Babys haben. Wir scheren sie nicht, denn sie verbringen die meiste Zeit auf der Koppel und brauchen deshalb ihr Winterfell. Sie werden auch nicht beschlagen, es sei denn der Boden ist sehr hart, dann bekommen sie vorne Eisen. Aus Gründen der Sicherheit werden die Hinterbeine nicht beschlagen; es reduziert den Schaden, wenn sie sich oder denjenigen, der mit ihnen umgeht, schlagen. Pferde, die bereits älter sind, wenn sie bei uns in Ivyleaze ankommen, beginnen ihre Ausbildung ebenfalls mit Stunden an der Longe. Dies wird einen festen Teil im Training ihres restlichen Lebens als Turnierpferd hier in Ivyleaze einnehmen; deshalb wollen wir dem Pferd lernen, an der Longe gehorsam zu sein. Sehr selten benutzen wir die Longe als Mittel, um überschüssige Energien loszuwerden. Die Youngster können auf der Koppel so viel buckeln und spielen wie sie wollen, aber wir erwarten von ihnen Aufmerksamkeit und Gehorsam, wenn sie aufgezäumt sind. Erlaubt man ihnen, sich wie Rodeo-Pferde an der Longe zu benehmen, könnten sie vielleicht nicht verstehen, nicht dasselbe mit einem Reiter auf ihrem Rücken zu dürfen.

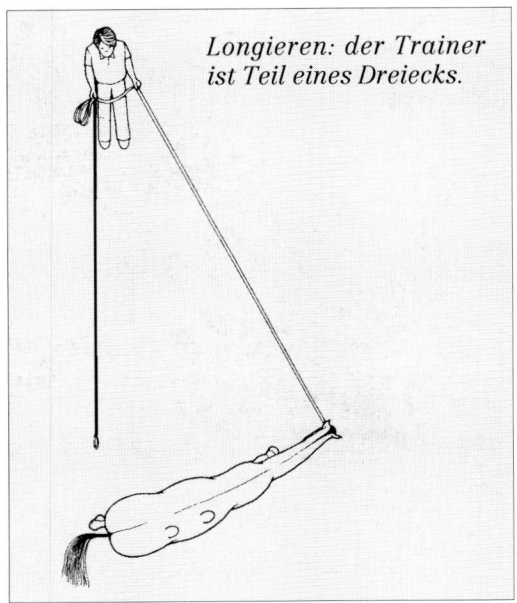

Longieren: der Trainer ist Teil eines Dreiecks.

VOR DER ERSTEN LONGENSTUNDE

Unser Youngster ist an der Hand geführt worden, seit er ein Jahr alt ist (vorausgesetzt wir haben ihn schon so lang), so daß er an die menschliche

Stimme und an die grundlegenden Kommandos wie »Vorwärts«, »Langsam«, und »Halt« gewöhnt ist. Die Stimme, begleitet von einem Klopfen der Schulter oder des Halses, wird auch benutzt, um das junge Pferd zu ermutigen. Somit hilft es ihm, eine glückliche Verbindung zum Menschen herzustellen. Lassen die Stallmanieren des Pferdes zu wünschen übrig – weil es vielleicht arrogant oder mißtrauisch ist –, erhält es einen Teil seiner Stunden im Stall, bis es lernt, sich zu benehmen. Wir achten sogar bei gutgezogenen jungen Pferden darauf, daß jemand (nicht unbedingt die Person, die das Pferd longiert) genug Zeit im Stall verbringt, um es an die Anwesenheit des Menschen zu gewöhnen. Das junge Pferd lernt vor den richtigen Longenstunden, in kleinen Einheiten von 10 bis 15 Minuten drei- oder viermal am Tag, auf einer geraden Linie zu gehen und anzuhalten. Für diese Einheiten benutzen wir einen Kappzaum, bei dem die Longe am obersten Ring des Nasenriemens befestigt ist. Die Longe ist in Schlingen gelegt und wird vom Führer, der dicht an der Schulter des Pferdes geht, so daß er das Pferd mit dem Ellbogen boxen kann, wenn es nach innen drängt (indem es sich in Richtung des Führers lehnt) oder drängelt. Wir versuchen alles, um nicht zuviel auf einmal einzuführen. Wenn wir das Pferd zum erstenmal mit dem Longierkappzaum führen wollen, beginnen wir, indem wir das Pferd in der Nähe seines Stalles führen, wo alles beruhigend und vertraut ist. Wir wollen nicht, daß das Pferd von einer fremden Umgebung abgelenkt wird, bevor es ein wenig Zeit hatte, sich an jede Neuheit seiner Ausrüstung zu gewöhnen. Später führen wir es in Zirkeln und Rechtecken von 20 bis 40 m Durchmesser in der Halle – mit anderen Worten ungefähr in derselben Größe, wie das Dressurviereck bei kleinen Prüfungen. Das Pferd wird während dieser Zeit von beiden Seiten geführt und man pariert es regelmäßig zum Halten durch, immer kombiniert mit dem Stimmkommando und einer Andeutung an der Longierleine und – falls erforderlich – einer zurückhaltenden Hand vor seiner Schulter. Das Ziel des Führers ist es dabei, das Pferd durchzuparieren, ohne daß es seinen Kopf nach der Seite wegdreht oder mit der Hinterhand ausweicht und somit

auf der gleichen geraden Linie bleibt, der es im Schritt folgte. Während dieses Vor-Longier-Stadiums gewöhnen wir das Pferd an das Tragen leichter Gamaschen an allen vier Beinen. Wir benutzen lieber Gamaschen mit Klettverschluß als mit Schnallen, junge Pferde können sehr zappelig sein und diese sind schneller und leichter anzulegen. Im Stall stößt das Pferd auf eine weitere neue Erfahrung, wo wir es an das Gefühl gewöhnen, einen Longiergurt aus Stoff um seinen Bauch zu tragen. Das Pferd wird den Sattel und den Gurt leichter akzeptieren, wenn es daran gewöhnt ist, einen Longiergurt zu tragen, egal ob dieser nun mit oder ohne Decke angelegt wird. Alle diese Erfahrungen machen die nächsten Stufen leichter. In der Zeit, in der das Pferd gelernt hat, vom Longenführer an der Longe wegzuge-

Korrekt verschnallter Kappzaum.

hen, hat es auch die Stimmkommandos gelernt. Es ist mit der Umgebung, in der man es longiert, vertraut, und es wird sich daran gewöhnt haben, auch dorthin an der Longe und mit Gamaschen zu gehen.

DAS LONGIEREN BEGINNT

Die erste richtige Longenstunde beginnt genauso wie die vorhergegangenen Stunden. Das junge Pferd wird wie immer aus dem Stall geführt; wir lassen es auf einer geraden Linie gehen, zum Halten durchparieren und führen es in der Halle herum. Hat das Pferd alles ohne Aufregung absolviert, lassen wir die Longe bis auf 3,5 m aus, so daß das Pferd auf einem Kreis, ohne jemand an seiner Seite, herumgeht. Sobald dies erreicht ist, sollte man die Stunde mehr oder weniger sofort, in einem glücklichen Ton beenden.

In allen Stadien des Trainings muß der Longierende (und später der Reiter) der Versuchung widerstehen, immer noch ein wenig weiter zu machen, weil alles wunderbar geht. Das ist genau der Zeitpunkt, um aufzuhören – bevor die Probleme auftauchen. Nach dieser Arbeit sollte man das Pferd belohnen, vielleicht indem man es auf dem Rückweg zum Stall etwas grasen läßt oder ihm einige Belohnungswürfel aus der Tasche gibt. Wir geben niemals einen Belohnungswürfel bevor die Longenstunde beginnt, es würde das Pferd verführen, nach den Leckerbissen zu schauen anstatt sich auf seinen Unterricht zu konzentrieren.

Am nächsten Tag wird die Stunde wiederholt, diesmal lassen wir das Pferd etwas länger im Schritt an der Longe gehen. Gleichzeitig lassen wir die Longe noch etwas länger, um den Zirkel noch etwas zu vergrößern. Der Trainer hat bei diesen frühen Longenstunden einen Assistenten bei sich. Diese zweite Person bleibt aber ein Zuschauer, solange er nicht bei einem speziellen Problem zu Hilfe gerufen wird. Der Helfer kann später eine wichtige Rolle spielen, wenn das Pferd ständig nach innen drängt oder nicht dahin geht, wo es hin soll. In diesem Fall geht der Helfer in einem kleinen Zirkel auf dem halben Weg zwischen Trainer und Pferd. Ist das Tier faul oder

neigt es dazu, zurückzubleiben oder anzuhalten, trägt der Helfer eine Peitsche. Diese wird nicht unbedingt benützt; es reicht normalerweise aus, wenn das Pferd weiß, daß die Peitsche nun näher bei ihm ist. Will das Pferd immer zu schnell gehen, faßt der Helfer in die Longe, so daß das Pferd einen zusätzlichen Druck spürt, der es zurückhält.

Größe des Zirkels

Das Pferd wird sich schließlich auf der Größe von 18 bis 20 m Durchmesser befinden, das bedeutet, daß es mehr oder weniger den ganzen Raum eines kleinen Dressurvierecks ausnützt. Ist das Pferd sowohl groß als auch unerfahren, könnte dies zu klein sein. In einem solchen Fall kann man Kontrolle und Gleichgewicht leichter erzielen, indem man den Zirkel vergrößert, dabei geht der Longenführer einen kleineren Kreis von ca. 6 bis 10 m. Das sollte aber als Kurzzeitmaßnahme betrachtet werden, die ungefähr zwei Wochen dauert; schließlich wird der Longenführer (nachdem er in immer kleiner werdenden Kreisen herumgeht) versuchen, auf einem Drehpunkt stehenzubleiben. Nur wenn Sie beim Longieren auf einer Stelle stehenbleiben, können Sie herausfinden, ob das Pferd auf einem richtigen Kreis geht. Hängt die Longe durch, wissen Sie, daß das Pferd nach innen gefallen ist; wird der Zug auf die Longe stärker, wissen Sie, daß sich das Pferd nach außen lehnt. Wenn Sie auf dem Zirkel herumwandern, bemerken Sie solche Dinge nicht, denn Sie selbst (und nicht das Pferd) halten die Verbindung an der Longe. Dieser Vorgang ist umgedreht, wenn Sie an einem Punkt stehenbleiben; das Pferd wird dann selbst die Verbindung aufnehmen und die ist ein wichtiger Teil seiner Erziehung. Wir wollen schließlich, daß das Pferd beim Reiten Kontakt mit den Zügeln aufnimmt.

Länge der Stunden

Die Stunden müssen kurz gehalten werden. Longieren kann langweilig sein und bringt außerdem eine gewaltige Belastung für die Sprunggelenke eines unausgewachsenen Dreijährigen mit sich. Bekommt das Pferd Schmerzen, verbindet es Arbeit mit Unbehaglichsein, und das ist etwas, was wir unbedingt vermeiden möchten. Deshalb beschränken wir jede Stunde auf 20-30 Minuten, einschließlich dem vorhergehenden Führen an der Hand, das wahrscheinlich ungefähr zehn Minuten dauert. Es ist deshalb für den Trainer am Anfang jeder Stunde wichtig, auf die Uhr zu schauen. Unser Youngster kann zwei oder drei Lektionen am Tag haben, aber keine wird länger als 30 Minuten dauern und könnte auch nur 15 Minuten kurz sein. Wir gehen niemals weiter, wenn eine Longenstunde (oder eine ähnliche Form der Ausbildung) nicht gut klappt. Ist das Pferd widersetzlich, weil es aufgeregt oder müde ist, so ist es viel besser, es wieder wegzustellen und am gleichen Tag später wieder herauszuholen. Sobald unsere jungen Pferde mit ihrer Arbeit an der Longe begonnen haben, bekommen sie die ersten zwei oder drei Wochen keinen Urlaubstag. Jede Unterbrechung der täglichen Arbeit würde einen Rückschlag bedeuten, wenn das Pferd etwas zu frisch (und deshalb etwas weniger gehorsam) nach seinem freien Tag ist.

Wir glauben, daß man warten muß, bis das Pferd diese Anfangsstunden aufgenommen und sich etwas Positives aufgebaut hat. Die meisten Pferde haben eine natürliche Biegung nach rechts. Deshalb neigen sie dazu, mehr Gewicht auf der linken Schulter zu tragen und die linke Hüfte höher zu haben, während die Hinterhand nach rechts geht. Sie finden es deshalb viel leichter auf der rechten auf dem Zirkel zu gehen und sind deutlich steifer auf der linken Hand. Es ist wichtig, die Hand oft zu wechseln; wir würden vom Pferd niemals verlangen, länger als 10 Minuten auf derselben Hand zu gehen. In diesem frühen Stadium suchen wir nicht nach der perfekten Oberlinie; wir sind vielmehr bemüht, einen angenehmen Rhythmus und eine gleichmäßige Länge der Tritte herzustellen. Das Pferd sollte sowohl glücklich und gehorsam als auch aufmerksam sein.

Die Stimme

Pferde sind normalerweise bessere Zuhörer als Menschen und die menschliche Stimme spielt in ihrer Ausbildung eine wichtige Rolle. Die Betonung kann als Tadel oder als Belohnung eingesetzt werden – und sie wissen auch ohne die Unterstützung durch eine Karotte oder die Peitsche ganz genau, was gemeint ist. Außerdem lernen sie bestimmte Wörter wiederzuerkennen, deshalb ist es für alle, die auf Ivyleaze trainieren, wichtig, genau die gleichen Wörter als Kommandos zu benutzen. Alle unsere Militarypferde sind ausnehmend empfänglich für die Worte »Guter Junge«. Hören Sie diese Worte während sie longiert werden, bedeutet es normalerweise, daß die Stunde bald zu Ende ist. Manche halten auf der Stelle an sobald sie diese Worte hören, deshalb müssen wir aufpassen, sie nicht zu früh zu sagen.

SCHRITT FÜR SCHRITT VORANGEHEN

Das junge Pferd hat bei seiner ersten Longenstunde einen Kappzaum und Gamaschen getragen. Geht alles gut, wird am dritten Tag ein Gurt hinzugefügt – am Anfang ziemlich locker befestigt, und wenn das Pferd zufrieden erscheint, nachgezogen. An diesem Punkt wird man das Pferd wahrscheinlich im Schritt über eine einzelne Stange auf dem Boden führen, um es daran zu gewöhnen, über etwas auf dem Boden Liegendes zu gehen. Der Trab wird der Stunde hinzugefügt, sobald der Trainer die Zeit reif dafür hält. Er sollte nicht eingeführt werden, bevor das Pferd nicht gelernt hat, aufmerksam zu sein; hört es Ihnen im Schritt und im Halten nicht zu, haben Sie nicht die geringste Chance, daß es sich im Trab auf Sie konzentriert. Es ist unmöglich, vorherzusagen, wie lange dies bei jedem Individuum dauern wird, denn Sie können niemals vorhersehen, welches junge Pferd schnell auf die Longe reagiert und welches sich in den Anfangsstadien strohdumm anstellt. Trabt und galoppiert das Pferd zufriedenstellend, wird der Gurt durch Sattel und Sattelgurt ohne Steigbügel und Steigbügelriemen ersetzt. Abhängig von seiner Reaktion dauert dieses Stadium mindestens zwei Tage und möglicherweise eine Woche oder länger. Sobald das Pferd den Sattel als einen Teil seines täglichen Lebens akzeptiert hat, fügen wir die Steigbügel dazu. Damit sie auf dem Sattelblatt aufliegen, sind die Riemen sehr kurz in Jockeylänge (dabei wickelt man notfalls den Riemen extra nocheinmal um den Steigbügel). Jede Stunde beginnt immer mit dem Führen des Pferdes an der Hand. Der Trainer kann dem Pferd helfen, sich an die Beweglichkeit der Steigbügel zu gewöhnen, indem er die Steigbügel – zuerst im Halten und dann im Schritt – bewegt. Wieder wird es von seiner Reaktion auf diese neue Erfahrung abhängen, ob es sofort an der Longe trabt, oder wieder zum Schritt und zum Durchparieren zurückgeht. Sobald das Pferd im Schritt und Trab gut geht, kann man, über einen Zeitraum von einer Woche, die Steigbügel immer weiter herunterlassen, bis sie am Sattelblatt herunterhängen. Sie sollten natürlich nicht so lang sein, daß sie den Ellenbogen des Pferdes berühren, denn das würde Schmerzen verur-

sachen und ihm Angst einjagen, was wir um jeden Preis vermeiden wollen. Es kann eine Woche dauern, bis das Pferd die Steigbügel unter dem Sattelblatt akzeptiert; sie flattern herum, wenn das Pferd an der Longe trabt und selbst wenn das Pferd gelassen bleibt, ist es sich ihrer bewußt. Ist dieses Stadium zufriedenstellend beendet, führen wir die Trense mit einem Gummigebiß, aber ohne Zügel, ein. Wenn das Pferd soweit ist, daß man die Zügel hinzufügen kann, befestigen wir diese am Kehlriemen, so daß sie leicht gegen den Hals des Pferdes schlagen. Obwohl die Zügel eher locker als stramm sind, erkennen wir in diesem Stadium, ob das Pferd viel Aufhebens um das Gebiß in seinem Maul macht

Abb. Seite 25
Oben: Ausbinder – korrekt verschnallt für das junge Pferd. Unten: Falsch verschnallt, was dazu führt, daß sich das Pferd zu viel aufrollt.

Ein junges Pferd, das für eine Longenstunde mit dem Sattel ausgerüstet ist.

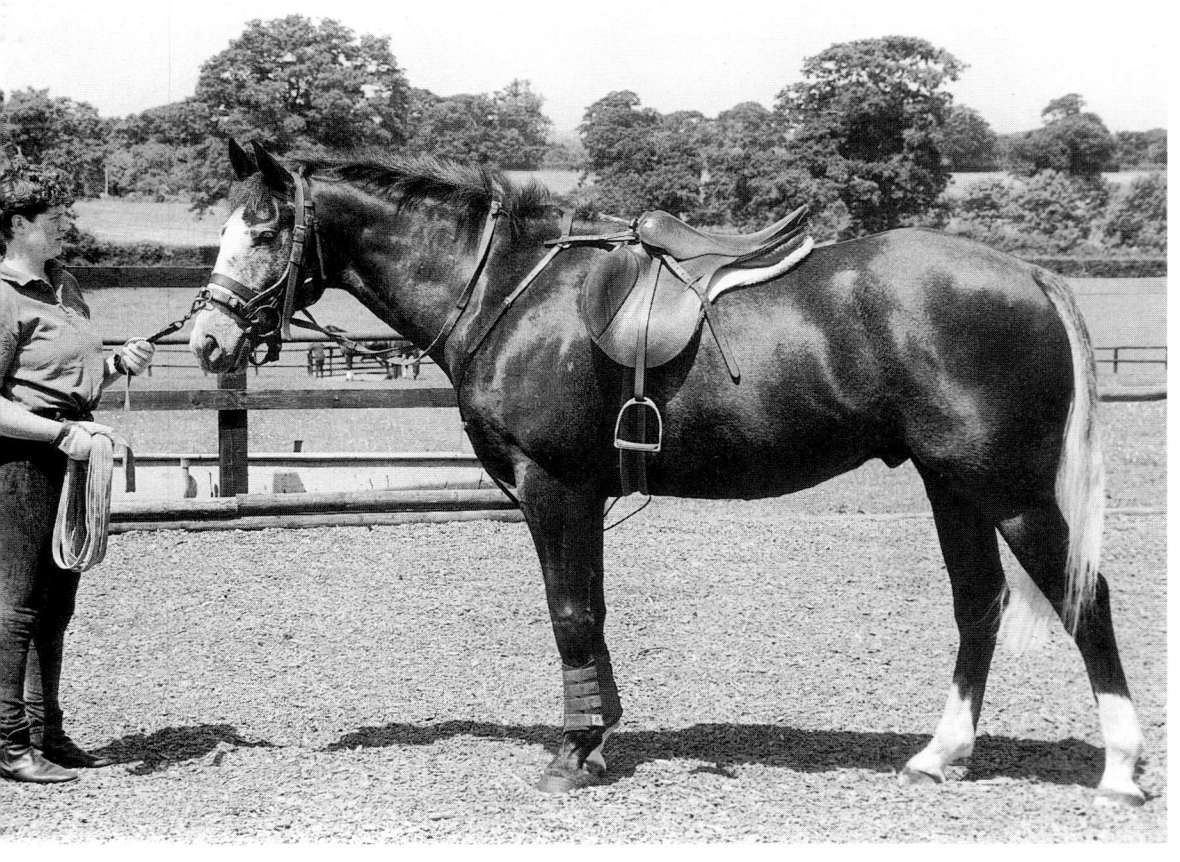

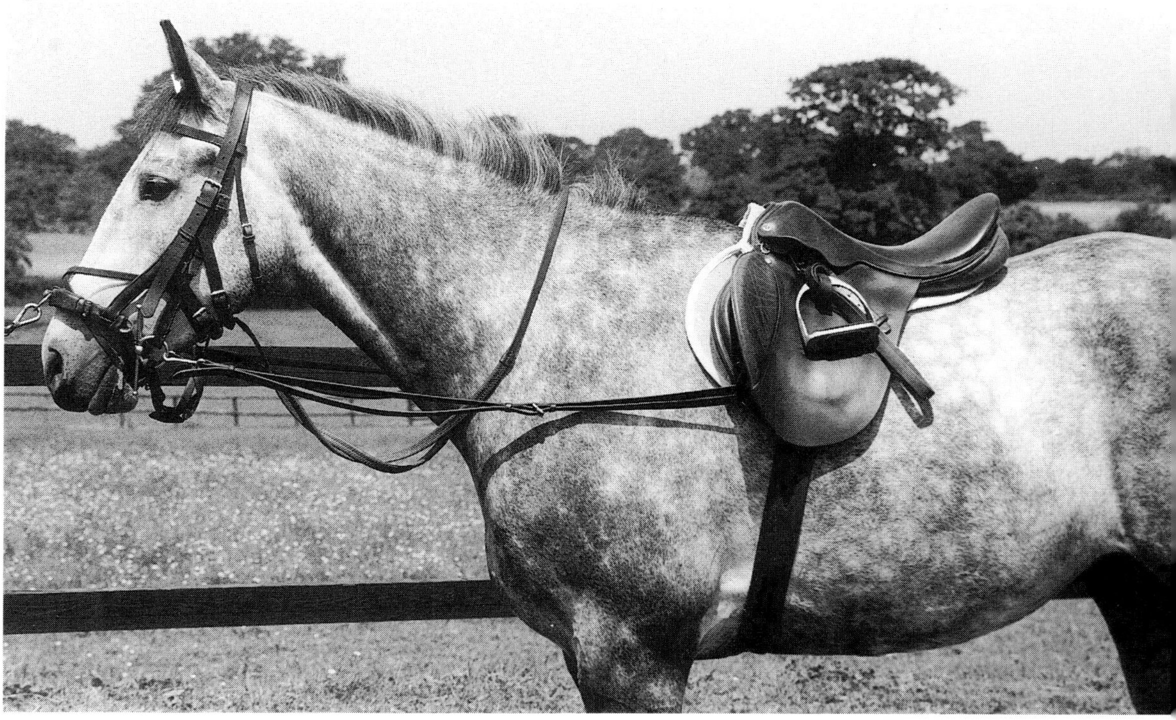

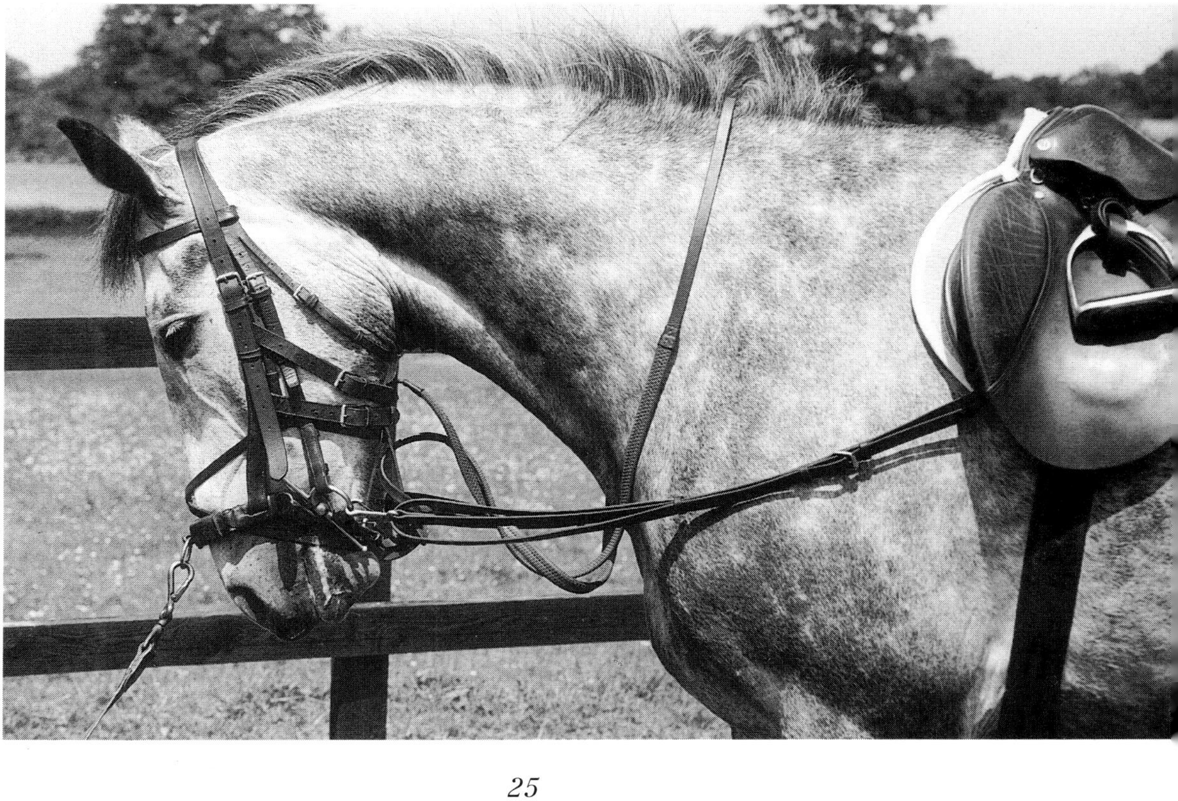

oder Angst davor hat. In vielen Fällen ist das Training eine einzige Entdeckungsreise – für den Trainer genauso wie für das Pferd. Nach einem Minimum von zwei Tagen mit eingeschnallten Zügeln (oder wie lange es eben dauert, bis das Pferd zufrieden geht), fügt man lederne Ausbindezügel hinzu. Diese sollten nicht so lang sein, daß sie das Pferd verführen zu grasen oder an seinen Gamaschen herumzukauen. Andererseits sollten sie aber nicht so kurz sein, daß sie einen Zug auf das Maul des Tieres ausüben, wenn es seinen Kopf normal trägt. Die Ausbinder werden über einen Zeitraum von mehreren Wochen langsam verkürzt, bis das Pferd eine leichte Verbindung spürt und seinen Kopf nicht mehr zu weit nach rechts oder links drehen kann. Es ist außerdem nicht mehr in der Lage, seinen Kopf zu hoch zu heben oder nach unten zu bohren; obwohl wir die Ausbinder nicht benutzen, um den Kopf des Pferdes in Richtung Hals zu ziehen, ist noch genügend Verbindung vorhanden, um eine kleine Biegung im Genick zu erreichen. Das junge Pferd benötigt verschiedene Ausbinderlängen im Schritt und im Trab. Während das fortgeschrittene Pferd in beiden Gangarten im gleichen Rahmen bleibt, ist das junge Pferd im Schritt länger und weniger versammelt, deshalb müssen die Ausbinder entsprechend angepaßt werden. Haben wir dieses Stadium nur im Schritt und im Trab erreicht (Galoppieren an der Longe kommt erst später), kann man das Pferd anreiten. Wir hatten junge Pferde, die man wenige Wochen nach ihrer ersten Longenstunde anreiten konnte, aber sie waren die Ausnahmen der Regel. Gewöhnlich stoßen Sie unterwegs auf einige Probleme, die Sie herunterbremsen. Die durchschnittliche Zeit beträgt ca. 7 Wochen, wir haben aber bei bestimmten Pferden auch schon drei Monate gebraucht, wenn wir das Gefühl hatten, sie brauchten diese zusätzliche Zeit, um ihre Grundlagen zu festigen. Je besser sich dies festgesetzt hat, um so weniger Probleme treten später auf.

LONGIEREN EINES ÄLTEREN PFERDES

Das erwachsene Pferd, das bereits angeritten ist, überspringt natürlich die frühen Stadien des Longierens. Es fängt mit Kappzaum, Gamaschen, Sattel und Trense an, die Ausbinder kommen ein paar Tage später dazu. Normalerweise ist nicht sehr viel Führen erforderlich, bevor man das Pferd höchstens 10 Minuten auf jeder Hand longiert; das Pferd ist an Arbeit gewöhnt, so daß man einen größeren Teil der Arbeit im Trab machen kann. Wir versuchen in diesem Stadium, einen sicheren Rhythmus zu erreichen, bevor wir mit der ernsthaften Arbeit beim Reiten anfangen. Wie bereits erwähnt, fahren wir fort, das Longieren als einen Teil der Ausbildung unseres Pferdes in allen Stadien seiner Militarylaufbahn zu benutzen. Diese Stunden ergänzen die Arbeit beim Reiten und haben dasselbe Ziel; sei es an der Longe oder unter dem Sattel, wir wollen, daß sich das Pferd rhythmisch und im Gleichgewicht bewegt, mit netten Tritten und der richtigen Biegung. Die meisten Pferde bevorzugen die rechte Hand, sowie sich die meisten Menschen wohler fühlen, wenn sie ihre rechte Hand benutzen. Weil wir das Pferd aber sozusagen beidseitig gewandt möchten, longieren wir es etwas mehr auf der Hand, die es weniger mag. Das hilft, die Steifheit zu verringern, sollte aber nicht übertrieben werden. Sie können sich so zu sehr auf den ungeliebten Zügel konzentrieren, bis dieser zur bevorzugten Hand des Pferdes wird; dann wird die andere Hand zum Problem. Man muß bedenken, daß manche Pferde auf einer Seite so viel steifer sind, daß Sie widersetzlich werden, wenn man zu lange Zeit auf der schwierigen Hand arbeitet. Sie können keine Kooperation von einem Pferd erwarten, daß Sie selbst widersetzlich gemacht haben. Das Longieren sollte als Erweiterung der Arbeit unter dem Sattel angesehen werden und nicht als getrennte Einheit. Oft will sich das Pferd beim Halten nach innen drehen, um den Longenführer beim Durchparieren anzusehen, wir sollten uns aber daran erinnern, daß wir beim Reiten möchten, daß es ohne Drehung anhält. Also lernen wir dem Pferd den Zirkel, den es beim Longieren beschreibt, beizubehalten und beim Halten in derselben Richtung zu schauen. Manchmal versuchen wir, die Tritte des Pferdes zu verlängern – oder entgegengesetzt, die Tritte zu verkürzen, wenn das Pferd von Natur aus sehr lang ist und deshalb unter dem Sattel schwer zu versammeln ist. Man kann die Tritte verlängern, indem man das Pferd auf einen größeren Zirkel führt (so daß Sie ein Stück mit dem Pferd mitgehen) und mit Hilfe der Stimme und der Peitsche die Hinterhand aktiviert und verstärkten Einsatz erzeugt. Um die Tritte zu verkürzen, verkleinern Sie den Zirkel. In diesem Fall muß man immer noch Energie erzeugen, dabei aber das Vorwärtsmoment erhalten, um das Pferd gespannter und weniger gestreckt zu machen. Der versammelnde Einfluß kommt dabei durch Anheben der Longierleine und dem Einfluß der Stimme, mit den Worten »ruhig« und »langsam«.

UMGANG MIT PROBLEMEN

Manche Pferde bekommen Angst vor der Gerte, weil sie in einem Abschnitt ihres Lebens mißbraucht wurden und das kann zu einem echten Rückschritt beim Longieren werden. Sie müssen herausfinden, ob das Pferd auf die Gerte überempfindlich reagiert, weil es Angst hat, dann müssen Sie ultra-vorsichtig sein. Normalerweise befindet sich die Gerte ziemlich nah an der Hinterhand des Pferdes und man kann damit an die Sprunggelenke tippen, um das Pferd ans Vorwärtsgehen zu erinnern. Zeigt die Gerte auf die Schulter des Pferdes, hat sie die gleiche Aufgabe wie der innere Schenkel des Reiters und kann die schwere Schulter (meistens die linke) erleichtern. Hat ein Pferd wirklich Angst vor der Gerte, läuft es vor der Peitsche davon, muß es mit äußerster Vorsicht behandelt werden. Auf der anderen Seite könnte das Pferd so reagieren, weil es von dem, was der Trainer verlangt, verwirrt ist – oder weil es dies nicht tun will. Es ist ganz wesentlich, die Situation zu untersuchen, bevor man eine vorschnelle Schlußfolgerung zieht. Es ist immer das Ziel, das Pferd zur Mitarbeit zu ermuntern und es niemals bis zur Unterwerfung zu erschrecken. Selbstverständlich gibt es immer wieder Momente, wo es hilfreich sein kann, das Pferd etwas dabei zu unterstützen, sich selbst zu erschrecken. Hält das Pferd zum Beispiel beim Longieren an und geht rückwärts, können Sie seinen Ungehorsam eindrucksvoll dazu benutzen, das Pferd so lange rückwärts gehen zu lassen, bis es irgendwo anstößt. So lange das Pferd sich dabei nicht verletzen kann, wirkt ein kleiner Rumpler oft Wun-

Der Ausbilder steht innerhalb des Dreiecks und hält Verbindung zum Pferdekopf.

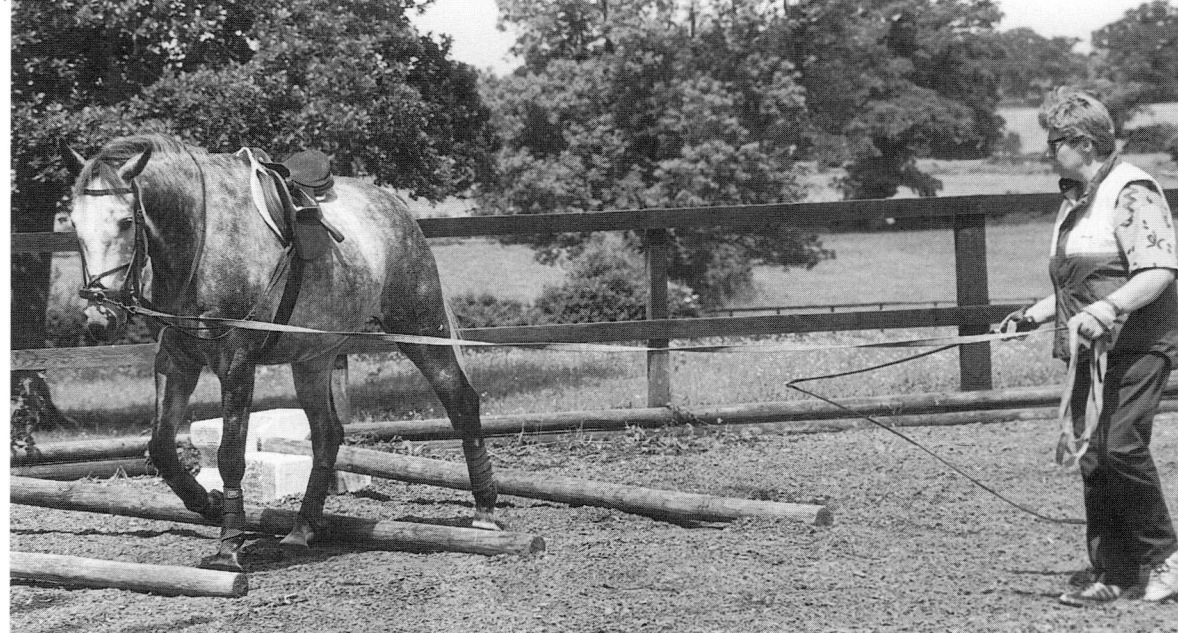

der. Die Ausbildung von Pferden erfordert zu einem großen Teil gesunden Menschenverstand, zusammen mit kluger Beachtung der alten Weisheit, daß Vorbeugen besser als Heilen ist. Noch ein weit verbreiteter Ungehorsam ist das Ausweichen des Pferdes an einem ganz bestimmten Punkt. Als Antwort darauf könnte sich z.B. dort jemand strategisch günstig mit der Longe hinstellen. Der Helfer soll dabei dem Pferd die Peitsche zeigen, ohne es zu erschrecken. Es stört uns nicht, wenn das Pferd gelegentlich erschrickt, aber wir wollen nicht, daß es Angst vor uns hat. Soll das Pferd in irgendeiner Weise gut im Militarysport sein, muß es eine gewisse Unabhängigkeit seines Charakters bewahren; wir wollen seine Persönlichkeit formen und nicht zerstören.

TRABSTANGEN

Sobald das Pferd einen gewissen Rhythmus an der Longe gefestigt hat, kann man anfangen, es über Stangen traben zu lassen. Sie helfen dem Pferd, sich zu lösen und geben ihm etwas Neues zum Ansehen und Nachdenken, zusätzlich schaffen sie mehr Aufrichtung. Die meisten Pferde genießen es, über Dinge zu steigen; die Pferde, die es nicht leiden können, werden niemals gute Vielseitigkeitspferde. In der ersten Stunde legen wir die Stange auf eine gerade Linie und nicht auf die Zirkellinie. Das hat zur Folge, daß der Longenführer auf einer Linie parallel zum Pferd gehen oder rennen (je nachdem, ob man das Pferd traben oder Schritt gehen läßt) muß, in einem Abstand von ca. 3,50 m. Nimmt das Pferd diese einzelne Stange zufrieden an, fügt man nach und nach mehrere Stangen in einem Abstand von 1,30 m hinzu. Anschließend legt man drei Stangen fächerförmig auf einen Teil des Zirkels. Der Abstand zwischen den Stangen beträgt normalerweise 1,30 m, ist aber von der Länge der Tritte eines jeden Pferdes abhängig; es liegt also am Longenführer, ein Auge dafür zu entwickeln, was richtig ist, und das geschieht in der Regel durch Ausprobieren. Sehen Sie sich die Fußabdrücke des Pferdes an, so sollten Sie in der Lage sein zu erkennen, ob die Stangen zu dicht oder zu weit auseinander liegen und diese dann entsprechend anpassen. Die Anzahl der Stangen kann in den nächsten zwei Wochen nach und nach erhöht werden, bis sechs Stangen auf einer fächerförmigen Kurve liegen. Abhängig von ihrer Fitneß und ihrer Reife machen unsere Pferde diese Übung in den ersten zwei Wochen drei- bis viermal. Ohne Reiter sind sie ziemlich

Das Longieren über Stangen verschiedener Höhen und Distanzen verbessert das Gleichgewicht und die Kadenz des Pferdes.

ungeschickt und helfen sich normalerweise selbst, indem sie ihren Hals strecken, um nach unten zu sehen, wo ihre Füße hintreten. In diesem Stadium achten wir auf die Qualität ihrer Gangart, das beinhaltet Rhythmus, Gleichgewicht und Aufrichtung. Manchmal kann es notwendig sein, das Pferd zu unterstützen, die Tritte zu verlängern; das gelingt, indem man die Stangen weiter auseinander legt. Die Stangen werden dann langsam angehoben (um 5 oder 7,5 cm und später um 15 cm, aber das ist das Höchste), vorausgesetzt, das Pferd macht den Anschein, als könnte es mit der erschwerten neuen Aufgabe umgehen. Wir bleiben vorsichtig und erhöhen die Stangen nicht bei jedem Pferd, für manche könnte dies ein Problem darstellen. Die Pferde, die damit umgehen können, werden ermuntert, ihren Rücken und die Schulter loszulassen und verbessern mit dieser Übung ihre Aufrichtung und ihren Rhythmus. Das Traben über Stangen, egal ob sie auf dem Boden liegen oder erhöht sind, kann harte Arbeit für das Pferd sein. Wir verlangen nie mehr als 5 Minuten auf jeder Hand, immer im Trab, und nach den ersten zwei Wochen nur mehr alle drei bis vier Tage. Dabei sollten wir nie vergessen, am Anfang der Stunde auf die Uhr zu sehen, um nicht allzu leicht in die Falle zu tappen, gedankenlos Probleme zu schaffen, indem man zu lange weiter macht. Es ist natürlich eine große Versuchung, denn Sie möchten ja, daß das Pferd schnellstens Fortschritte macht. Der Longenführer muß deshalb lernen, mit geringen Fortschritten zufrieden zu sein.

SPRINGEN

Die Pferde in Ivyleaze springen normalerweise im Alter von drei Jahren nur an der Longe. Sie beginnen mit einem kleinen Kreuz, vor dem eine Absprungstange im Abstand von ca. 2,80 m liegt. Das hilft dem jungen Pferd, den richtigen Absprung zu finden und gibt ihm Vertrauen über dem Sprung. Daraufhin bauen wir einen Steilsprung mit einer Absprungstange davor und erhöhen diesen Schritt für Schritt, bis er ca. 90 cm hoch ist. Das Pferd wird nun angeritten sein. Es wird täglich geritten und erhält zusätzlich Unterricht an der Longe. Dabei springt man das Pferd kaum unter dem Reiter, bevor es vier Jahre alt ist.

ZUSAMMENFASSUNG

VOR DER ERSTEN LONGENSTUNDE
Das Pferd wird an der Hand geführt, lernt auf einer geraden Linie zu gehen und durchzuparieren; wird auch auf großen Zirkeln und Rechtecken in der Halle geführt. Wird an das Tragen von Kappzaum und Gamaschen im Freien und eines Gurtes im Stall gewöhnt. Lernt die wichtigsten Stimmkommandos.

REIHENFOLGE DER LONGENSTUNDE
Das Pferd trägt einen Kappzaum (ca. 10 Min. Führen gehen voraus), die Longe ist am vordersten Ring befestigt) und trägt an allen vier Beinen Gamaschen. Die Longe wird länger gelassen, so daß sich das Pferd vom Trainer weg auf einen Zirkel bewegt. Ein Longiergurt wird angelegt (ca. 2 Tage später, falls keine Probleme auftreten). Benimmt sich das Pferd im Schritt, wird der Trab eingeführt. Der Longiergurt wird durch Sattel und Sattelgurt ersetzt (ohne Steigbügel). Steigbügel werden eingeschnallt, mit kurzen Steigbügelriemen, so daß die Steigbügel am Sattelblatt anliegen. Die Steigbügelriemen werden langsam verlängert, bis sie über den Sattel hängen. Achten Sie darauf, daß die Steigbügel nicht an die Ellenbogen schlagen. Die Trense (ohne Zügel) kommt dazu. Die Zügel werden in den Kinnriemen eingeschnallt. Ausbinder werden eingeführt und verkürzt.

TRABSTANGEN
Das Pferd wird über eine einzelne Stange auf dem Boden geführt, in der Regel in dem Stadium, in dem das Pferd im Schritt mit Kappzaum, Gamaschen und Gurt longiert wird. Trägt das Pferd Ausbinder in der richtigen Länge für den Trab, läßt man es über Trabstangen traben, die auf einer geraden Linie liegen. Die Trabstangen werden auf die gebogene Linie des Zirkels gelegt. Kann das Pferd damit umgehen, erhöht man die Stange auf dem Zirkel.

GOLDENE REGEL
Halten Sie die Stunden kurz (nicht länger als 30 Minuten, einschließlich 10 Minuten Führen an der Hand). Führen Sie nichts Neues ein, bevor das Pferd das Vorhergehende nicht zufriedenstellend ausgeführt hat. Seien Sie streng mit dem Pferd – große Gefühlsausbrüche sollten an der Longe nicht erlaubt werden. Machen Sie das Pferd glücklich, mit Spaß an der Arbeit (d.h. beharren Sie nicht auf etwas, was das Pferd schwer findet). Bleiben Sie im Schritt und im Trab – der Galopp wird erst in einem späteren Stadium eingeführt.

4

ANREITEN UND FRÜHE ARBEIT UNTER DEM SATTEL

ANREITEN

Normalerweise setzt sich zuerst eines unserer Mädchen auf das junge Pferd, das angeritten wird. Das ist eine gute Erfahrung für die Pferdepfleger. Zuerst passiert dies immer in der sicheren und vertrauten Umgebung im Stall des Pferdes, dabei hält jemand den Kopf des Pferdes. Wir haben das junge Pferd auf diesen Moment vorbereitet, indem wir uns im Stall an die Steigbügelriemen gehängt haben, damit sich der Sattel schwerer anfühlt. Neigt das junge Pferd dazu, Schwierigkeiten zu machen, wenn es mit neuen Aufgaben konfrontiert wird, legt sich der Reiter einige Male über den Sattel. Öfter allerdings steigt der Reiter von einem stabilen und nicht wackligen Gerät aus auf oder wird gerade nach oben in den Sattel gehoben, um einen normalen Sitz einzunehmen. Das Pferd wird einige Minuten abgeklopft, dann steigt der Reiter wieder ab. Das Ganze sollte man ungefähr dreimal versuchen, und man würde es damit gut sein lassen, wenn sich das Pferd zufriedenstellend benimmt. Ist das Pferd in irgendeiner Weise schwierig, muß der Reiter vier- oder fünfmal aufsteigen – immer mit der Absicht, in einer guten Stimmung aufzuhören, wenn sich das Pferd einigermaßen benimmt. Sollte das Pferd alle diese Dinge ziemlich beunruhigend finden, würden wir den Prozeß am selben Tag später wiederholen. Erscheint das Pferd einigermaßen glücklich, wenn jemand auf seinen Rücken rauf- und wieder runterklettert, führt man es mit dem Reiter im Sattel im Stall umher. Unsere Pferde werden normalerweise ungefähr eine Woche im Stall geritten, bevor sie das Freie erfahren. Wir benützen immer eine Aufstiegshilfe, wenn das Pferd das Vertraute seiner Umgebung verlassen hat – und auch später, wann immer es möglich ist. Das bedeutet, daß der Sattel weniger leicht rutschen kann;

es verringert auch das Risiko, am Rücken des Pferdes herumzuziehen oder mit dem Fuß in seine Rippen zu bohren. Natürlich hat man so dem Pferd beigebracht, den Reiter zu akzeptieren, der vom Boden aufsteigt, denn ich könnte in die Lage kommen, irgendwo aufzusteigen, wo kein Aufsteigeblock zur Verfügung steht. Aber normalerweise versuchen wir so etwas zu vermeiden. Bei einer Prüfung oder wenn wir zum Galoppieren fahren, stelle ich mich entweder auf die Rampe des Transporters, um aufzusteigen oder lasse mich hochwerfen. Der Aufsteigeblock zu Hause hat noch einen zusätzlichen Vorteil bei jungen Pferden. Es ist immer schwer abzuschätzen, wieviel sich das Pferd aufbläst. Wollen Sie aber vom Boden aufsteigen, müssen Sie sicher sein, daß der Gurt fest sitzt. Wir wollen nicht, daß das Pferd den Sattel mit Unbehaglichkeit verbindet, was aber der Fall wäre, wenn man das Aufblasen überschätzt und den Gurt wie einen Schraubstock festzieht. Der Gurt kann aber etwas weniger fest sitzen, wenn man von einem Aufsteigeblock aufsteigt, während ein Helfer seinen Kopf hält.

DAS AKZEPTIEREN DES REITERS

Am Anfang trägt das Pferd immer einen Kappzaum mit einer daran befestigten Longe über der Trense. Normalerweise trägt das Pferd dabei eine Knebeltrense mit einem Gummimundstück. Das Steuern eines jungen Pferdes kann schwierig sein, und die Knebel an jeder Seite des Gebisses sind besser geeignet, das Durchziehen durch das Maul zu verhindern, wenn der Reiter die Hilfe für eine Wendung gibt. In der Ausrüstung wäre auch ein Vorderzeug oder ein Halsriemen eingeschlossen. In seiner ersten Stunde mit einem Reiter auf dem Rücken führen wir das Pferd auf beiden Händen

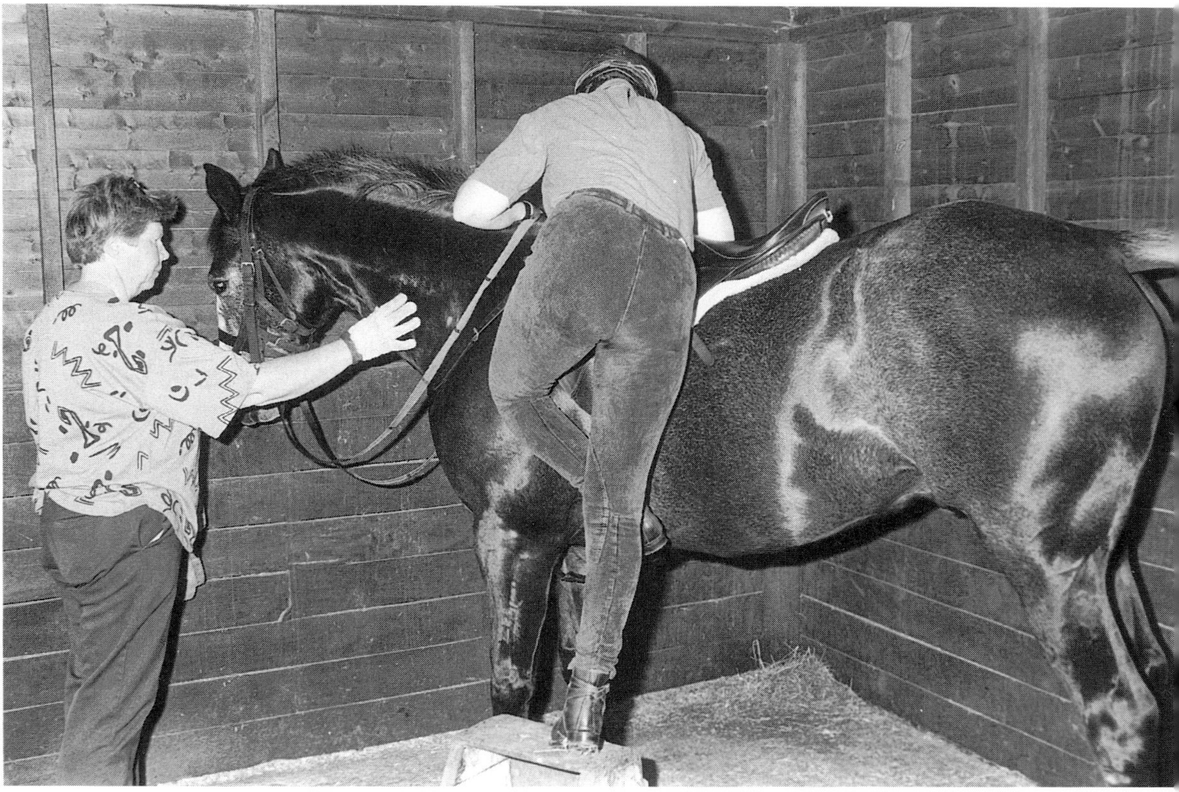

Das Pferd wird zum erstenmal in seinem Stall bestiegen.

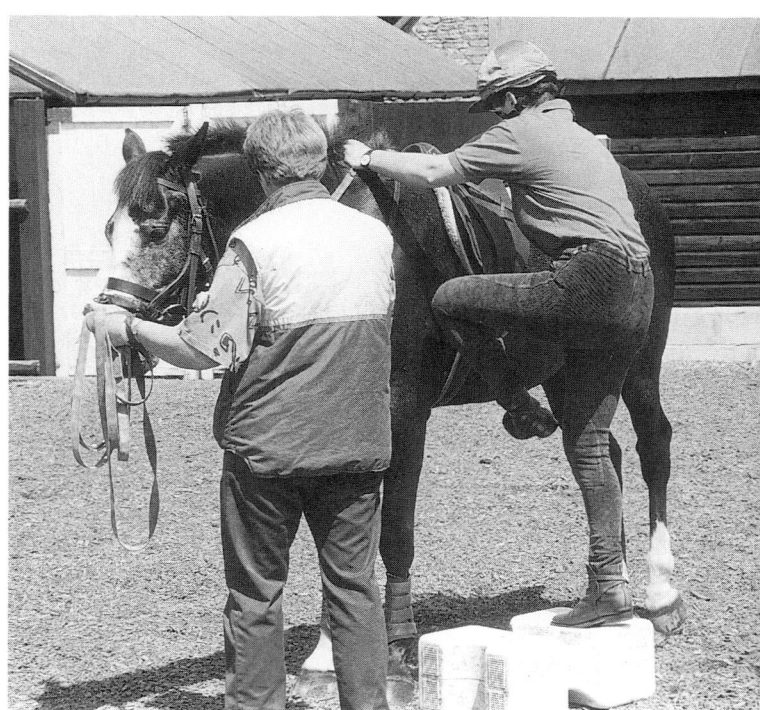

Das Aufsteigen im Freien – ein Helfer hält das junge Pferd.

umher. Wir führen das Pferd lieber, als daß wir es longieren, denn dann kann es auf größeren Wegen gehen. In diesem Stadium sollte sich das Pferd mehr auf die Person auf dem Boden konzentrieren, als auf den Reiter auf seinem Rücken. Bis jetzt kamen alle seine Instruktionen von jemandem zu Fuß; es braucht Zeit, um sich daran zu gewöhnen, seine Aufmerksamkeit auf jemanden zu übertragen, der außer Sichtweite ist und dessen Stimme von weiter hinten und von weiter oben kommt. Der ideale Reiter für einen unausgewachsenen Dreijährigen sollte leicht sein. Er oder sie (wie das bei uns in Ivyleaze der Fall ist) muß außerdem völlig entspannt sein. Diese Anfangsstunden sollten mit jemandem erlernt werden, der entspannt und relativ passiv ist; jede winzige Verspannung oder Ängstlichkeit machen es dem Pferd schwerer, den Reiter auf seinem Rücken ruhig zu akzeptieren. Geht das Pferd mit dem Führenden an seiner Seite vorwärts, ist es sich oft nicht bewußt, daß da jemand ruhig auf seinem Rücken sitzt. Zuerst gibt der Führende die Kommandos mit der Stimme; anschließend spricht der Reiter mit dem Pferd. Manche Pferde drehen den Kopf nach hinten oder nach oben, um zu sehen, was passiert. Danach akzeptieren sie aber normalerweise den völlig entspannten Reiter in Ruhe. Angenommen,

das Pferd benimmt sich, entfernen wir schätzungsweise nach einer Woche die Longe – trotzdem trägt aber das junge Pferd den Kappzaum noch bei zwei oder drei Stunden mehr, für den Fall, daß man die Longe wieder einhängen müßte. Obwohl die Kontrolle nun auf den Reiter übertragen ist, geht der Longenführer immer noch neben dem Pferd her. Sehr oft ist sich das Pferd noch gar nicht bewußt, daß es gar nicht mehr geführt wird. Bewegt sich der Longenführer vom Pferd weg und überträgt dem Reiter die ganze Kontrolle, folgt ihm das junge Pferd noch manchmal. Man muß es dann mit der Hand an seiner Schulter zurück auf seinen Weg schieben.

DAS KENNENLERNEN DER HILFEN

Während dieser frühen Stadien lernt das Pferd durch ständige Wiederholung, die Schenkelhilfen des Reiters mit den vertrauten Stimmkommandos wie »Komm« oder »Hoh« in Verbindung zu bringen. Normalerweise gibt man dem Pferd einen Moment vorher eine kleine Warnung, indem man vor der Anweisung das Wort »und« benutzt. Wollen wir zum Beispiel, daß das Pferd vorwärts geht, wäre das Kommando »und ... Schritt«. Voraus-

Beruhigung ist ganz wichtig!

Abbildung Seite 33 Oben: Die erste Longenstunde mit dem Reiter.

Unten: Die Verantwortung wird auf den Reiter übertragen.

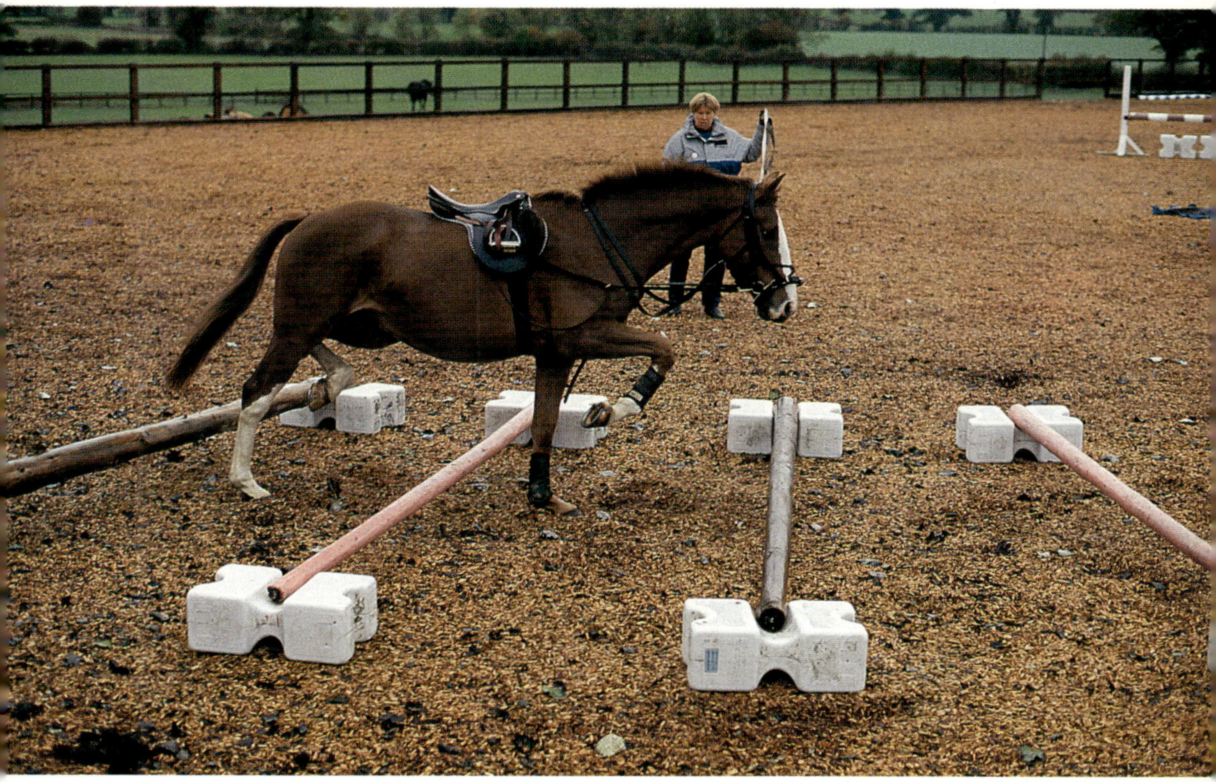

Das Longieren über Stangen hilft dem Pferd, seine Schulter richtig zu benutzen und aktiv mit der Hinterhand zu sein.

Ein junges Pferd macht seinen ersten Sprung aus dem Trab.

Größeres Vertrauen ermöglicht dem Pferd, mit enorm verbesserter Manier zu springen.

Es ist wichtig, die Distanz korrekt abzugehen.

Ein schwieriges Coffin in einer »Open intermediate«: Hindernis, ein Galoppsprung, Graben, In-Out, Graben, ein Galoppsprung, Hindernis.

Das Anreiten erfordert kurze energische Galoppsprünge im Gleichgewicht, in Richtung der Grundlinie des ersten Hindernisses.

Das Pferd braucht Unter-
stützung und Halsfrei-
heit über dem Graben, der
Reiter ist aufgerichtet.

Das Pferd gewinnt Ver-
trauen, während der
Reiter es immer noch
ermuntert, vorwärts zu
gehen.

Kopf- und Halsfreiheit
ist immer noch erforder-
lich, dabei bleibt der
Reiter immer im Gleich-
gewicht.

Ein zweifaches In-Out in einer »Open intermediate« mit drei weißen Steilsprüngen, beide Distanzen stehen auf 4,60 Meter. Das korrekte Anreitetempo hängt sowohl von der Länge der Galoppsprünge als auch von den Distanzen zwischen den Hindernissen ab und kann nur durch Üben zu Haus erlernt werden. Es ist kein Platz mehr, um irgendetwas zu verändern, wenn das Tempo beim Anreiten falsch ist. Der Reiter sollte im Mittelpunkt des Gleichgewichts bleiben und dem Pferd Kopf- und Halsfreiheit ermöglichen, ohne die Verbindung aufzugeben. Beachten Sie, daß das Pferd genau in der Mitte zwischen den beiden Steilsprüngen landet.

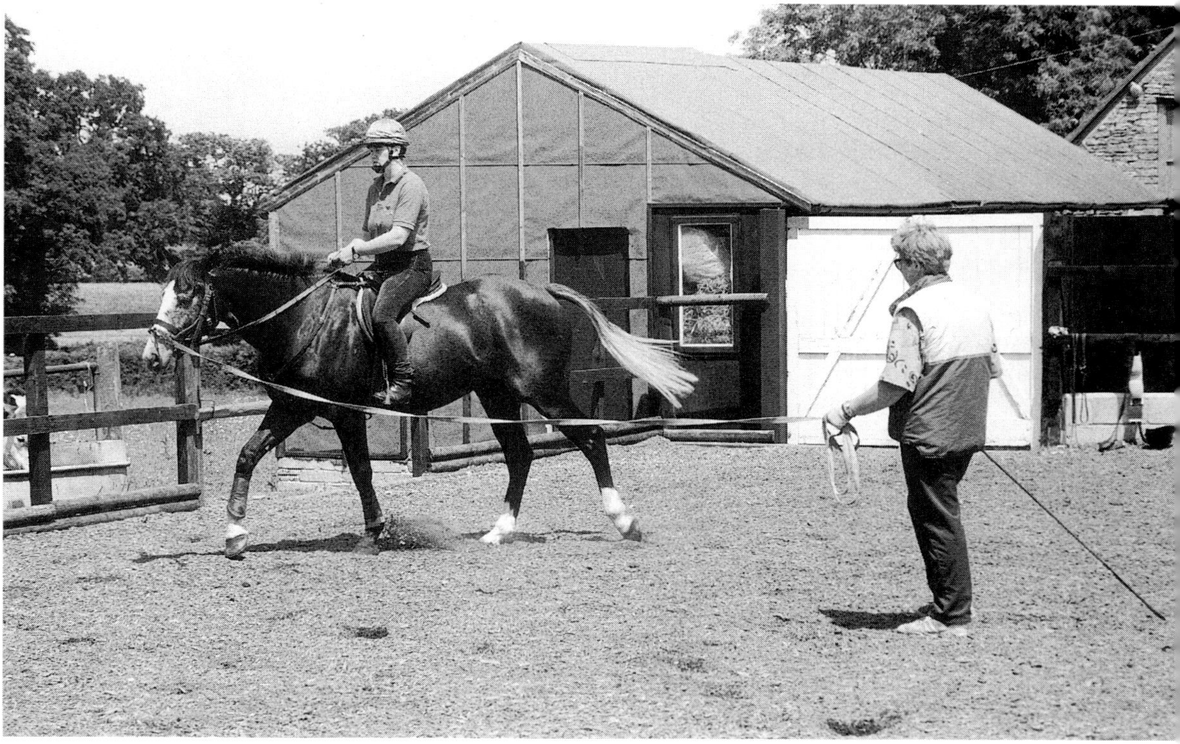

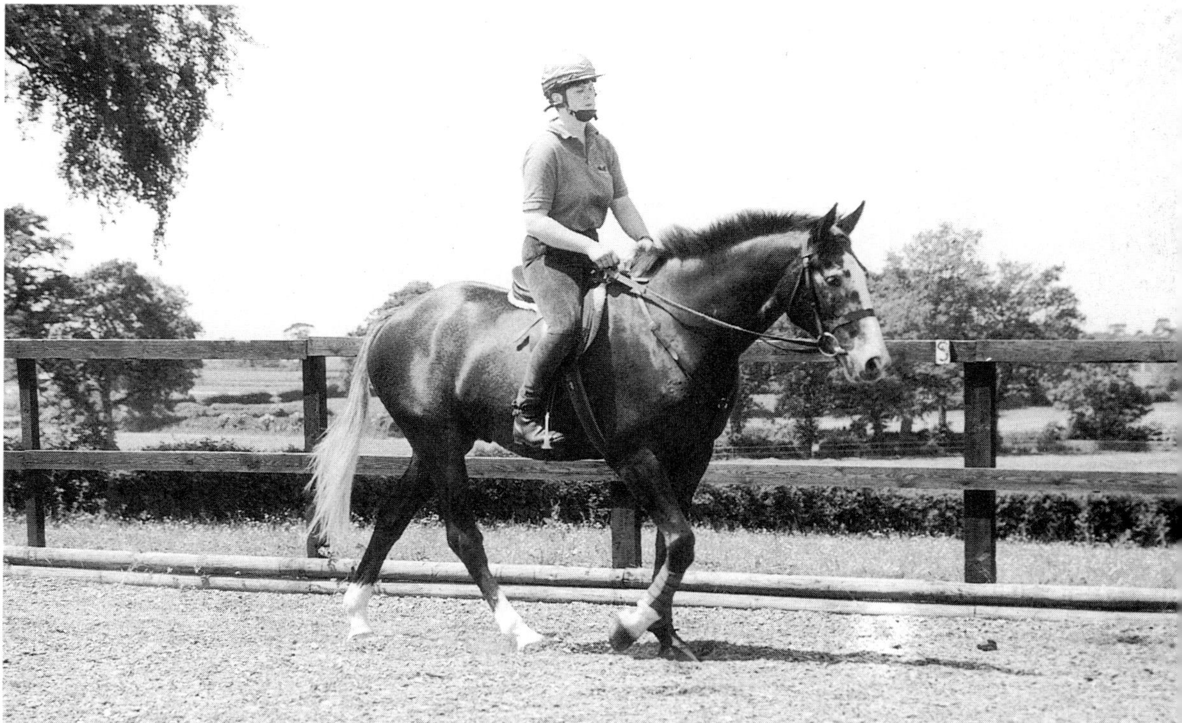

gesetzt, mit dem Pferd wurde richtig umgegangen, wird das junge Pferd relativ schnell lernen, daß nach »und« eine Anweisung folgt; in einem späteren Stadium benutzen wir das Wort als Vorbereitung für Übergänge. Es spielt dabei keine Rolle, wer diese Worte sagt, solange sie für jedes Kommando immer gleich sind. Das junge Pferd lernt sie als erstes, wenn es an der Hand geführt wird; sie werden beim Longieren wiederholt; jemand anders benutzt sie beim Reiten. Die Wichtigkeit des Benutzens derselben Wörter in allen Stadien der Ausbildung kann nicht genug betont werden. Sie sind ein großes Bindeglied, das uns hilft, unsere Botschaft auf das Pferd zu übertragen, ohne es zu verwirren. Die Stimme ist also ein grundlegender Teil der Anfangsarbeit unter dem Sattel, wenn wir dem Pferd lernen, auf die Hilfen zu antworten. Die Anweisung »Scheeritt ...«, zuerst vom Führer gegeben, wird von einem leichten Druck des Reiterschenkels begleitet. Außer das Pferd hat Angst vor der Gerte, kann es für den Reiter sehr hilfreich sein, eine kurze Gerte zu tragen, um die Schenkel zu unterstützen, indem man

einen kleinen Klaps hinter dem Schenkel als Vorwärtshilfe gibt. Man kann diese Botschaft auch unterstreichen, indem der Führer das Pferd hinter dem Gurt mit der Hand anklopft. Benutzt man die Gerte an der Schulter, hilft sie uns das Pferd zu korrigieren, wenn es in der Wendung nach innen oder nach außen fällt. Nun muß das Pferd wieder lernen, auf einer geraden Linie zu gehen und durchzuparieren, diesmal allerdings mit einem Reiter auf dem Rücken. Bevor sich der Führer entfernt, muß es gelernt haben, anzuhalten, wenn der Reiter es von ihm verlangt. Obwohl wir möchten, daß das Pferd einen leichten Zügelkontakt akzeptiert, muß der Reiter extrem vorsichtig sein, das Pferdemaul nicht zu verderben. Wir geben das Stimmkommando zusammen mit einem leichten Fühlen an den Zügeln, eventuell verstärkt durch einen Zug am Halsriemen. Der Longenführer kann auch mit einem leichten Druck an der Longe oder einem Gegendrücken mit einer Hand an der Schulter des Pferdes helfen. Würde das Pferd in diesem Stadium durch einen Reiter, der an den Zügeln zieht, ein schlechtes Maul bekommen, es be-

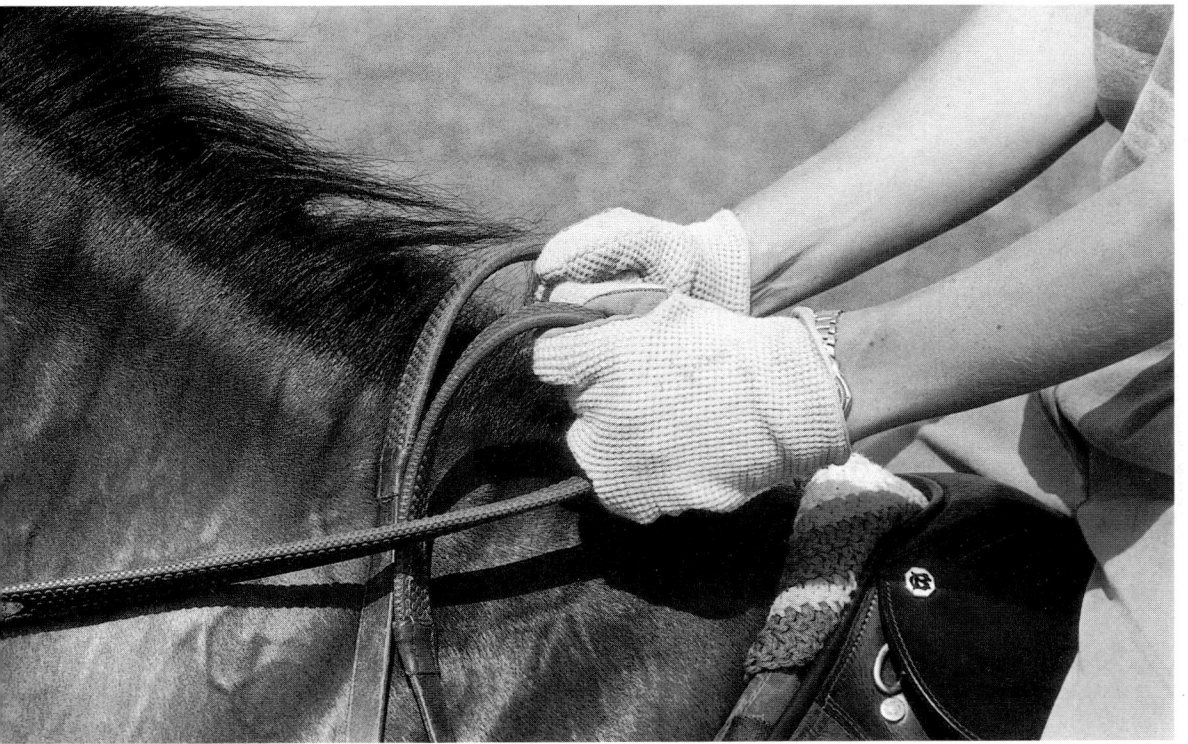

hielte dies für den Rest seines Lebens. Durch ständige Wiederholung, Lob und Disziplin (und zusätzliche Hilfe durch sein bemerkenswertes Gedächtnis) wird das Pferd langsam lernen, auf die Signale zu reagieren, die ihm von den Schenkeln, dem Gewicht und den Händen des Reiters gegeben werden. Die Hilfen für die grundlegenden Bewegungen, die das Pferd noch lernt, sind am Ende dieses Kapitels beschrieben.

DER REITER

Sie müssen Ihren eigenen Sitz überprüfen, bevor Sie anfangen darüber nachzudenken, was das Pferd tun soll. Dabei reiten Sie am besten am langen Zügel in der Halle herum, während Sie sich selbst sortieren.In diesen Anfangsstadien sollte lediglich eine ganz leichte Verbindung, die aber immer ein Gefühl des Vorwärts gibt, erreicht werden. Sie müssen darauf achten, nicht an den Zügeln zu ziehen, um Ihre Arme zu entspannen, sondern stattdessen Ihre Hände nach vorne bewegen; die Hände sollen die Verbindung zum Pferdemaul erhalten, als wären sie aus einem Stück elastischem, nachgebendem Gummiband. Um dies zu erreichen, müssen Ihr Körper, Ihre Arme, Handgelenke, Hände und Finger völlig entspannt sein. Sie sollten die Zügel so halten, wie Sie einen Vogel festhalten würden – vorsichtig genug, um ihn nicht zu erdrücken, aber nicht zu leicht, denn sonst fliegt er davon. Die Stärke der Verbindung, die von der individuellen Vorliebe eines jeden Pferdes abhängig ist, muß immer auf dem gleichen Niveau gehalten werden. Manchmal demonstrieren wir dies mit unseren Pferdepflegern in der Sattelkammer, dabei hält jemand das Gebiß fest und imitiert die Bewegungen, die das Pferd macht. Der Schüler hält das andere Ende der Zügel und versucht, den Bewegungen zu folgen, indem er die Arme nach vorne und nach hinten bewegt, um eine beständige Verbin-

Links: Richtige und falsche Handhaltung, die dazu führen kann, daß unten: man das Pferd »blockiert«.

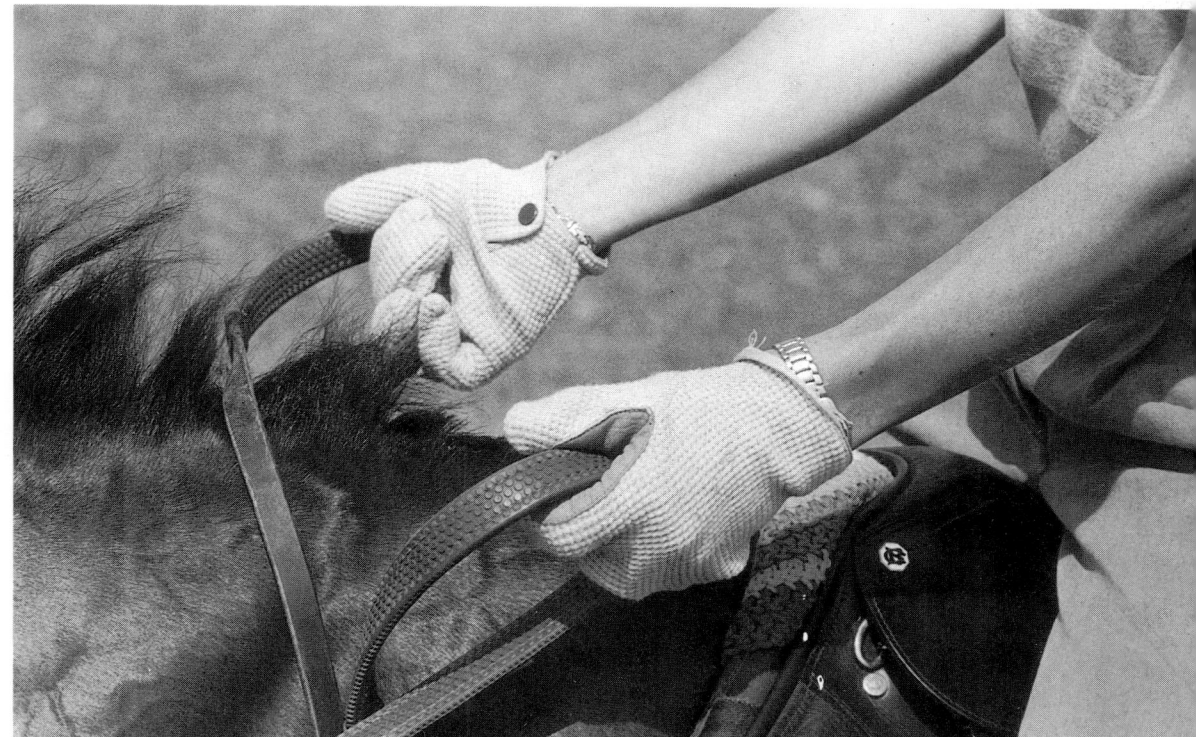

dung zu erhalten. Wenn Sie verspannt auf dem Pferd sitzen, sind Ihre Schultern, Ellenbogen und Handgelenke fest, dabei machen Sie es sich selbst schwer, Ihre Hände einfühlend und nachgebend einzusetzen oder Ihr Gewicht richtig zu verteilen. Die Bemühung um Konzentration läßt Sie allzu leicht verspannt werden, ohne es zu bemerken, deshalb müssen Sie sich ständig vergewissern, daß jeder Teil Ihres Körpers entspannt ist. Sind Sie verspannt, atmen Sie am besten tief durch oder singen Sie ein Lied, um sich zu entspannen! Die Verbindung mit den Händen sollte niemals stärker sein als die mit den Schenkeln. Reitanfänger versuchen oft, das Pferd mit dem Oberschenkel zu packen und zu drücken; das gibt den Oberschenkeln die gleiche Wirkung wie eine Wäscheklammer und bewegt sie eher nach oben als nach unten in den Sattel. Stattdessen sollten Ihre Beine ruhig an der Seite des Pferdes liegen, mit entspannten Oberschenkeln und Knien. Wenn Sie daran denken, Ihre Knöchel an das Pferd zu legen, bekommen Sie wahrscheinlich leichter den richtigen Teil Ihres Beines an das Pferd. Sie können dem Pferd mit der Art und Weise, wie Sie Ihre Schenkel benutzen oder Ihr Gewicht verteilen, entweder helfen oder es behindern. Manche Reiter haben dafür ein natürliches Gefühl, das ihnen hilft, auf das Pferd zu hören. Andere müssen selbst lernen, darauf zu achten, was das Pferd tut. Diese Aufmerksamkeit spielt eine Schlüsselrolle im erfolgreichen Training, denn sie sagt Ihnen, was Sie erreichen wollen und wann Sie beginnen sollten, es zu versuchen. Sie können das Training eines Pferdes nicht am Computer planen; Sie müssen auf das Pferd hören, Ihren weiteren Weg fühlen und immer flexibel sein.

ANFÄNGE DER DRESSURAUSBILDUNG

Sie brauchen eine Einzäunung irgendeiner Art, sei es in einer Ecke eines ebenen Feldes oder ein festes Viereck. Das junge Pferd benötigt 40x40 m oder (wie wir in Ivyleaze) 30x60 m für seine Dressurausbildung; alles, was kleiner ist, engt zu sehr ein. Das Longieren am Anfang wird auch, nachdem das Pferd angeritten ist, noch den größ-

ten Teil der Stunden des jungen Pferdes ausmachen. Es erhält zwei Arbeitsstunden jeden Tag in der ersten Woche, in der es angeritten wurde, die mit Führen oder Longieren im Schritt (ca. 10 Minuten) beginnen. Fünf Minuten Trab an der Longe folgen anschließend. Dann wird das Pferd höchstens 10 Minuten unter dem Sattel gearbeitet, dabei benutzen wir die untere Hälfte unseres Vierecks, das weiter vom Ausgang weg ist. Geht das Pferd gut, hört der Reiter bald auf, um sicherzugehen, daß die Stunde in guter Stimmung endet. Nach einer Woche erhält das Pferd nur noch eine Unterrichtsstunde täglich, die sich aus Longieren und Reiten zusammensetzt und insgesamt 40 bis 50 Minuten dauert. Während der nächsten Monate werden die Stunden langsam verändert, in der Weise, daß der Zeitraum des Longierens geringer wird und mehr Zeit auf das Reiten verwendet wird. Am Anfang seiner gerittenen Arbeit geht das Pferd auf Zirkeln und Vierecken von 25 m am hinteren Ende des Platzes. Anschließend wollen wir versuchen, daß das junge Pferd sich daran gewöhnt, um das Viereck herumzugehen, durch die Diagonale zu gehen und auf großen Zirkeln Schleifen und Rechtecken geritten zu werden. Man hält es von den Pfosten und Stangen an den langen Seiten fern, denn junge Pferde neigen dazu, sich an jede Form der Einzäunung zu lehnen. 10 bis 15 Minuten unter dem Sattel im Viereck sind mehr als genug. Wir wollen nicht, daß das Pferd es als eine Stätte langweiliger Arbeit ansieht, genauso wenig wie wir möchten, daß das Pferd andere Stellen, an die es geritten wird, dazu benützt, um Dampf abzulassen. Ob im Viereck, beim Reiten in einer Wiese oder später, wenn wir es für sicher genug halten, um auszureiten, erwarten wir, daß es sich auf den Reiter konzentriert. Es wird natürlich immer wieder Augenblicke geben, in denen das Pferd nichts dergleichen tun will. Es ist deshalb unsere Aufgabe, Strenge mit Rücksicht zu kombinieren, so daß das Pferd glücklich bei der Arbeit ist und mitmachen will. Wir müssen immer wachsam sein und Situationen vorhersehen, in denen Unstimmigkeiten auftreten könnten, um diese zu vermeiden. Ist zum Beispiel Ihr Pferd dafür bekannt, auszubrechen, könnten Sie jemand mit einer Longierpeitsche an den Ausgang stellen, während Sie daran vorbeireiten. Können Sie gut in Ihr Pferd hineinhorchen, wissen Sie, wann Sie Ihren Helfer wieder von seiner Aufgabe entlassen können. Dabei müssen Sie immer im Hinterkopf behalten, daß Sie alles tun müssen, um einen Kampf verschiedener Meinungen zu vermeiden. Geht Ihr junges Pferd gut im Trab an der Longe und benimmt sich vernünftig, fangen wir bereits in einem frühen Stadium des Reitens mit dem Traben an. Das geschieht, ohne zuviel vom Pferd zu verlangen. Wie meine Mutter sagt: »Sie werden natürlich so gut wie möglich traben, aber jetzt ist nicht die richtige Zeit, um sich zu ärgern, weil das Pferd in den Ecken nach innen fällt oder, etwas Rhythmus oder Gleichgewicht verliert.« Rom wurde auch nicht an einem Tag erbaut und wir sollten von einem jungen Pferd keine Ergebnisse über Nacht erwarten. Am Anfang wird einfach ein wenig getrabt, um etwas Abwechslung in die Stunden zu bringen, in denen wir vor allem versuchen, einen guten Schritt zu erreichen. Beginnen wir, vom Pferd etwas mehr im Trab zu verlangen, wollen wir, daß das Pferd guten Schritt geht, in einem guten Rhythmus und im Gleichgewicht.

LERNEN DER GRUNDLAGEN

Das Pferd muß lernen, mit leichter Verbindung vorwärts zu gehen, was am besten erreicht werden kann, indem man das Pferd immer in Bewegung und sowenig wie möglich anhält. Zögert das Pferd, vorwärts zu gehen, können die Stimme und die Schenkel des Reiters durch den Einsatz der Gerte hinter dem Gurt verstärkt werden. Es kann auch sehr hilfreich sein, den Herdentrieb des Pferdes auszunützen und in Sichtweite hinter einem anderen Pferd herzureiten. Das Pferd muß lernen, in sich gerade zu bleiben, dabei folgt es mit seinem Körper von den Ohren bis zum Schweif dem Weg, den es einschlägt. Auf dem Zirkel muß somit der Pferdekörper gebogen sein, um »gerade« zu sein. Jedes Hinterbein sollte in die Spur des dazugehörigen Vorderhufes treten. Es gibt aber keinen Grund, beunruhigt zu sein, wenn Ihr junges Pferd von dieser Spur abweicht. Es ist ganz normal, daß junge Pferde schief sind,

wie Sie wahrscheinlich beim Longieren schon beobachtet haben. Nur durch dressurmäßige Arbeit wird das Pferd gerade. Deshalb muß das Pferd zunächst lernen, sich selbst mit dem Gewicht des Reiters auszubalancieren und eine gleichmäßige Verbindung an beiden Zügeln aufzunehmen. Das Nachinnenfallen in einer Wendung oder auf dem Zirkel ist ebenfalls ganz natürlich und passiert dann, wenn das Pferd sein Gleichgewicht nach innen bewegt. Normalerweise folgen seine Beine, indem sie ebenfalls nach innen gehen. Sein Kopf ist beständig nach außen gebogen, deshalb geht die innere Schulter voraus. Beobachten Sie ein Pferd auf der Koppel, können Sie sehen, daß dies ganz natürlich ist. Automatisch geht das Pferd mit der inneren Schulter voraus um die Kurve, dabei ist sein Kopf in die entgegengesetzte Richtung gebogen. Wir müssen deshalb sehr geduldig sein, wenn wir vom Pferd verlangen, aufrecht zu bleiben und sich vom Kopf bis zum Schweif in derselben Krümmung zu biegen wie der Zirkel, dem es folgt. Das ist nicht natürlich

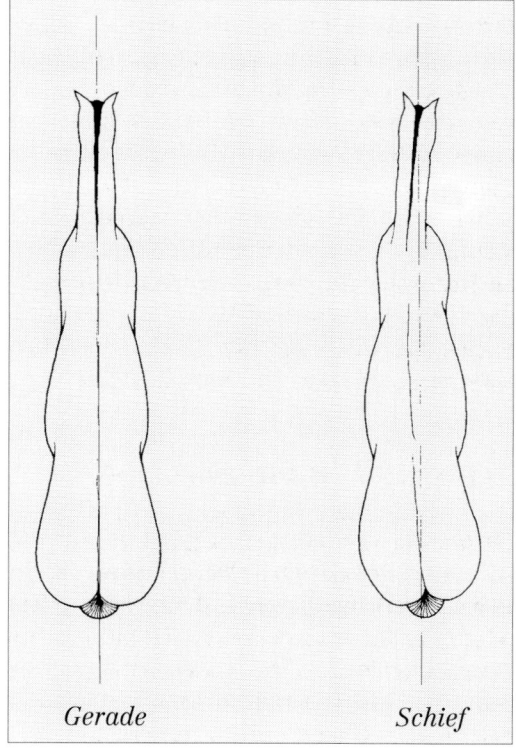

Gerade   *Schief*

für das Pferd und deshalb braucht es Zeit, um zu lernen, wie es geht. Wir bemühen uns um eine leichte Verbindung, sobald das Pferd angeritten ist, verlangen aber nicht, daß es seinen Kopf auf eine bestimmte Weise trägt. Wenn Sie versuchen, seine Form zu verbessern, bevor das Pferd ganz mit der Verbindung zufrieden ist, wird es lernen, dem Gebiß auszuweichen. Am Anfang bewegt das Pferd seinen Kopf in alle Richtungen, und Sie müssen ihm mit Ihrer Hand folgen. Ist das Pferd einmal mit einer leichten Anlehnung an den Zügeln einverstanden, bleibt der Kopf ruhig.

RHYTHMUS UND GLEICHGEWICHT

Die dressurmäßige Arbeit hilft dem jungen Pferd, sich selbst in einer Weise zu tragen, die es ihm leichter macht, das Gewicht des Reiters zu stützen. Es muß lernen, dieses zusätzliche Gewicht mit seiner Hinterhand zu tragen, aber das geht nur, wenn der Körper des Reiters kontrolliert, ruhig und im Gleichgewicht ist und sich nur dann bewegt, wenn es einen speziellen Grund dafür gibt. Das Pferd ist in der Lage, sich selbst auszubalancieren; deshalb müssen wir es vermeiden, sein natürliches Gleichgewicht durch unsere fehlende Geschmeidigkeit oder unsere Unfähigkeit, ruhig zu sitzen, zu stören. Junge Pferde sind oft eilig und versuchen schneller zu gehen, als die Geschwindigkeit, in der sie am besten ihren Rhythmus und das Gleichgewicht erreichen. Dies ist häufig eine Erinnerung an die Natur, die dem Pferd den Fluchtinstinkt mitgegeben hat, den es benutzt, um allem zu entfliehen, dem es mißtraut oder wenn ihm etwas mißfällt. Selbst wenn das Pferd glücklich und vertrauensvoll ist, möchte es Sie vielleicht daran erinnern, daß es zum Galoppieren geboren wurde! Es könnte sein, daß der Übermut des jungen Pferdes durch Überfütterung entstanden ist, das ist ein weitverbreiteter Fehler. Wie in einem späteren Kapitel besprochen, glauben wir daran, so wenig Kraftfutter wie möglich zu füttern, um das Pferd fit für seine Aufgabe zu bekommen. Geht das Pferd zu schnell, neigt es dazu seine Tritte zu verkürzen. Das wiederum unterstützt das Pferd dabei, in die Kurven und Wendungen zu fallen, einfach deshalb, weil dies die einzige Möglichkeit ist, sich bei dieser Geschwindigkeit auszubalancieren. Der Trainer oder Ausbilder muß sich für die richtige Geschwindigkeit bei jedem einzelnen Pferd entscheiden, ansonsten ist das Pferd nicht richtig im Gleichgewicht mit dem Gewicht des Reiters. Normalerweise heißt dies, etwas im Trab zu bremsen, aber nicht unbedingt im Schritt. Haben Sie kein Metronom in Ihrem Kopf, könnte es Ihnen helfen, etwas Musik zu hören, damit Sie leichter erkennen, ob das Pferd im Rhythmus ist oder nicht. Die Auswahl der Musik muß natürlich im Schritt (Vierschlag ohne Schwebephase) und im Trab (charakteristischer Eins-Zwei-Schlag mit Schwebephase) verschieden sein.

WENDUNGEN UND ZIRKEL

Eine korrekte Wendung zu reiten ist ausgesprochen schwierig. Es gibt nur einen Weg, es richtig zu machen und – laut einem renommierten Dressurexperten – 3982 Möglichkeiten, es falsch zu machen – was einen sehr leicht zur Verzweiflung bringen kann! Der Reiter muß in der Lage sein, jede Hand und jedes Bein unabhängig voneinander zu bewegen, denn jedes hat eine andere Funktion. Wenden Sie nach links ab, wird Ihr inneres (linkes) Bein dazu benutzt, das Pferd daran zu hindern, nach innen zu fallen und es vorwärts zu treiben. Der äußere Schenkel liegt verwahrend hinter dem Gurt, immer einsatzbereit, sollte das Pferd mit der Hinterhand nach außen schwingen. Der innere Zügel verlangt vom Pferd die Wendung und die Biegung in diese Richtung. Der äußere Zügel ermöglicht diese Biegung, erhält aber gleichzeitig die Verbindung und (falls nötig) kontrolliert die Geschwindigkeit oder eine übertriebene Biegung. Ihre Schultern müssen sich mit dem Pferd drehen, etwas mehr Gewicht ist dabei auf Ihrem inneren Gesäßknochen. Um Ihr Gewicht an die richtige Stelle zu bekommen, müssen Sie Ihre natürliche Neigung, auf dem äußeren Gesäßknochen zu sitzen, überwinden. Wenn Sie auf einem Stuhl sitzend versuchen, Ihre Schulter nach links zu drehen, werden Sie dies wahrscheinlich selbst bemerken. Es ist für die rechte Hüfte ganz natürlich, einzuknicken und für das Gewicht dorthin zu rutschen. Tun Sie dasselbe auf einem Pferd, sind Sie schief; und um dies auszugleichen, muß das

Pferd ebenfalls schief gehen, dabei verliert es sein Gleichgewicht, den Impuls und den Rhythmus. Stößt das Pferd in einem späteren Stadium auf Probleme, ist das ziemlich sicher deshalb, weil es niemals gelernt hat, grundlegende Wendungen und Zirkel auszuführen. Dieses kann man nicht in einer Stunde lernen. Wie bereits erwähnt, neigen Pferde dazu, auf der linken Hand fest zu sein. Das bedeutet, daß sie ihre Hinterhand leicht nach rechts tragen, was dazu führt, daß sie sich auf die linke Schulter lehnen. Das Abwenden nach rechts erscheint viel einfacher, ist aber nichtsdestoweniger falsch, denn das Gewicht des Pferdes liegt auf seiner linken Schulter. Deshalb wird das Pferd dazu neigen, nach außen zu fallen. Eine Linkswendung enthüllt mehr offensichtliche Fehler – und davon sehr viele! Das Pferd wird versuchen, nach innen zu fallen, seine Hinterhand nach links zu schieben, das linke Hinterbein vor dem rechten Hinterbein zu kreuzen, sich auf den inneren Zügel zu legen und die Verbindung zum äußeren Zügel verlieren. Zirkel sind eine Fortsetzung der Wendungen, deshalb werden hier dieselben Prinzipien angewendet. Fällt das Pferd auf einem Zirkel auf der linken Hand ständig nach links, benutzen wir eine Übung, die Reiten in Außenstellung heißt. Dabei benutzen wir unseren inneren (linken) Schenkel am Gurt, um dem Pferd dabei zu helfen, seine linke Schulter zu entlasten und weiter vorwärts zu gehen, während es sich fühlt wie auf der rechten Hand. Als Ergebnis biegt sich das Pferd so für 1 bis 2 Galoppsprünge, das hilft ihm, das Gewicht von seiner linken Schulter

zu nehmen. Anschließend verlangt man wieder die korrekte Linksbiegung, die das Pferd nun leichter erreichen kann, weil das Gewicht von seiner Schulter genommen wurde. Hat das Pferd einmal gelernt, mit der richtigen Biegung auf dem Zirkel zu gehen, wird es merken, daß das viel bequemer ist als auf die verkehrte Weise und deshalb gerne mitarbeiten. Diese Außenstellungs-Übung kann man auch auf einer geraden Linie anwenden, um dem Pferd zu helfen, sich selbst korrekt auszubalancieren und einen gleichmäßigen Kontakt an beiden Zügeln aufzunehmen. Eine andere Methode, die natürliche Steifheit des Pferdes zu überwinden, ist das Nachgeben und Annehmen der linken Hand während der Schenkel aber weiter dranbleibt; das wird das Pferd davon abhalten, sich weiter auf den linken Zügel zu legen und ermutigt das Pferd, auf rechts Kontakt aufzunehmen.

EINFÜHREN DES GALOPPS

Das Pferd ist nach 5 bis 6 Wochen unter dem Sattel zum Galoppieren bereit, aber seine physische Entwicklung und sein Trainingszustand sind in Erwägung zu ziehen, bevor man mit dem Galopp anfängt. Ist das Pferd körperlich noch unreif, fangen wir mit dem Galopp erst später im Jahr an – oder wir warten bis zum nächsten Jahr. Wir benützen dafür immer ein winziges Kreuz, in der Mitte ca. 15 cm über dem Boden für die ersten Galoppsprünge. Dieses Kreuz wird auf etwa dreiviertel der langen Seite der Halle aufgestellt, das ermuntert das Pferd mit dem inneren Bein zuerst abzuheben. Das Kreuz spart die Notwendigkeit

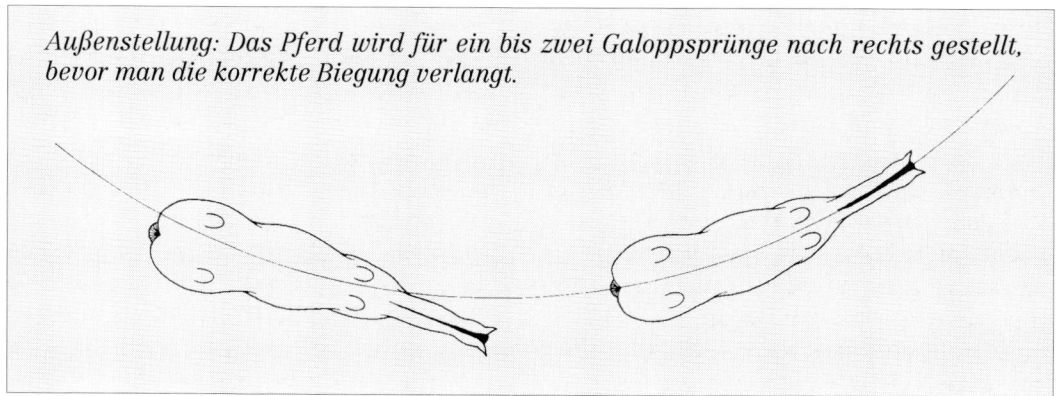

Außenstellung: Das Pferd wird für ein bis zwei Galoppsprünge nach rechts gestellt, bevor man die korrekte Biegung verlangt.

starker Hilfen und vermeidet, daß das Pferd in einen schnellen und unausbalancierten Trab fällt – denn es landet nach diesem kleinen Sprung immer im Galopp. Einmal angefangen, bauen wir den Galopp ungefähr zwei- bis dreimal in der Woche in die Stunde mit ein, dabei verlangen wir nicht mehr als einen großen Zirkel am Anfang. In den nächsten zwei Wochen möchten wir, daß das Pferd mit normalen Hilfen, ohne das Kreuz angaloppiert (siehe Ende des Kapitels). Ist das Pferd stark genug und im Gleichgewicht, können Sie vielleicht zwei oder drei Runden im Galopp reiten – dabei reiten Sie am besten auf einem etwas größeren Platz als der mit 20 x 40 m, das ist für ein junges Pferdes doch sehr begrenzt. Unmittelbar nachdem das Pferd galoppiert ist, muß der Trab für eine Zeitspanne von 4 bis 5 Minuten wieder hergestellt werden. Das Pferd könnte sich aufgeregt haben und braucht nun diese Zeit, um zu seinem ruhigen, entspannten und rhythmischen Trab zurückzufinden, den wir bis jetzt gefestigt haben sollten.

SPAZIERENGEHEN IM GELÄNDE

Wie lange es dauert, bis man mit dem jungen Pferd sicher ins Gelände gehen kann, hängt natürlich vom jeweiligen Pferd und der Umgebung ab. Normalerweise sind unsere Landstraßen einigermaßen ruhig und wir halten es für richtig, mit einem jungen Pferd 8-10 Wochen, nachdem es angeritten wurde, rauszugehen. Zuerst reiten wir die Auffahrt hinunter, dann ein kleines Stück die Straße entlang, gefolgt von einem kleinen Ausflug durch das Dorf. Vorausgesetzt, das Pferd benimmt sich vernünftig, wagen wir uns dann allmählich weiter weg. Wir reiten selten mit einem jungen Pferd allein aus, deshalb wird das

Pferd normalerweise immer einen oder mehrere Begleiter dabei haben. Diese frühen Ausflüge dauern 20-30 Minuten, wir gehen verschiedene Wege, meiden aber alles in der Umgebung, was das Pferd beunruhigen könnte. Zu diesem Zeitpunkt arbeitet das Pferd an sechs Tagen der Woche jeweils für eine Stunde. Es bekommt eine Kombination aus Longenarbeit, Arbeit unter dem Sattel und Spazierenreiten, aber nicht unbedingt alles an einem Tag. Die Kunst des erfolgreichen Trainings liegt darin, das Pferd interessiert zu halten, indem man ihm eine Menge verschiedener Aufgaben gibt; Sie können niemals darauf hoffen, seine Aufmerksamkeit zu erhalten, wenn es in seinen Ausbildungsstunden zu Tode gelangweilt ist. Das Spazierenreiten sollte aber trotzdem nicht als etwas komplett anderes betrachtet werden. Wir benützen diese Ausflüge als Erweiterung der Arbeit in der Halle und nicht als Gelegenheit, um auf Landstraßen herumzubummeln. In diesem Stadium sollte das junge Pferd in der Lage sein, im Schritt und im Trab auf einem 20-m-Zirkel und einem großen 20x40-m-Viereck gerade zu bleiben, ohne nach innen zu fallen oder sich auf den äußeren Zügel zu legen. Außerdem sollte das Pferd auf einer Acht gehen und traben können. Weil es noch ein Baby ist, wird das Pferd immer noch ein bißchen schwankend sein, deshalb verlangen wir vor dem nächsten Jahr nicht mehr viel von ihm. Nach drei bis vier Monaten Arbeit wird das junge Pferd weggestellt. Dank seines Langzeitgedächtnisses können wir uns darauf verlassen, daß es seine Stunden noch nicht vergessen hat, wenn das Pferd nach vier Monaten wieder anfängt zu arbeiten.

Das Pferd wird im Stall angeritten. Draußen steigt

ZUSAMMENFASSUNG

der Reiter von einer Aufstiegshilfe auf. Das Pferd wird auf beiden Händen herumgeführt, dabei gibt der Führende mit seiner Stimme die Kommandos. Der Reiter gibt die Kommandos mit der Stimme. Das Pferd lernt die Hilfen, indem der Reiter sie gleichzeitig mit den Stimmkommandos ausführt. Die Peitsche dient nur als letzte Rettung. Die Longierleine wird aus dem Kappzaum ausgehängt, der Longenführer geht aber weiter neben dem Pferd her. Der Longenführer entfernt sich und überträgt die Kontrolle auf den Reiter. Die anfänglich vermehrte Longenarbeit ändert sich langsam dahingehend, daß das Pferd mehr geritten als longiert wird. Das Pferd wird auf großen Zirkel-Quadraten an einem Ende des Platzes geritten. Der ganze Platz wird für Rechtecke, Schleifen und dem Reiten durch die Diagonale genutzt. Wenn das Pferd vernünftig ist und gut an der Longe trabt, fängt es an, unter dem Reiter zu traben. Mit dem Galopp fängt man nach 5-6 Wochen an, wenn das Pferd ausreichende Fortschritte im Training und in seiner physischen Entwicklung gemacht hat.

DER REITER
Überprüfen Sie Ihren Sitz, bevor Sie an das Pferd denken. Bemühen Sie sich um eine leichte Verbindung zum Pferdemaul. Entspannen Sie die Arme und folgen Sie mit den Händen den Bewegungen des Pferdekopfes. Seien Sie völlig entspannt und im Gleichgewicht. Halten Sie niemals mehr Verbindung mit den Händen, als mit den Schenkeln. Lernen Sie, in das Pferd hineinzuhören.

GRUNDLEGENDE HILFEN
Übergänge aufwärts (Halten zum Schritt, Schritt zum Trab): Der Körper senkt sich etwas, dabei verlagert sich das Gewicht etwas nach hinten. Gleichmäßiges Drücken mit beiden Beinen. Lockern Sie die Zügel, wenn das Pferd nach vorne geht, aber geben Sie die Verbindung nicht auf. Trab zum Galopp (auf der linken Hand): Gewicht auf dem linken Gesäßknochen, die linke Hüfte zeigt ein wenig nach vorne. Biegen Sie das Pferd mit dem linken (richtungsweisenden) Zügel. Ermöglichen Sie die Biegung, indem Sie mit dem rechten (unterstützenden) Zügel nachgeben. Linkes Bein am Gurt. Rechtes Bein hinter dem Gurt. Geben Sie beim Angaloppieren ein wenig mit Ihrer Hand nach, verlieren Sie aber nicht die Verbindung.
Übergänge abwärts (Galopp zum Trab, Trab zum Schritt, Schritt zum Halten): Vorbereitung durch 1-2 halbe Paraden drei Galoppsprünge oder Trabtritte vor dem Übergang (d.h. kurzzeitig mit beiden Beinen drücken, dabei bremsen die Hände schnellere Bewegungen ab und verstärken die Versammlung). Das Gewicht geht nach oben und etwas nach hinten. Sie spannen beide Beine an. Verzögertes Nachgeben und Aufnehmen der Zügel, bis der Übergang ausgeführt ist.

(NB: Ihre Hände erlauben es dem Pferd nicht, in derselben Geschwindigkeit weiterzugehen, sollten aber auch nicht wie festgefroren in der gleichen Stellung bleiben.) Wendung oder Zirkel nach links: Etwas mehr Gewicht auf dem linken Gesäßknochen. Der linke Zügel verlangt die Biegung. Der rechte Zügel ermöglicht die Biegung und kontrolliert die Geschwindigkeit, dabei hält er die Verbindung. Der linke Schenkel am Gurt hindert das Pferd daran, nach innen zu fallen und schiebt es vorwärts an beide Zügel. Der rechte Schenkel hinter dem Gurt kontrolliert die Hinterhand. Drehen Sie Ihre Schultern mit der Bewegung, achten Sie darauf, das Gewicht vom rechten Gesäßknochen zu entlasten.

DIE ZIELE DES TRAINERS
In diesem Stadium wollen wir, daß das Pferd lernt:

- vorwärts zu gehen,
- im Rhythmus zu bleiben,
- den Kontakt an beiden Zügeln anzunehmen,
- sich selbst mit dem Gewicht des Reiters auszubalancieren,
- gerade zu sein,
- die korrekte Biegung zu erhalten.

Legt sich das Pferd auf die linke Schulter, reiten Sie in Außenstellung auf einem Linkszirkel: Benutzen Sie den linken Schenkel und den rechten Zügel und verlangen Sie 1-2 Galoppsprünge die Rechtsbiegung. Verlangen Sie dann sofort wieder die korrekte Linksbiegung, während Sie die gewichtige linke Schulter freilassen. Die Außenstellung kann auch auf einer Geraden zum Verbessern des Gleichgewichtes eingesetzt werden und um den gleichmäßigen Kontakt an beiden Zügeln zu unterstützen.

GOLDENE REGEL:
Halten Sie die Stunden kurz!

5

DRESSURAUSBILDUNG FÜR FORTGESCHRITTENE

Das junge Pferd ist physisch und mental gereifter, wenn wir seine Erziehung im Alter von 4 Jahren fortsetzen. Wir glauben daran, ihm sehr viel Zeit zu lassen, damit es lernt, ohne dabei in Eile zu sein. Je besser diese Grundlagen gefestigt sind, um so leichter wird dem Pferd das folgende Jahr fallen, wenn es auf sein erstes Turnier vorbereitet wird. Obwohl das Pferd viel Futter zum wachsen braucht, schadet es seiner Erziehung, wenn es zuviel gefüttert wird und überfrisch ist. Das Pferd ist dann zu aufgeregt, um sich auf den Trainer zu konzentrieren, und die Arbeit hat weniger mit Lernen zu tun als vielmehr mit dem Loswerden überschüssiger Energie.

Fängt das vierjährige Pferd wieder an zu arbeiten, muß es durch mindestens 3 Wochen Schrittreiten wieder fit gemacht werden. Während dieser Zeit beginnt seine tägliche Arbeit mit 10 bis 15 Minuten an der Longe. Das macht das Pferd fitter und gehorsamer und damit auch sicherer während des unmittelbar folgenden Ausritts.

Während der ersten Wochen ist die Arbeit auf 50 Minuten beschränkt und steigert sich in den folgenden zwei Wochen auf 1 bis 1,5 Stunden. Nach den ersten zwei Wochen geht das Pferd immer noch täglich im Schritt raus und wird in der Halle geritten oder longiert. Das Ausreiten ist ebenfalls ein Teil seiner Schulung; wir hier in Ivyleaze sind der Meinung, daß die Dressurausbildung nicht auf eine eingezäunte Fläche begrenzt ist und man alles vergessen kann, sobald man das Viereck verläßt. Das Pferd genießt es wahrscheinlich viel mehr, auf der Straße oder im Park, wo es viel mehr zu sehen gibt, unterwegs zu sein. Wir verlangen aber trotzdem, daß es sich so gut wie möglich bewegt und auf einer geraden Linie bleibt. Ist das Pferd einmal fit, kann es mehr anstrengende Ausbildung und Ausritte machen. Außerdem beginnen seine Springstunden, siehe nächstes Kapitel.

DRESSURARBEIT

Man kann nun vom Pferd verlangen, daß es beim Reiten mehr in der richtigen Form bleibt, aber die Betonung auf der Vorwärtsbewegung bleibt dabei erhalten. Das Pferd muß im Schritt auf kleineren Zirkeln von 10 m Durchmesser gehen und auf 20-m-Zirkeln traben. Es geht sowohl auf Schleifen und großen 20-m-Vierecken, als auch auf einem kleineren Viereck von 15 m. Diamanten (auch 15 m) werden eingeführt. Sie machen die Schultern des Pferdes beweglicher und helfen dem Pferd, in den Wendungen seine Hinterhand am richtigen Platz zu halten. Wie wir bereits bemerkt haben, ist eine korrekte Wendung unter keinen Umständen einfach. Als nächstes fangen wir mit 3- und 5-m-Schlangenlinien an, gefolgt von Achtern im kleinen Viereck von 20x40 m. Die Acht beinhaltet zwei Diagonalen und ständigen Handwechsel, und hilft uns festzustellen, wie gut das Pferd in einem kleinen Viereck mit dem Reitergewicht im Gleichgewicht ist. Es wird vermehrt mit Galopparbeit angefangen, sowohl im Gelände als auch auf dem Platz. Wir verlangen, daß das Pferd auf dem Zirkel oder in einer Ecke richtig angaloppiert. Galoppiert das Pferd falsch an, wird ihm kein Verweis erteilt. Wir wollten, daß es angaloppiert und es hat die richtige Gangart hervorgebracht, lediglich auf dem falschen Fuß; es würde das Pferd nur verwirren, ihm zu sagen, das war nicht das gewesen, was man wollte. Normalerweise kommt das Pferd selbst zum Trab zurück, wenn es auf dem falschen Fuß angaloppiert ist, und wir sollten es ihm auch gestatten. Wir traben dann in der Halle herum und lassen das Pferd dann an exakt der gleichen Stelle angaloppieren wie vorher. Diese Übung wird, falls nötig, wiederholt, bis das Pferd auf dem richtigen Fuß angaloppiert. Wir würden dann die Anzahl der Galopprunden auf jeder Hand erhö-

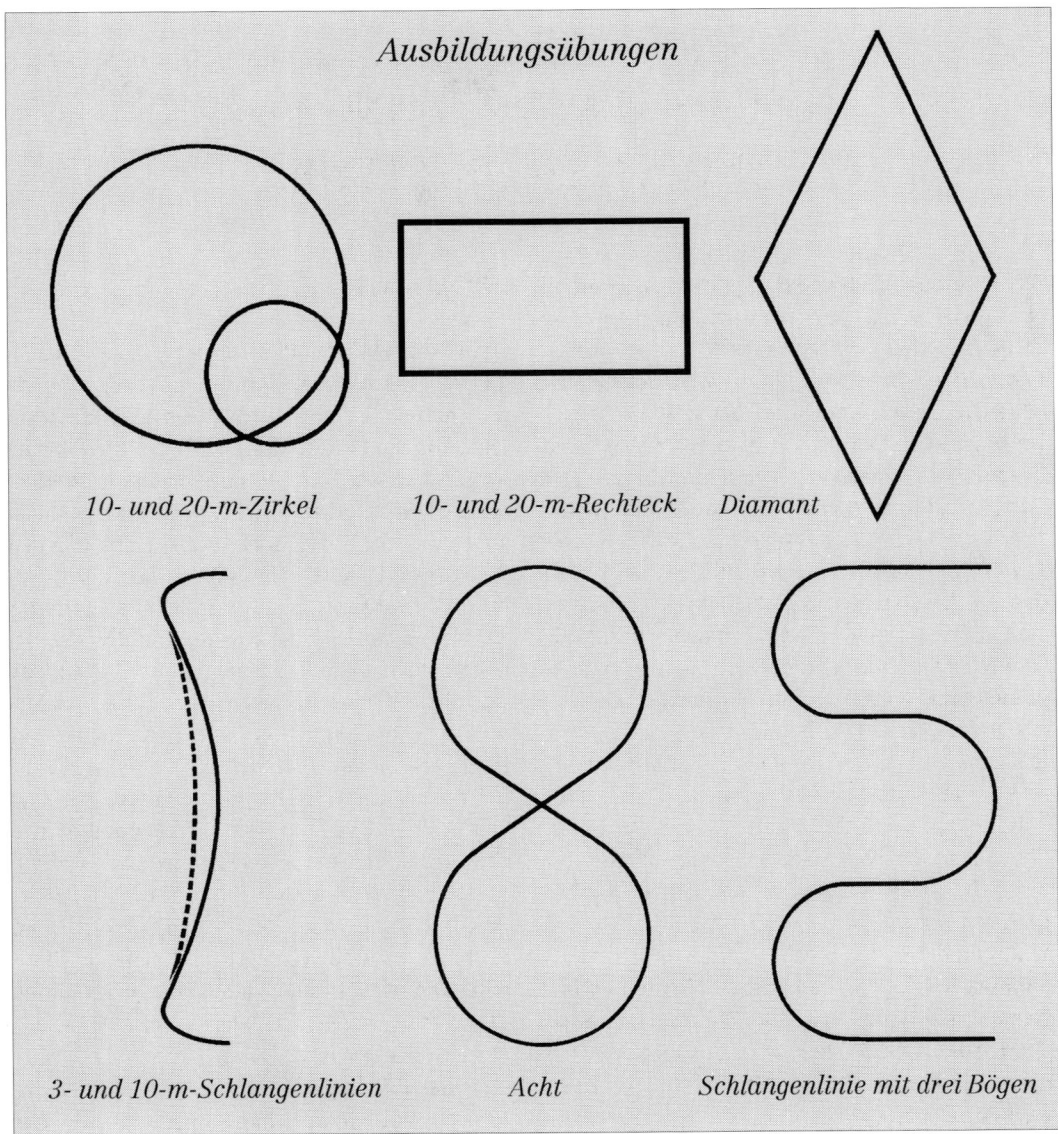

Ausbildungsübungen

10- und 20-m-Zirkel   10- und 20-m-Rechteck   Diamant

3- und 10-m-Schlangenlinien   Acht   Schlangenlinie mit drei Bögen

hen, abhängig davon, wie lange das Pferd ohne Mühe galoppieren kann. Schlangenlinien mit drei Bögen werden nun zu den anderen Figuren hinzugefügt, denen das Pferd in der Halle bereits gefolgt ist. Außerdem fangen wir bei unseren Vierjährigen mit dem Schenkelweichen an, denn das ist immer die erste laterale Arbeit, die sie machen. Diese Übung, bei der das Pferd dem Schenkel des Reiters nachgibt, indem es von ihm weggeht, verbessert die Reaktion auf die Hilfen. Außerdem ver-

bessert es die Geschmeidigkeit und Aufrichtung des Pferdes und hilft gleichzeitig eine rundere Oberlinie herzustellen. In diesem Stadium versuchen wir es allerdings nur im Schritt. In seiner ersten Stunde im Schenkelweichen reiten wir das Pferd zunächst auf dem zweiten Hufschlag, wobei es dann einige Schritte diagonal gehen und dabei mit dem einem Vorder- und Hinterbein vor das andere treten soll.

Wir möchten nur eine leichte Stellung vom Kopf

bis zum Schweif, dabei ist das Pferd leicht von der Richtung, in die es geht, weggebogen. Es ist immer die Innenseite der Biegung gemeint (eher als die Bewegungsrichtung), wenn wir auf den inneren Zügel oder auf den inneren Schenkel verweisen – der in diesem Fall entgegengesetzt zur Bewegungsrichtung des Pferdes ist. Beim Schenkelweichen nach links sollte das Pferd leicht um den inneren (rechten) Schenkel des Reiters gebogen sein. Dieser liegt hinter dem Gurt, damit sich das Pferd auf vier Spuren diagonal vom Schenkel wegbewegt. Der äußere Schenkel, der beinahe am Gurt liegt, erhält den Impuls, kontrolliert die Hinterhand und verhindert das Ausweichen. Der innere Zügel hilft, die Schulter des Pferdes auf der korrekten Linie zu halten und verlangt eine leichte Biegung, während der äußere Zügel die Geschwindigkeit kontrolliert. In diesem Stadium der Arbeit unter dem Sattel verwenden wir auch Trabstangen – zuerst eine einzelne auf einer geraden Linie, dann langsam aufbauend bis zu 4 Stangen auf der Kurve eines 20-m-Zirkels. Diese Stangen werden in den selben Distanzen hingelegt, die wir auch zum Longieren verwenden. Das Gehen und Traben über Stangen auf dem Boden ermutigt das Pferd darauf zu achten, wo es seine Füße hinsetzt. Sie verbessern außerdem seine Kadenz und Aufrichtung mit einem Reiter auf dem Rücken. Ist das Pferd geschmeidig und entspannt, können wir noch mehr Stangen hinzufügen oder diese erhöhen (nicht mehr als 15 cm). Nun sollte sich der Trab des Pferdes verbessert haben. Wir möchten, daß das Pferd ruhig und entspannt, im Rhythmus und aufmerksam ist. Jedes Pferd hat seinen ganz besonderen Eins-Zwei-Schlag im Trab, und der Trainer muß diesen Schlag kennen, um einen guten Rhythmus zu erreichen. In diesem Stadium – vorausgesetzt, das Pferd führt die obengenannten Bewegungen zufriedenstellend aus und hat eine gleichmäßige Verbindung zur Reiterhand akzeptiert – können wir etwas Stellung vom Genick verlangen und somit die korrekte Oberlinie für die Dressur einführen.

Wendungen und Zirkel sind schwer mit der richtigen Handhaltung, wie hier gezeigt, auszuführen.

VERLÄNGERN UND VERKÜRZEN

Sobald das Pferd im Arbeitstrab oder Galopp im Rhythmus und koordiniert ist, würde ich anfangen, über ein Verlängern und Verkürzen in diesem Tempo nachzudenken. Wir neigen dazu, mit dem Galopp zu beginnen, denn das ist normalerweise am leichtesten für das Pferd, weil es natürlich ist. Der Schritt ist am schwierigsten, weil es schwerer ist, in einem langsamen Tempo Energie zu schaffen; deshalb verkürzen und verlängern wir den Schritt erst als letztes. Bis jetzt haben die Springstunden (im nächsten Kapitel beschrieben) des Pferdes begonnen und ich möchte, daß das Pferd in der Lage ist, seine Galoppsprünge zu verlängern und zu verkürzen, bevor ich daran denke, im Galopp an ein Hindernis zu reiten. Seine eigene Sprunglänge bestimmt, an welchem der beiden wir zuerst arbeiten. Sind die Galoppsprünge kurz, lasse ich das Pferd fünf Galoppsprünge verlängern und kehre dann zum Arbeitsgalopp zurück. Dabei schafft man mit den Beinen die nötige Energie und gibt dann mit den Händen

nach, um dem Pferd zu erlauben, seinen Kopf weiter nach vorne zu strecken, ohne die Verbindung zu verlieren. Das Pferd ist ohne diese Extra-Freiheit des Kopfes und des Genicks nicht in der Lage, seine Galoppsprünge zu verlängern, denn seine Beine können den Boden nur so weit vorne berühren wie seine Nase ist. Sie verlangen längere Galoppsprünge und kein schnelleres Tempo; können Sie dies anfangs nicht erreichen, müssen Sie zum Arbeitsgalopp zurückgehen und es nochmal versuchen. Weil das Pferd seinem Reiter die Dinge schnell einmal vorwegnimmt, sollten Sie vermeiden, das Verlängern der Galoppsprünge an der selben Stelle zu verlangen. Sobald es gemerkt hat, daß die lange Seite die Stelle ist, wo Sie diese neue Übung durchführen wollen, wird es wahrscheinlich von selbst damit anfangen. Benützen Sie also auch die kurze Seite und vielleicht auch einen Teil eines großen Zirkels. Manche Pferde haben von Haus aus einen großen Galoppsprung und brauchen deshalb mehr Arbeit beim Verkürzen. In diesem Fall schafft der Reiter ebenfalls nur mit

Pferd und Reiter genießen ihre Galopparbeit.

seinen Schenkeln die nötige Energie. Aber anstatt das Pferd zu ermuntern, seine Nase und seinen Hals nach vorne zu strecken, verwandelt die Hand diesen Extra-Impuls in kürzere und aktivere Galoppsprünge, beinahe wie mit einer Reihe von halben Paraden. Obwohl es das unmittelbare Ziel ist, dem Pferd beim Springen zu helfen, verbessert das Verkürzen auch den Arbeitsgalopp und ist von Nutzen, wenn man zu den Schlangenlinien oder anderen schwierigen Übungen im Galopp kommt. Es gibt ähnliche Vorteile für das Pferd mit einem kurzen Galoppsprung, wenn es das Verlängern lernt. Diese Stunden bringen sowohl einen verbesserten Mittelgalopp und starken Galopp hervor, genauso wie sie dem Pferd auch beim Springen und Galoppieren helfen. Nachdem ich all dieses gesagt habe, sollten wir nicht zu ehrgeizig werden. Die dressurmäßige Arbeit kann hilfreich sein, um die natürlichen Bewegungen zu verbessern, allerdings nur innerhalb der natürlichen Grenzen, die durch seinen Körperbau und seine Mechanik gesetzt sind.

DER REITER

Der Zügel muß immer mit einer nachgebenden und annehmenden Hand eingesetzt werden, niemals mit einem ständigen Zug. Manchmal wird die Hand etwas passiv sein und sie kann zur selben Zeit leicht verwahren, während man darauf wartet, daß das Pferd den Hilfen gehorcht. Baut die passive Hand das Element des Verwahrens mit ein, kann sie ein wirkungsvolles Korrekturmittel sein, wenn sich das Pferd auf das Gebiß legt oder nicht nachgibt. Es muß immer mit Vernunft eingesetzt werden und von Schenkelhilfen begleitet sein. Das Verwahren ist erlaubt, wenn das Pferd dem Gebiß ausweicht. In diesem Fall bleibt die Hand völlig passiv und wartet darauf, daß das Pferd ans Gebiß kommt und eine gleichmäßige Verbindung annimmt. Ist dies erreicht, sollte die Hand nachgeben (ohne die Verbindung zu verlieren), um auf diesem Weg Dankbarkeit und Lob auszudrücken. Die Stärke der Verbindung, die Sie zum Pferdemaul haben, hängt von seinem Gleichgewicht, seiner Größe, seiner Kadenz und seinen individuellen Vorlieben ab. Manche Pferde mögen eine starke Verbindung, während andere einen viel leichteren Kontakt bevorzugen. Sie müssen also die speziellen Ansprüche Ihres Partners herausfinden und sich anpassen. Lassen Sie während einer Übung oder während eines Übergangs plötzlich die Zügel fallen, wird sich das Pferd fragen, was mit Ihnen passiert ist und sofort aus dem Gleichgewicht kommen. Das geschieht nicht, weil Sie das Pferd stützen; die Verbindung zwischen Ihnen und dem Pferd ist mehr so, als würden Sie ein Kind an der Hand führen, wenn Sie über die Straße gehen; Sie halten (eher als daß Sie es unterstützen), das Kind – lassen Sie aber plötzlich die Hand los, wird das Kind aus dem Gleichgewicht gebracht und wahrscheinlich sofort stehenbleiben. Außerdem beeinträchtigen Sie das Gleichgewicht des Pferdes, wenn Sie auf dem Zirkel auf dem falschen Fuß traben. Auf einem Linkszirkel setzen Sie sich in den Sattel, wenn das rechte (äußere) Vorderbein und das linke (innere) Hinterbein

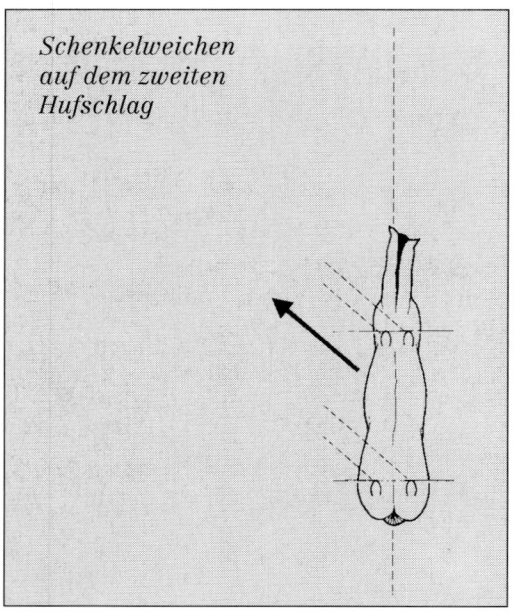

Schenkelweichen auf dem zweiten Hufschlag

Abbildungen Seite 47:
Gutes Verlängern im Trab, abgesehen davon, daß der Kopf des Pferdes etwas hinter der Senkrechten (oben) und etwas zu viel gebogen (unten) ist.

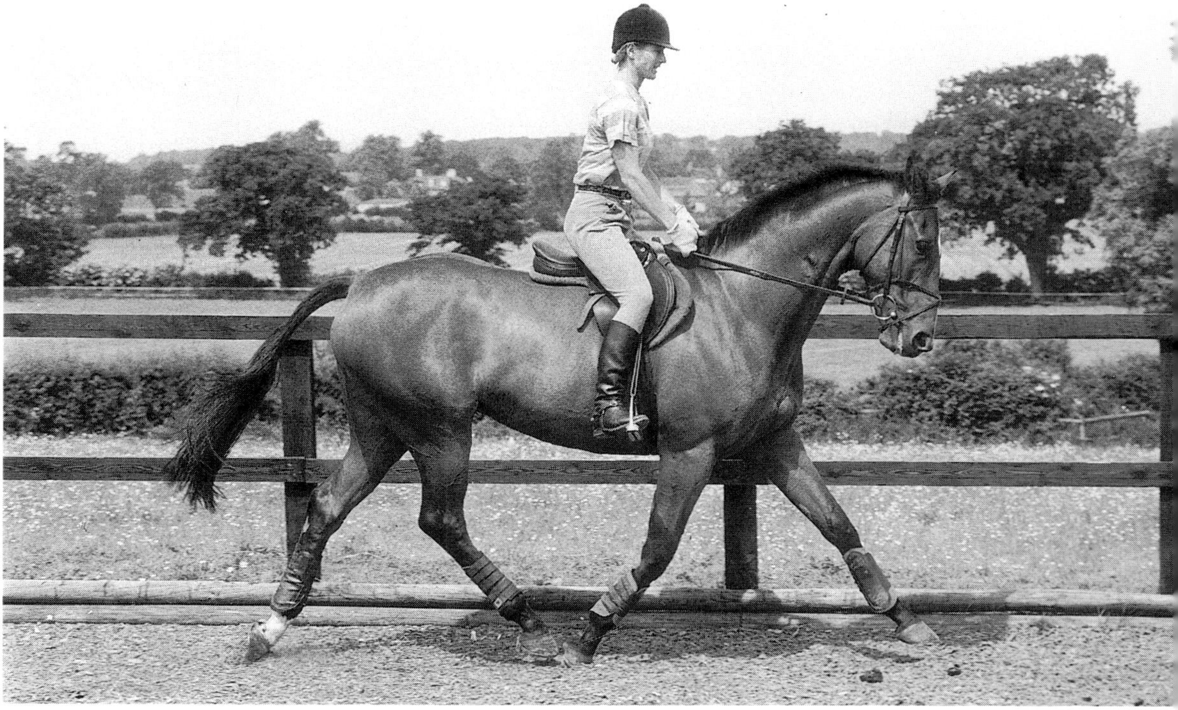

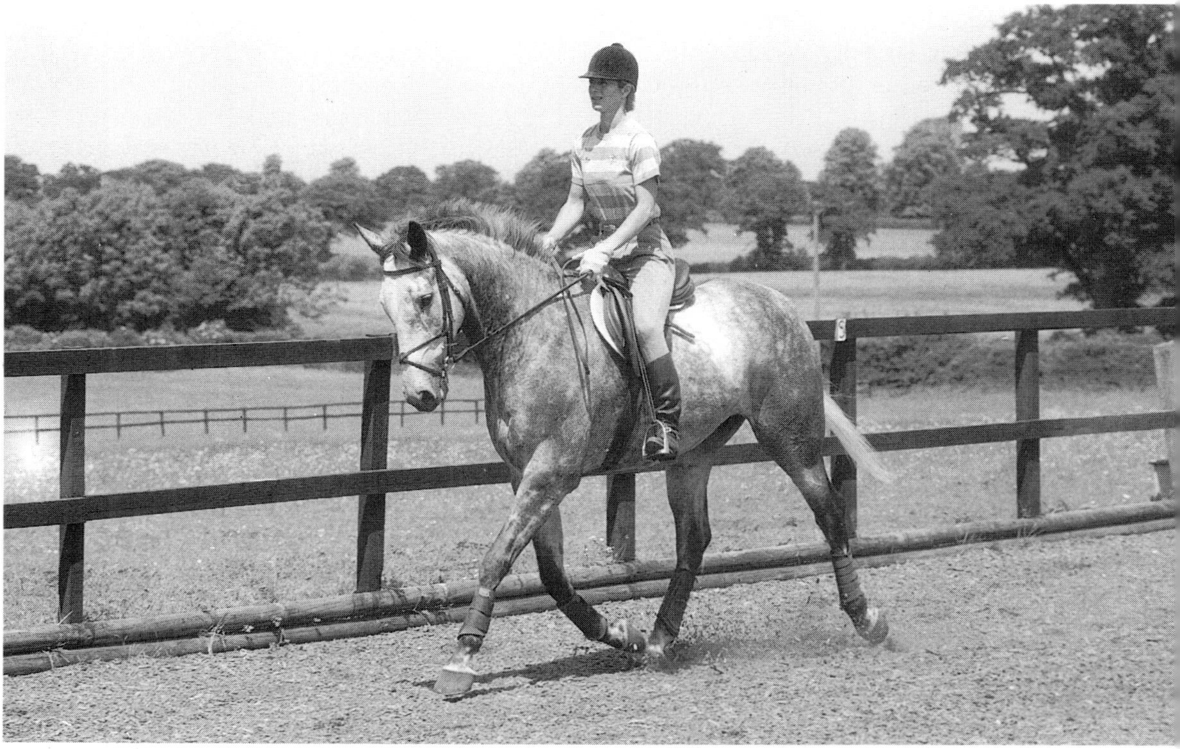

den Boden berühren. Nachdem Sie regelmäßig durch die Diagonale reiten und damit die Hand wechseln sollten – müssen Sie beim Handwechsel einen Takt sitzen bleiben. Es ist immer das innere Hinterbein des Pferdes, das die notwendige Energie und den Impuls schafft. Sitzen Sie im Sattel, müssen Sie beweglich sein – Ihr Gewicht geht mit der Bewegung des Pferderückens mit. Bewegen Sie sich gegen diese natürliche Bewegung, wird es sich fest machen. Das führt zu einem verspannten Rücken – und Ärger. Während dieser Stunden sollten Sie sich weiterhin darauf konzentrieren, das Pferd gerade zu halten, damit die Hinterhand der Spur der Vorhand folgt. Nachdem der Antrieb hinten ist, wäre es vielleicht leichter, an die Hinterhand, die die Vorhand vorantreibt, zu denken, und nicht daran, daß sie in ihrem Kielwasser folgt. Um gerade zu bleiben, müssen Sie nach vorne blicken.

Longieren

Wir verwenden auch weiterhin das Longieren als einen Teil der Ausbildung unseres Militarypferdes. Es ersetzt 1 bis 2 Dressurstunden jede Woche und wird als Schulung betrachtet, nicht einfach als eine Form der Entspannung. Während es an der Longe ist, können wir daran arbeiten, das Pferd bequem in die runde Form zu bekommen, in der wir es haben wollen, die aber nicht natürlich für das Pferd ist. Überlassen wir es sich selbst, geht das Pferd mit hocherhobenem Kopf umher. Wir können es außerdem dazu ermuntern, mit seinem Körper locker zu bleiben, während es über Trabstangen geht, das hilft seiner Kadenz, Aufrichtung und Beinarbeit. Offensichtlich ist es für das Pferd leichter, dies an der Longe zu tun, ohne die zusätzliche Anstrengung, dasgewicht mit einem Reiter auf seinem Rücken zu halten. Der Großteil unserer Longierarbeit wird im Trab gemacht. Wir können mit und ohne Trabstangen am Rhythmus dieser Gangart arbeiten. Unsere Pferde galoppieren selten an der Longe und gehen sehr wenig Schritt. Es besteht ohne einen Reiter auf dem Rücken immer die Gefahr, daß das Pferd vorne kürzer tritt und nicht hinten. Longiert man es im Schritt, kann das zu ungleichen Tritten führen.

Ausreiten

Beim Ausreiten, das den größten Teil der täglichen Arbeit des Vierjährigen einnimmt, wird die Ausbildung nicht vergessen. Der einzige Unterschied besteht darin, daß vom Pferd keine ständigen Wendungen verlangt werden, Sie können aber während beinahe des gesamten Rittes auf einer einigermaßen geraden Linie bleiben, was in diesem Trainingsstadium besser ist. Meine Mutter, die unsere jungen Pferde gerne sowohl auf dem Platz als auch draußen reitet, sagt, sie habe dabei immer drei Fragen im Hinterkopf: Ist das Pferd im Rhythmus? Geht es vorwärts? Ist es gerade? Außerdem möchte sie, daß das Pferd gleichmäßig auf beiden Seiten an das Gebiß herantritt, ohne seine Schulter oder Hinterhand in die falsche Richtung zu bewegen. So sehr sie diese Ausflüge auch genießt, weiß sie aber auch, daß dies nicht die Zeit ist, um die Gegend anzuschauen oder sich das Menü für das Abendessen zu überlegen! Die Aufmerksamkeit des Reiters, während er auf der Straße unterwegs ist, muß immer mögliche Gefahren einkalkulieren, die meist in der Form größerer Fahrzeuge auftreten. Es könnte vielleicht notwendig sein, in eine Einfahrt auszuweichen, wenn Sie einen großen Lastwagen auf sich zukommen sehen. Wir halten das Pferd nach Möglichkeit immer in Bewegung, denn dann hat es weniger Zeit, sich selbst in Schwierigkeiten zu bringen, Sie müssen allerdings Ihren Verstand benutzen und abschätzen, wann es klüger ist, das Fahrzeug vorbeifahren zu lassen.

Das Verbessern der Gangarten

Der Schritt kann die schwierigste aller Gangarten sein. Wir hatten eine Menge Pferde in Ivyleaze, die diese Feststellung bestätigten. Für dieses Problem gibt es keine festgesetzte Lösung, wir probieren verschiedene Dinge aus, in der Hoffnung, eine zu finden, die funktioniert. Genauso wichtig ist es, daß wir jede Übung sofort beenden, wenn wir merken, daß sie unser Ziel nicht erreicht. Es ist ein großer Fehler, auf etwas zu beharren, auch wenn man offensichtlich damit nichts erreicht. Schiebt der Reiter das Pferd im Schritt vorwärts, kann es seine Tritte verlängern, oder andererseits erst recht verkürzen. Manchmal hilft es, bis zu einem Schleichen abzubremsen oder einige Minuten am langen Zügel zu reiten und dabei ruhig mit den Schenkeln vorwärts zu treiben. Normalerweise geht das Pferd mit tiefem Kopf und langem Hals, wenn man ihm den Zügel hingibt, genauso wie es das in der freien Natur tun würde. Der Schritt, der unter diesen Umständen entsteht, ist normalerweise immer gut und manchmal sogar ausgezeichnet. Obwohl das Pferd wahrscheinlich, sobald die Zügel wieder aufgenommen werden, zu seinen kurzen Tritten zurückkehrt, hat es doch dem Reiter – wenigstens für einige Tritte – gezeigt, daß es zu viel Besserem in der Lage ist. Jetzt wo der Reiter den Fortschritt gespürt hat, hat er ein Ziel, auf das er hinarbeiten kann. Sie müssen aber viel Aufhebens um diese paar Tritte, wie immer auch sie erreicht wurden, machen, um dem Pferd zu zeigen, daß diese genau das waren, was Sie wollten. Widerstehen müssen Sie aber der Versuchung, immer mit dieser speziellen Übung, in der Hoffnung einen perfekten Schritt in einer Stunde zu erzielen, weiterzumachen. Dies ist eine der Gelegenheiten, bei der man leicht das Wenige, das man erreicht hat, wieder verliert, wenn man zuviel verlangt. Das Pferd braucht viel mehr Abwechslung, als Wiederholung, und es liegt am Reiter, ihm dies zu bieten. Sie können zum Beispiel einmal auf dem Zirkel traben, bevor Sie wieder versuchen, längere Tritte im Schritt zu bekommen, denn das ist für ein junges Pferd harte Arbeit. Es kann ihm bei der Entspannung helfen, wenn Sie es hinterher ein wenig traben oder galoppieren lassen. Hierbei gibt es keine Faustregel; Sie müssen in das Pferd hineinhorchen und versuchen herauszufinden, was in ihm vorgeht, um das Richtige für jedes Individuum zu entdecken. Die For-

Beim Ausreiten ist keine Zeit, um in der Landschaft herumzuschauen.

derung nach einer zusätzlichen Anstrengung, wie zum Beispiel das Verlängern der Tritte im Schritt, sollte sich nicht auf den Platz beschränken. Das nächste Mal können Sie es beim Ausreiten versuchen, und das ist eine weitere Möglichkeit, die Arbeit aufzulockern und abwechslungsreich zu halten. Manchmal, speziell beim Umgang mit Vollblütern, die zum Rennen gezüchtet wurden, stoßen wir auf das umgekehrte Problem im Schritt. Diesmal sind die Tritte sehr lang und müssen leicht verkürzt werden, damit die Beine schneller vom Boden wegkommen. In diesem Fall müssen die Zügel mit einer annehmenden und nachgebenden Bewegung aufnehmen und mit Ihren Schenkeln schnellere und kürzere Tritte fordern. Sie wollen nicht, daß das Pferd seinen natürlichen langen Schritt (den Sie brauchen, wenn in Dressuraufgaben starker Schritt verlangt wird) verliert, noch wollen Sie, daß es watschelt, was manchmal geschieht, wenn sich das Gleichgewicht verändert. Außerdem müssen Sie darauf achten, die Schritte nicht zuviel zu verkürzen. Sie merken, daß dies passiert ist, wenn das Pferd zu stolpern oder zu zackeln anfängt. Deshalb müssen Sie immer darauf achten, was das Pferd tut und sich ständig daran erinnern, daß das Pferd eher hinten als vorne kürzer treten soll. Manche Pferde gehen beim Ausreiten nicht gern Schritt, sondern zackeln stattdessen und wollen immer voraus gehen. Eine Antwort darauf könnte sein, anzutraben, bis Sie der Gruppe ein gutes Stück voraus sind. Das Pferd wird sich wundern, wo seine Begleiter geblieben sind und vielleicht beim nächsten Mal etwas weniger darauf erpicht sein, vorauszugehen. Haben Sie dies einige Male ohne Erfolg versucht, müssen Sie sich etwas anderes überlegen. Es könnte sein, daß das Pferd deshalb zackelt und sich generell dumm benimmt, weil es übernervös ist, als Ergebnis davon, daß man zu früh zu viel von ihm verlangt hat. Es gerät leicht in Panik und erwartet dann eine Auseinandersetzung. In diesem Fall könnte es eine gute Idee des Reiters sein, nichts zu verlangen und einfach ruhig sitzen zu bleiben und das Pferd versöhnlich zu klopfen. Nachdem es für eine Auseinandersetzung zwei benötigt, wird das Pferd normalerweise erkennen, daß es seine Zeit verschwendet. Kein Pferd ist hundertprozentig per-

fekt und deshalb werden in mindestens einer Gangart Probleme auf Sie zukommen. Hat das Pferd einen wunderbar schwingenden Trab, müssen Sie wahrscheinlich hart arbeiten, um seinen Galopp zu verbessern. Haben Sie das getan, sollten Sie nicht allzu überrascht sein, wenn das Pferd etwas von seinem ausgezeichneten Trab verloren hat. Verbesserungen werden auf Kosten eines Rückschritts auf einem anderen Gebiet erzielt, Sie werden aber immer das Verlorene zurückgewinnen, wenn Sie geduldig sind. Manchmal können Sie auch den Galopp verwenden, um einen besseren Trab zu bekommen. Der Schlüssel liegt darin, die beste Gangart des Pferdes zu benutzen, denn das ist die Gangart, in der sich das Pferd am wohlsten fühlt.

Widersetzlichkeiten

Wir können niemals hoffen, ein Pferd physisch zu besiegen, aber haben normalerweise die geistige Oberhand, wenn wir darauf vorbereitet sind, unsere Vorstellungskraft und unseren gesunden Menschenverstand einzusetzen. Streitereien werden am besten, wo immer es möglich ist, vermieden, deshalb müssen Sie die Gerte z.B. bei einem klebenden Pferd sehr vorsichtig einsetzen. Ein kräftiger Schlag könnte die Lösung sein. Sollte diese Behandlung nichts bewirken, würde ich lieber die Geduld als Waffe einsetzen und darauf vorbereitet sein, den ganzen Tag auf dem Pferd sitzen zu bleiben, sollte sich das Pferd weigern, in die gewünschte Richtung zu gehen. Diese Art der Widersetzlichkeit muß im Keim erstickt werden, sonst wird sie zu einem großen und möglicherweise unbezwingbarem Problem. Ein typischer Fall ist das Stehenbleiben eines Pferdes, das uns unmißverständlich klar macht, daß es keine Absichten hat, auch nur einen weiteren Schritt in diese Richtung zu machen. Stattdessen versucht es, umzudrehen und in seiner alten Spur zurückzugehen. Wir erlauben dem Pferd nicht umzukehren oder rückwärts zu gehen, sondern lassen es, mit dem Blick in die gewünschte Richtung, stehen. Wir verlangen nicht, daß das Pferd vorwärtsgeht, denn das würde automatisch den Widerstand herausfordern. Es muß dort stehen bleiben, bis es so gelangweilt ist, daß es sich dazu entschließt, dem Willen des Reiters nachzugeben. Manche Pferde steigen, wenn man sie am Umdrehen oder Rückwärtsgehen hindert. Normalerweise steigen sie nicht schlimm, der Reiter muß aber trotzdem lernen, im Sattel zu bleiben, ohne am Zügel zu hängen. Das Absteigen sollten Sie als letzte Rettung, wenn Sie das Gefühl haben, nicht länger im Sattel bleiben zu können, betrachten. Steigen Sie ab, müssen Sie die Steigbügel hochziehen und die Zügel über den Kopf des Pferdes nehmen. Weigert sich das Pferd immer noch weiterzugehen, müssen Sie stehenbleiben und warten. So oft Sie möchten, können Sie »Komm, geh weiter« in einem freundlichen Ton sagen, versuchen Sie dabei nicht, das Pferd am Zügel vorwärts zu ziehen. Weigert sich das Pferd immer noch weiterzugehen, lassen Sie es dort stehen. Uns ist in Ivyleaze nie ein Pferd begegnet, das nicht schließlich der Langeweile erlegen wäre und sich durch Vorwärtsgehen dem Willen des Reiters unterworfen hätte. Sie haben die Schlacht nicht vollständig verloren, wenn Sie absteigen, aber aus dem Sattel wird sie effektiver gewonnen. Es ist wichtig, das ganze Pferd zu durchleuchten und dabei seine Vergangenheit mit in Erwägung zu ziehen, um festzustellen, ob das Problem wahrscheinlich wieder auftritt. Ist die nächste Konfrontation abzusehen, müssen Sie die Hilfe eines stärkeren und erfahreneren Reiters gewinnen, der das Problem löst, ohne abzusteigen. Vermeiden Sie in der Zwischenzeit, sich selbst mit dem Pferd anzulegen. Sie können es immer noch longieren oder irgendetwas anderes üben, das in der Vergangenheit keine Probleme bereitet hat. In Ivyleaze konnten wir die Hilfe von Außenstehenden bei vielen Gelegenheiten gewinnen. Ein Pferd, das immer klebte, wurde von einem Freund mit unserer Lieblingsmethode des Stillsitzens und absoluten Nichtstuns geheilt, bis das Pferd entschied, daß alles schrecklich langweilig war und aufgab. Wir wußten, daß der Reiter die Disziplin und das richtige Temperament hatte, um mit dem Problem umzugehen, und daß er als Reiter stark genug war, um unser eigenwilliges junges Pferd vom Sattel aus zu sortieren. Obwohl die Geduld normalerweise viel wirkungsvoller ist als die Bestrafung, gab es einen Fall, wo die Gerte Wunder für

uns bewirkte. Wir hatten ein Pferd, das immer beim Ausreiten umdrehte und blitzschnell in die Richtung, aus der es gekommen war, zurückraste. Nachdem meine Mutter erfolglos versucht hatte, diese ärgerliche Angewohnheit zu beenden, bat sie einen Freund, dem Pferd etwas Disziplin einzuflößen. Sie hatte das Gefühl, daß ein paar genaue Schläge von jemand anderem, der stärker war als sie selbst, etwas nützen könnten. Nach dem ersten Schlag ließ das Pferd eine Reihe spektakulärer Sprünge los und sprang ungefragt über ein Hindernis. Das Pferd muß irritiert gewesen sein, immer noch einen Reiter auf dem Rükken zu haben und gab beim zweiten Schlag auf. Unser Freund ritt es noch einige Male, und als meine Mutter wieder auf das Pferd stieg, fand sie einen veränderten Charakter vor. Wir hätten das Problem vielleicht auch mit anderen Mitteln lösen können, aber die Gerte erwies sich als viel schneller und geeigneter für das Temperament dieses Pferdes. Hätten wir die Gerte bei einem anderen unserer Pferde verwendet, hätten wir ein weiteres Problem geschaffen, anstatt eines zu beseitigen – dieses Pferd hatte Angst vor Menschen, sicherlich, weil es in der Vergangenheit schlecht behandelt wurde. Dieses Pferd, dessen Verstand rasiermesserscharf ist, benutzte die Ausrede, etwas Neues gesehen zu haben, um blitzschnell linksherum umzudrehen. Es wäre normalerweise ganz einfach gewesen, das Pferd mit einem ganzen Kreis herumzudrehen und den begonnenen Weg fortzusetzen, aber das erlauben wir unseren Pferden nie. Drehen sie sich nach links um, müssen sie rechts zurückgehen, um in die gewünschte Richtung zu schauen. Diese Form des Widerstands kann sonst dazu führen, an einem Hindernis vorbeizulaufen, weil das Pferd weiß, daß es rechts oder links ausweichen und einen ganzen Kreis machen kann. Meine Mutter hat sich selbst mit diesem speziellen Pferd befaßt. Sie wurde niemals wütend oder erhob ihre Stimme, wenn das Pferd herumschwang. Stattdessen blieb sie ruhig sitzen; dem Pferd war nicht gestattet nach links abzubiegen. Dabei benutzte sie aber keine massiven Schenkel- oder Gertenhilfen, um es auf den Weg zurückzubringen, auf dem es herkam. Es dauerte etwa 5 Minuten, bis es nachgab, und sie belohnte das Pferd mit Abklopfen und den Worten »Guter Junge«, das alle unsere Pferde als Zeichen dafür erkennen, daß wir mit ihnen zufrieden sind.

Ausbildung auf dem Gras

Pferde können allzu leicht die Vorstellung aufschnappen, daß Gras nur zwei Zwecke hat: um gegessen zu werden, wenn die Pferde auf der Koppel sind oder beim Reiten darauf zu galoppieren. Das ist keine hilfreiche Einstellung wenn Sie zu einer Ein-Tages-Prüfung gehen wollen, wo die Dressurprüfung auf dem Gras geritten wird! Wir hatten ein Pferd, das immer anfing herumzuspringen, wenn es Gras unter seinen Hufen spürte. Es stellte unsere Geduld auf die Probe und beanspruchte viel unserer Zeit, als wir versuchten, es zu kurieren. Drei Tage in der Woche wurde es von einem von uns auf der Wiese geritten, dabei lernte es schnell, sich vernünftig zu benehmen, wenn es immer in Bewegung gehalten wurde. Hielt man aber an, fing es sofort an, sich zu verspannen, zu steigen und zu bocken. Parierte man auf der Straße durch, gab es keine Anzeichen irgendeiner Schwierigkeit; lediglich das Gras verursachte diesen Widerwillen. Wir ritten dieses junge Pferd regelmäßig auf der Wiese, während unsere Vielseitigkeitspferde galoppierten, dabei mußte das Pferd Schritt gehen, während die anderen an ihm vorbeisegelten. Schließlich wurden unsere Bemühungen belohnt; wir konnten das Pferd in diese Wiese stellen, während die anderen Pferde an ihm vorbeigaloppierten, und es benahm sich wie ein Engel. Wären wir in diesem Stadium nicht bereit gewesen, soviel Zeit zu investieren, hätten wir große Probleme an der Hand gehabt. Junge Pferde, vor allem diejenigen, die immer auf Allwetter-Böden geritten werden, müssen auf Gras ausgebildet werden. Hätte ich keine Wiese zur Verfügung, würde ich versuchen, einen örtlichen Bauern zu überreden, mir eine Ecke an einem Feldrand zur gelegentlichen Benutzung zur Verfügung zu stellen. Es gibt keine Veranlassung, viel Zeit dort zu verbringen; zehn Minuten reichen aus, um das Pferd daran zu erinnern, daß Wiesen manchmal zum Dressurreiten benutzt werden. Am nächsten Tag würde ich mit dem Pferd einen Ausritt in den Park machen und ein wenig traben und ruhig galoppieren. Am Tag darauf würde ich im Park etwas Dressurreiten, das sagt dem Pferd, daß wir von ihm erwarten, sich zu benehmen, egal, was man von ihm verlangt. Macht man immer das Gleiche an derselben Stelle, wird das Pferd anfangen vorwegzunehmen, anstatt zuzuhören.

ZUSAMMENFASSUNG

Das Pferd wird durch drei Wochen Schrittreiten fit gemacht (10 bis 15 Minuten Longieren, gefolgt von der Arbeit auf der Straße). Übungen in der Halle/auf dem Platz einschließlich 10-m-Zirkel im Schritt, 20-Meter-Zirkel im Trab, 20-m-Rechtecke und Diamanten im Schritt. Zusätzlich 15-m-Rechtecke und Diamanten. Wir fangen mit Schlangenlinien von 3 und 5 m und Achtern an. Die Galopparbeit wird verstärkt, richtiges Angaloppieren wird verlangt. Schlangenlinien in 3 Bögen im Schritt und Trab werden zu den anderen Aufgaben hinzugefügt. Verlängern und Verkürzen wird begonnen, unter Verwendung der besten Gangart des Pferdes. Das Pferd lernt Schenkelweichen im Schritt. Das Pferd soll sich im Genick biegen. Trabstangen werden in die Arbeit unter dem Sattel eingebaut. Longieren und Ausreiten wird fortgesetzt. (Springstunden haben begonnen – siehe nächstes Kapitel.)

Ziele des Trainers

Die Prioritäten bleiben dieselben: Bewegung nach vorne, Rhythmus, Gleichgewicht, gleichmäßige Verbindung mit beiden Zügeln, Geradesein. Wir bemühen uns um verbesserte Gangarten und etwas Verlängern und Verkürzen der Tritte innerhalb der besten Gangart des Pferdes. Das Pferd muß lernen, sich auf der Wiese zu benehmen. Lassen Sie es keinen ganzen Zirkel machen, wenn das Pferd klebt. Lassen Sie ihm nur eine Möglichkeit: in die Richtung zu gehen, in die Sie möchten.

Ziele der neuen Bewegungen

Schenkelweichen nach links, ab der Dreiviertel-Markierung der Halle, das Pferd ist dabei um den inneren (rechten) Schenkel, entgegen der Bewegungsrichtung, gebogen: Gewicht gleichmäßig auf beide Gesäßknochen verteilen. Der linke (äußere) Schenkel – am Gurt – erhält den Impuls, kontrolliert die Hinterhand und verhindert das Ausweichen des Pferdes. Der rechte Schenkel treibt hinter dem Gurt das Pferd diagonal vorwärts. Der linke Zügel hindert das Pferd am Ausweichen und Weglaufen. Der rechte Zügel hält die Schulter auf der korrekten Linie und biegt das Pferd ein wenig. (NB: Der innere Schenkel und der innere Zügel sind entgegengesetzt zur Bewegungsrichtung.)

6

Springen lernen

In jedem Ausbildungsstadium muß man dem Pferd Vertrauen geben. Das ist besonders wichtig, wenn Sie ihm das Springen beibringen; alles was seine Selbstsicherheit untergräbt, ist ein ernsthafter Rückschritt und verursacht eine enttäuschende Rückkehr zu den Anfängen. Mit 4 Jahren fangen unsere jungen Pferde mit dem Springen an, dann beginne ich eine größere Rolle in ihrem Leben zu spielen. Zu der Zeit, wo ich aufsteige, um ihnen ihre ersten Springstunden zu geben, haben sie gelernt, mit den menschlich Denkenden umzugehen, ohne ihre Persönlichkeit zu verlieren. Die Ivyleaze-Methode hat niemals beinhaltet, junge Pferde in die totale Unterwerfung zu zwingen.

Erste Stunden

Das Pferd ist bereits als Dreijähriger, sowohl an der Longe, als auch unter dem Sattel, mit den Trabstangen vertraut. Ich verwende diese wieder, bevor ich den Vierjährigen zum erstenmal springe, wahrscheinlich würde ich einige Male drübertraben. Sie geben dem Pferd etwas mehr Biß und gewöhnen es an das Gewicht und die Balance des Reiters. Normalerweise lege ich die Trabstangen auf die eine Seite der Halle und winzige Kreuze, ca. 30 cm hoch, gegenüber. Das kleine Hindernis hat eine Absprungstange ca. 2,80 m davor, die dem Pferd hilft, dort abzuspringen, wo der Absprung einfach erscheint. Nachdem ich über die Stangen getrabt bin, verlange ich vom Pferd aus dem Trab über das Kreuz zu springen. Wie bei allen Dingen, die mit der Ausbildung des Pferdes zusammenhängen, sollte das hier wie eine natürliche Fortsetzung der vorhergehenden Stunde aussehen. Macht der Reiter zuviel Aufhebens darum, verliert das Pferd

leicht die Kontrolle über sich und wird überaufgeregt werden, wenn man ihm das Hindernis zeigt, das es springen soll. Neigt das Pferd zum Eiligwerden, lege ich einige Trabstangen vor die Absprungstange, sie helfen dem Pferd im Rhythmus und konzentriert zu bleiben. Ich möchte, daß das Pferd glücklich aus dem Trab über die Kreuze springt. Ist man einige Male darüber gehoppelt, würde ich für diesen Tag mit dem Springen aufhören – oder über einen kleinen Steilsprung von 30 cm Höhe springen. Auf keinen Fall würde ich aber mit einem Steilsprung anfangen. Wir verwenden am Anfang immer nur Kreuze, denn deren Aufbau ermuntert das Pferd, auf den niedrigsten Punkt in der Mitte zu zielen, das hilft dem Pferd gerade zu bleiben. Lernt man dem Pferd in seinen frühen Springstunden gerade zu bleiben, hat man später enorme Vorteile, wenn man über die Ecke eines Winkelsprungs reiten will. Kurze Pferde bleiben in der Regel leichter gerade als lange Pferde mit großen Bewegungen, wie zum Beispiel *Master Craftsman*, der immer nach links auswich, wenn er sich unangenehm dicht am Hindernis fühlte. Das gab ihm zusätzlichen Platz und es war leichter, als sich zusammenzuziehen wie eine Ziehharmonika, was er aufgrund seines Körperbaus als besonders schwer empfindet. Das Wegschwimmen nach links oder rechts ist über Einzelsprüngen kein Problem, könnte Sie aber in die größten Schwierigkeiten bringen, wenn Sie über Winkel und Ecken springen. Nach 2 bis 3 Wochen erwarte ich, 3 bis 4 Hindernisse ca. 60 cm hoch aus dem Trab, manchmal mit und manchmal ohne Trabstangen davor zu springen. Das sind entweder Einzelsprünge oder mehrere hintereinander in einer Reihe. Der Fortschritt hängt natürlich von jedem Pferd individuell ab, dem man soviel Zeit geben muß, wie es benötigt, um Vertrauen zu gewinnen. Ich springe die jungen Pferde zweimal in der Woche, bis sich Vertrauen und Gleichgewicht gefestigt haben. Das muß geschehen, ohne die natürliche Baskule zu stören, die jedes Pferd hat, bevor man von ihm verlangt, einen Reiter über die Hindernisse zu tragen. Anschließend springe ich nur noch einmal in der Woche. Ich würde vielleicht einmal pro Woche über irgendein kleines Hindernis springen, um dem Pferd etwas Spaß zu geben und um es an den Tagen, an denen wir nicht springen, aufzulockern, trotzdem hat das Pferd aber nur eine richtige Springstunde. Das Springen nimmt nur einen Teil einer zwanzigminütigen Stunde in der Halle ein, die außerdem dressurmäßige Arbeit beeinhaltet. Ich möchte, daß sich das Pferd auf das Springen freut und Spaß daran hat, was aber nicht der Fall wäre, wenn ich diesen Teil der Stunde länger machen würde. Weil ich eine Sache niemals zweimal hintereinander mache, hat das Pferd immer zusätzliches Interesse daran, was es als nächstes springen soll. Es könnte vielleicht einmal schnell durch eine Reihe gehen und dann einen kleinen Parcours springen. Wir können uns aber auch auf Reihen konzentrieren, die wir auf viele verschiedene Arten bauen, um dem Pferd möglichst viel Abwechslung zu bieten. Ständige Wiederholung ist für Pferde genauso langweilig wie für Menschen, und deshalb überlege ich mir immer neue Wege, um die Übungen interessanter zu gestalten.

EINZELSPRÜNGE

Ich lege eine Absprungstange vor die Einzelsprünge, bis das Pferd gelernt hat, bis zum Hindernis zu traben und vertrauensvoll abzuspringen. Danach möchte ich das Pferd ermuntern, selbst die Distanz zu erkennen und auf sich selbst aufzupassen. Ohne die Absprungstange, die das Pferd zum richtigen Absprungpunkt bringt, hebt das junge Pferd unweigerlich viel zu früh vor dem Hindernis ab. Anschließend kommt es wahrscheinlich zu dicht, bis es lernt, seine Galoppsprünge entsprechend anzupassen. Abgesehen davon, daß ich dem Pferd zeige, wo es hingehen soll, und es im Rhythmus und im Gleichgewicht

halte, bin ich während dieser Stunden ein passiver Passagier. Ich muß dem Pferd jede Menge Halsfreiheit geben, um es dabei zu unterstützen, selbst zu denken, sein Gleichgewicht zu halten und einen netten, runden Sprung zu machen. In diesem Stadium springt das Pferd sowohl kleine Oxer als auch kleine Steilsprünge aus dem Trab. Aufbauend auf dem vertrauten »Vorbeugen ist besser als Heilen«, weigere ich mich, dem jungen Pferd die Möglichkeit des Verweigerns und Umdrehens vor einem Hindernis durchgehen zu lassen. Aus diesem Grund beginnen unsere Vierjährigen immer mit dem Springen im Trab, über Hindernisse, die so klein sind, daß sie notfalls im Trab darüberspringen könnten. Müssen Sie zurückreiten, lernt das Pferd genau das, was Sie als letztes in seinem Kopf haben wollten: es merkt, daß das Verweigern als eine Alternative zum Springen benutzt werden kann. Ich würde über kein Hindernis nachdenken, das zu hoch ist, um aus dem Stand gesprungen zu werden, bis ich nicht so sicher wie möglich bin, daß das Pferd springt. Das gleiche gilt auch, wenn ich kleine Hindernisse zu Hause springe oder im Park von Badminton, wo wir glücklicherweise reiten dürfen, um über kleine Baumstämme zu hopsen. Hält das Pferd an, ist es ihm nicht gestattet umzudrehen, sondern es muß das Hindernis ansehen, bis es aus dem Stand darüber springt. In solchen Fällen muß der Reiter unnachgiebig sein.

AUFBAU EINER REIHE

Springarbeit mit der Reihe hilft dem jungen Pferd, athletischer und schneller mit seinen Füßen zu werden – oder, wie wir in Ivyleaze sagen, auf den Boden zu klopfen. Unter Verwendung von Absprungstangen und mit den korrekten Abständen zwischen den Hindernissen baut die Reihe auch das Vertrauen des Pferdes auf, denn es trifft alle Hindernisse am richtigen Absprungpunkt. Ist das Pferd schon etwas selbstbewußter, können wir verschiedene Distanzen einbauen, um mit kurzen Tritten zu ermuntern zu verlängern, oder ein Pferd mit großen Bewegungen dazu anzuregen, diese zu verkürzen. Die erste Reihe besteht aus

*Eine Absprung-
stange bringt das
Pferd an den
richtigen Absprung-
punkt und es
springt voller
Vertrauen. Es kann
seinen Körper
ausbalancieren,
weil es Hals- und
Kopffreiheit be-
kommt.*

zwei kleinen Kreuzen in einem Abstand von 5,5 bis 5,8 m, Platz für einen Galoppsprung also. Anschließend würde ich ein drittes und ein viertes Kreuz mit denselben Abständen hinzufügen, bevor ich andere Hindernistypen oder verschiedene Distanzen einführe. Dann könnten wir zu einem Kreuz, gefolgt von zwei Steilsprüngen übergehen. Der zweite Steilsprung kann später in einen Oxer umgebaut werden, danach würde ich wahrscheinlich einen weiteren Steilsprung dazubauen, um vier Sprünge in einer Reihe zu bekommen. Ist das Pferd erst einmal zufrieden, zu landen und einen Galoppsprung später wieder abzuheben, erhöht man die Hindernisse langsam. Die tatsächliche Höhe und Abmessung liegt im Ermessen des Reiters oder des Trainers, Sie müssen dabei das Temperament, das Vermögen und das natürliche Gleichgewicht des Pferdes berücksichtigen.

Ich hatte Pferde, die so viel Vertrauen hatten, daß sie in der ersten Woche über Hindernisse von ca. 90 cm sprangen, das waren allerdings Ausnahmen. Andere brauchen bis zu zwei Monaten, um diese Höhe zu erreichen. In dieser Zeit werden »In-Outs« eingeführt. Ich verwende immer kleine Kreuze, wenn ich zum erstenmal vom Pferd ein In-Out verlange (zwei Hindernisse ohne einen Galoppsprung dazwischen zu springen).

Wie bereits erwähnt, hilft uns das Kreuz, das Pferd gerade zu halten, was besonders bei jungen Pferden, die die Tendenz haben, von ihrer Spur abzuweichen. Mein erstes In-Out baue ich immer in eine Reihe kleiner Kreuze, die nicht weniger als 3,00 m auseinander stehen. Abhängig von der Höhe der Kreuze sollten Sie daran denken, daß – je höher die Hindernisse, um so weiter muß der Abstand dazwischen sein – der Abstand bis auf 4,50 m erweitert werden muß. Die Reihe für die ersten In-Outs besteht aus drei Kreuzen, mit einem Galoppsprung vor dem zweiten und einem In-Out zum dritten Hindernis. Sind Sie ehrgeizig, können Sie noch ein viertes Kreuz als In-Out nach dem dritten Hindernis aufbauen. Diese Übung setzt das Pferd mehr auf seine Hinterhand und macht es gewandter und schneller mit seinen Beinen. Ist das Pferd bei dieser Aufgabe glücklich, bauen wir das In-Out in eine Reihe mit verschiedenen Hindernistypen, wie Triplebarren oder Steilsprüngen ein. Wir verändern unsere Reihe ständig, um eine Wiederholung unserer Stunden zu vermeiden; also bauen wir jedesmal an eine andere Stelle. Ich könnte zum Bespiel mit einer Reihe auf der linken Seite, vom Eingang der Halle weg, beginnen.Würde ich die Reihe an dieser Stelle stehen lassen, würde das junge Pferd schnell anfangen, sich an die linke Seite der Einzäunung zu lehnen und die Wendung auf die rechte Hand nach der Reihe vorwegzunehmen. Beim nächsten Mal müssen wir deshalb sichergehen, daß das Pferd nach links abwenden muß.

ABSPRUNGSTANGEN

Man kann eine Reihe interessanter machen, wenn man Absprungstangen vor und hinter die Hindernisse legt. Legt man eine Stange strategisch vor ein Hindernis, ermutigt man das Pferd, dicht hinzukommen und mit rundem Rücken und Basküle zu springen, statt flach abzuspringen wie ein Flugzeug. Junge Pferde geraten leicht in Panik und springen zu früh ab, deshalb baut diese Übung das Selbstvertrauen auf, indem es dem Pferd lehrt, daß es dichter kommen und seinen Rücken wölben kann. Zusätzlich ermuntert es das Pferd, seine Schultern zu benutzen, um seinen Vorderarm hochzuziehen. Eine Stange, die 2,80 bis 3,20 m hinter dem Hindernis liegt, verbessert die Basküle ebenfalls, weil sie das Pferd ermuntert, etwas steiler zu landen. Das ist für ein unerfahrenes junges Pferd nicht empfehlenswert. Es könnte den Anblick der Stange, die dicht bei der Stelle liegt, an der es landen wollte, als einen solchen Schock empfinden, daß sein System mitten in der Luft einfriert. Mit einem »grünen Pferd« lege ich die Stange lieber in die Mitte von zwei Hindernissen in der Reihe. Sie kann dann langsam verschoben werden, bis sie 2,80 bis 3,20 m von der Landeseite des einen Sprunges und weiter vom zweiten Hindernis entfernt ist.

Je höher das Hindernis, um so mehr Platz benötigt das Pferd zur Landung. Sie müssen deshalb Vorsicht walten lassen. Bei einem kleinen Hindernis bis zu 90 cm Höhe kann die Stange 90 cm dicht am Sprung liegen; ein Abstand von mindestens 3,20 m ist für jeden höheren Sprung

*Das Pferd läßt
seinen Vorderarm
hängen, was
unvermeidlicher-
weise dazu führt,
daß die Stange
fällt. Glücklicher-
weise sind die
meisten Pferde be-
gabte Schüler.
Dieses junge Pferd
hat aus seinen
Fehlern gelernt und
macht jetzt einen
guten Sprung.*

notwendig. Stangen können auch dazu benutzt werden, um das junge Pferd – oder jedes Pferd – das von der Spur abweicht, gerade zu halten. Dazu legt man die Stangen im rechten Winkel zu einem oder mehreren Sprüngen. Normalerweise verwende ich die Stange auf der Absprungseite des Hindernisses nur bei grünen Pferden, die beim Anreiten wegschwimmen. Das Pferd muß erfahrener sein, bevor ich die Stange auf die Landeseite lege. Die Stangen sind am Anfang so breit wie das Hindernis, später werden sie so verschoben, daß jede Abweichung von der geraden Linie vermieden wird.

Bei einem erfahrenen Pferd hatte ich die Stangen nur 90 cm auseinander, würde sie aber bei einem »Baby« nicht näher zusammenschieben als 30 cm innerhalb der Ständer. Sie können sicher sein, daß das Pferd nicht öfter als einmal auf der Stange landet; stattdessen wird es nach unten schauen und aufpassen, wo es seine Beine hinsetzt! Das Pferd wird deshalb ermuntert, gerade zu springen.

SPRINGEN AUS DEM GALOPP

Das Anreiten eines Sprunges aus dem Galopp ist ein wichtiger Schritt für ein junges Pferd. Ich versuche es niemals, bevor das Pferd nicht gelernt hat, im Gleichgewicht zu galoppieren und seine Tritte zu verlängern und zu verkürzen. Sie merken ganz schnell ob das Pferd so weit ist, wenn Sie sich einfach beim Galoppieren fragen, ob Sie sich wohlfühlen würden, aus diesem Tempo zu springen. Die Art des Galopps, die das Pferd produziert, gibt Ihnen die Antwort, solange Sie ehrlich mit sich selbst sind. Haben Sie kein besonders gutes Gefühl, wissen Sie, daß das Pferd noch nicht so weit ist. Manche Pferde können nicht zu einem Hindernis galoppieren, bevor sie 5 Jahre alt sind; andere haben einen solch natürlichen Galopp, daß sie am Anfang des Jahres, in dem sie vierjährig sind, schon so weit sind. Wir müssen unseren Instinkt einsetzen, um den weiteren Weg eines jeden Pferdes zu fühlen. Es gibt kein Programm, das man im voraus planen kann, mit bestimmten Stunden an jedem Tag. Vielleicht erscheine ich super-vorsichtig, aber ich habe zuviel Angst um meinen Kopf, um Zeiteinsparung in der Ausbildung des Pferdes über Hindernisse zu riskieren!

Wie bei allen Dingen, die mit Pferden zusammenhängen, muß man auch beim Springen die physischen Vorteile und Mängel berücksichtigen. Das bedeutet zum Beispiel, daß man akzeptiert, daß Pferden mit einem großen und weiten Galoppsprung dieses Stadium mehr Schwierigkeiten bereitet, als Pferden mit einem kurzen und abgehackten Galoppsprung. Manche Pferde, wie *Murphy Himself,* lösen die Probleme eines großen Galoppsprungs durch natürliches Gleichgewicht und einem athletischen Körperbau. Andere dagegen, wie *Master Craftsman,* brauchen viel länger, weil sie nicht von Natur aus athletisch sind. Er ist zum Rennen und zum Langmachen gezüchtet und nicht zum Verkürzen. Wie die meisten Pferde war *Crafty* als junges Pferd leicht auf der Vorhand, und das machte es schwieriger für ihn, seine Tritte zu verlängern. *Beneficial* hatte dagegen einen kurzen, abgehackten Galoppsprung, der auf keinen Fall ideal für die Dressur war, ihm aber das Springen erleichterte, denn er war vom besten Absprungpunkt nie weit entfernt. *Ben* war eines dieser seltenen Pferde, die in ihrer ersten Reihenstunde aus dem Galopp über ein 60-cm-Hindernis hopsen konnten. Für *Crafty* bauten wir ein 90-cm-Hindernis in der Reihe, denn seine Galopparbeit war noch nicht so weit fortgeschritten, daß er in diesem frühen Stadium aus dem Galopp springen konnte. Hatte ein junges Pferd eine Stunde, die Springen aus dem Trab beinhaltete, komme ich in der nächste Woche immer wieder zum Trab zurück. Andernfalls findet das Pferd alles so aufregend, daß es aufdreht, sobald es ein Hindernis sieht. Manchmal ist aber auch der Reiter überaufgeregt; deshalb bekommt das Pferd den Eindruck, daß es herumrasen und flach in dieses Hindernis springen soll. Stattdessen soll es lernen, entspannt zu landen und einen rhythmischen Galopp zwischen den Sprüngen beizubehalten. Springt das Pferd mit viel Vertrauen aus dem Galopp, würde ich kleine Parcoursspringen vorschlagen.

To Be Sure, eines unserer Pferde, hat dies als Vier-
jähriger liebend gern gemacht. Ich spürte sein
Selbstbewußtsein wachsen, nachdem er die ersten beiden Hindernisse aus dem Trab fehlerfrei
übersprungen hatte. Er landete nach dem zweiten im Galopp und weil er sich glücklich und ausbalanciert fühlte, blieb er den Rest des Parcours
im Galopp. Hätte er seinen Rhythmus oder sein
Gleichgewicht verloren oder versucht, über die
Sprünge zu stürmen, hätte ich zum Trab durchpariert.

Im Herbst würde ich mir überlegen, das junge
Pferd zum Cub-Hunting (Anlernen der jungen
Meutehunde) mitzunehmen, mit dem Ziel, es fünfjährig zum Jagdreiten zu verwenden. Das ist eine
wunderbare Art und Weise, junge Pferde zu er-
ziehen. Es lehrt ihnen, im Gelände auf sich selbst
aufzupassen und, falls notwendig, ein »fünftes
Bein« zu finden, um nicht umzufallen. Sie gewinnen deshalb viel Vertrauen und weil sie es lie-
ben, in Gesellschaft anderer zu springen, macht
es ihnen viel Spaß.

Priceless ging eine ganze Saison auf die Jagd
und es brachte ihm alles Gute dieser Welt. Geht
das Pferd auf die Jagd, muß es mindestens zehn-
mal gehen – wenn nicht sogar für die ganze Saison. Drei- bis viermal rauszugehen ist mehr als
nutzlos; es lernt dabei einfach nur, Gras mit Galoppieren zu verbinden. Gibt man ihm einen längeren Zeitraum, entdeckt das Pferd, daß dieser
Sport nichts mit Herumrasen im Gelände zu tun
hat und lernt, sich zu beruhigen.

GELÄNDESPRÜNGE

Ich springe zu Hause immer einige bunte Hindernisse, bevor ich anfange, über Naturhindernisse zu reiten. Das Pferd lernt ohne zusätzliche
Schwierigkeiten, wie unebenen Boden oder einen schrecklichen Anreitweg, viel leichter, den
Boden zu verlassen und zu landen. Außerdem ist
bei beweglichen Hindernissen die Verletzungs-
gefahr geringer als bei festen natürlichen Sprüngen. Weil ich möchte, daß das Pferd Springen mit
Vergnügen verbindet, wäre jede schmerzhafte Er-

fahrung ein Rückschritt. Die ersten natürlichen
Hindernisse, über die unsere Pferde springen,
sind kleine, Baumstämme und Gräben im Park
von Badminton. Diese werden aus dem Trab
gesprungen und sind niedrig genug, um sie aus
dem Stand zu überwinden, wenn das Pferd anhält. Ich würde versuchen, ein Wasser zum Durch-
reiten zu finden und auch mit einem Vierjährigen von einem kleinen Wall herunterspringen.
Außerdem nehme ich das Pferd mit auf einen
Übungsplatz, wo verschiedene Trabsprünge stehen, aber nichts schwierigeres versuchen. Das
Pferd muß zu Hause glücklich und vertrauensvoll
aus dem Trab über bunte Stangen, einschließlich
zweifachen Kombinationen, springen, bevor ich
mir überlege, einen normalen A-Geländesprung
anzureiten.

DER REITER

Können Sie und Ihr Pferd einen guten Stil über
kleineren Hindernissen festigen, haben Sie weniger Probleme, wenn die Zeit reif ist, über größere
Sprünge zu reiten. Während des Anreitens sollten Sie sich leicht vor der Senkrechten befinden,
mit den Schultern in der selben Linie wie Ihre
Knie. Es ist wichtig, ruhig zu bleiben; bewegt sich
Ihr Gewicht, kommt das Pferd aus dem Gleichgewicht. Als Ergebnis verliert das Pferd an Impuls und hat vielleicht nicht mehr genug Kraft
übrig, um das Hindernis fehlerfrei zu überwinden. In diesem Stadium sollten Sie mit dem
Rhythmus des Galopps leicht bleiben; bleiben Sie
tief im Sattel sitzen, macht das Pferd seinen
Rücken fest. Es ist Ihre Aufgabe, die Geschwindigkeit und die Richtung des Pferdes zu kontrollieren und es im Rhythmus und im Gleichgewicht zu halten, lehnen Sie sich deshalb nicht
nach einer Seite. Wenn es zum Hindernis kommt,
balanciert sich das Pferd mit seinem Kopf und
Hals aus, bevor es sich mit seinen Vorderbeinen
abstößt. Es ist ein natürlicher Instinkt des Reiters, sich an diesem Punkt etwas nach vorne zu
lehnen, in der irrigen Vorstellung, daß dies dem
Pferd hilft. In Wirklichkeit hindert es das Pferd,

denn in genau diesem Moment bringt es mehr Gewicht auf seine Vorhand, während das Pferd versucht, sie dazu zu verwenden, sich aufwärts und vorwärts zu bewegen. Anstatt bei diesem letzten Galoppsprung nach vorne zu fallen, öffnen Sie leicht den Winkel zwischen Ihrem Körper und dem Pferd, indem Sie sich etwas mehr aufrichten und damit das Gewicht von der Schulter des Pferdes nehmen. Beinahe gleichzeitig, wenn die Vorderbeine den Boden verlassen, berühren die Hinterbeine ungefähr den gleichen Punkt. Sein Gewicht verlagert sich dann zurück auf die Hinterbeine, die die Energie wie eine zusammengezogene Feder für den letzten Schub vor dem Absprung sammelt. Das bedeutet nicht, daß Sie sich nach vorne schleudern; Sie müssen lediglich mit der Bewegung mitgehen und im Gleichgewicht bleiben. Natürlich müssen Ihre Hände ebenfalls mit der Bewegung mitgehen. Beim letzten Galoppsprung müssen Sie nach vorne gehen, wenn das Pferd seinen Kopf und Hals in Richtung des Hindernisses senkt und streckt. Wenn die Vorhand den Boden verläßt, hebt es seinen Kopf und wölbt den Hals, deshalb müssen Ihre Hände zurückkommen, um die Verbindung zu behalten. Sie gehen wieder nach vorne, wenn die Hinterhand in Vorbereitung für den Absprung den Boden berührt. Das ist dann, wenn es seinen Hals streckt am Beginn der Basküle. Der Einsatz Ihrer Hilfen ist vom Pferd abhängig. Das Pferd muß seine Hinterbeine weit unter seinen Körper bringen, um genug Impuls für den Absprung zu erhalten, das bedeutet aber nicht gleichzeitig den Einsatz starker Hilfen.

Manche Pferde bevorzugen überhaupt keine Schenkelhilfen bis zum letzten Galoppsprung; andere springen besser, wenn der Reiter seine Schenkel während der letzten drei Galoppsprünge benützt. Die gleichen individuellen Vorlieben gelten auch für die Stärke der Verbindung am Zügel. Einem meiner Pferde mißfiel jeder Kontakt, der nicht ganz leicht war, während des letzten Galoppsprungs, wo es seinen Hals streckte und senkte. Andere bevorzugen während des Anreitens eine relativ starke Verbindung. Es ist die Aufgabe des Reiters, die Vorlieben eines jeden einzelnen Pferdes herauszufinden und sich dementsprechend zu verhalten. Sobald das Pferd in der Luft ist, können Sie ihm nicht mehr helfen, Sie können es aber mit Sicherheit behindern, wenn Sie nicht im Gleichgewicht bleiben – oder sich nach einer Seite lehnen und das Pferd damit beim Schiefsein unterstützen. Sie müssen ein passiver Passagier bleiben, bis das Pferd nach der Landung einen Galoppsprung gemacht hat. Es berührt mit einem Vorderbein den Boden und bringt sein ganzes Gewicht auf den Fesselkopf, der nach unten gedrückt wird, bis die Fessel beinahe horizontal ist. Man muß dem Pferd Zeit geben, nach der Landung sein Gleichgewicht wiederzuerlangen; deshalb sollten Sie warten, bis das Pferd einen zweiten Galoppsprung nach dem Hindernis gemacht hat, bevor Sie es wieder unter Ihre Kontrolle bringen. Es hilft dem Pferd, wenn Sie in der Lage sind, eine Distanz im Galopp zu erkennen.

Manche Menschen können dies von Natur aus; andere müssen daran arbeiten, um Ihr Auge zu verbessern. Eine hilfreiche Übung ist es, ein Cavaletto etwa vier bis fünf Galoppsprünge vor ein Hindernis von 80 cm Höhe zu bauen. Das normale Pferd hat einen Galoppsprung von 3,70 m, deshalb können Sie die ungefähre Distanz abmessen, indem Sie die entsprechende Anzahl der Schritte selbst messen und insgesamt 2,10 bis 2,40 m für die Landung nach dem Cavaletto und den Absprung vor dem Hindernis erlauben. Natürlich muß die Distanz verändert werden, wenn Ihr Pferd einen längeren oder kürzeren Galoppsprung hat. Das Pferd sollte sich dem Cavaletto in einem rhythmischen und ausbalancierten Galopp nähern; Sie dürfen nicht (wie viele Reiter) den Fehler machen, zuerst festzuhalten und dann wie verrückt loszureiten. Springt das Pferd über die winzige Hürde – indem es erhabenere und kürzere Galoppsprünge macht – zählt der Reiter die Galoppsprünge bis zum Absprung.

Sie können auch das Erkennen einer Distanz trainieren, indem Sie die Galoppsprünge zählen, als würden Sie an einem bestimmten Punkt springen, wenn Sie auf einen Busch oder auf einen Baum zureiten.

ZUSAMMENFASSUNG

Pferd trabt über Stangen auf dem Boden und springt dann über kleine Kreuze (mit Stange 2,80 m davor) aus dem Trab. Pferd springt kleine Einzelsprünge aus dem Trab. Reihen werden eingeführt. Pferd lernt bei kleinen Einzelsprüngen (ohne Stange) aus dem Trab seine Distanz erkennen.

In-Outs werden zwischen kleinen Kreuzen in der Reihe eingeführt. Kreuze, Weitsprünge und Steilsprünge werden mit verschiedenen Distanzen in die Reihe eingebaut (In-Outs, ein und zwei Galoppsprünge). Stangen können nach Bedarf plaziert werden, um das Pferd zu unterstützen, gerade zu bleiben, später abzuspringen, steiler zu landen etc. Kleine Naturhindernisse (Stämme, Gräben, etc.) springt man aus dem Trab. Kann das Pferd sein Gleichgewicht beibehalten, während es die Galoppsprünge verlängert oder verkürzt, reitet man die Hindernisse im Galopp an.

ZIELE FÜR DEN TRAINER

Pferd muß gerade bleiben (kein Schwimmen nach links oder rechts beim Anreiten). Das Pferd soll das Springen genießen, halten Sie deshalb die Stunden kurz und abwechslungsreich. Es darf nicht lernen zu verweigern (beginnen Sie mit Hindernissen, die klein genug sind, um aus dem Stand überwunden zu werden). Erhalten Sie das natürliche Gleichgewicht des Pferdes. Die Athletik des Pferdes durch Springen über Hindernisreihen verbessern.

DER REITER

Sollte sich bemühen, ein Auge für die Distanzen zu entwickeln.

Beim Anreiten: Körper etwas vor der Senkrechten. Leichter Sitz im Rhythmus des Galopps. Halten Sie sich ruhig und bleiben Sie im Gleichgewicht.

Letzter Galoppsprung: Körper ist etwas mehr aufgerichtet, bis die Vorhand sich abstößt. Ist das Gewicht auf der Hinterhand des Pferdes, lehnen Sie sich mit der Bewegung nach vorne. Die Hand folgt der Bewegung des Pferdekopfes und des Halses.

Über dem Sprung: Bleiben Sie im Gleichgewicht – lehnen Sie sich nicht nach einer Seite.

Landung: Greifen Sie nicht ein, bevor das Pferd nicht einen Galoppsprung nach dem Hindernis gemacht hat.

7

FÜTTERUNG UND TÄGLICHE STALLARBEITEN

Um seine beste Leistung zu bringen, muß das Pferd fit, zufrieden und gesund sein, daher kommt das wahre Sprichwort, daß Turniere im Stall genauso viel wie im Sattel gewonnen werden. Ständige Aufmerksamkeit, viel liebevolle Pflege und die Rücksichtnahme auf die individuellen Bedürfnisse eines jeden Pferdes sind einer der Schlüssel des Erfolgs. Wir befolgen seit langem den Rat unseres Tierarztes Don Attenburrow, der überzeugt ist, daß das Pferd eine minimale Menge an Kraftfutter braucht, um fit für seine Arbeit zu sein. Das Pferd braucht aber auch eine Menge Rauhfutter (außer es hat Übergewicht und es muß deshalb eingeschränkt werden), Hafer und Pellets müssen aber mit größter Sorgfalt für jedes Pferd bemessen werden. Zuwenig davon bedeutet, daß das Pferd nicht die ausreichende Menge an Energie hat; zuviel macht das Pferd zu frisch und bringt Probleme mit sich, wie z.B. Kreuzverschlag, die mit dem Aufbau von Protein zusammenhängen. Sie müssen das Aussehen des Pferdes und das Gefühl, das Sie beim Reiten haben, berücksichtigen, wenn Sie die richtige Futtermenge herausfinden möchten. Wir führen immer Buch über die Futtermenge eines jeden Pferdes, so daß wir im nächsten Jahr darauf zurückkommen und dem selben Muster folgen können, wenn es schon einmal erfolgreich war. War dies nicht so, schreiben wir uns die Veränderungen, die gemacht werden müssen, auf. Bei Pferden, die neu in den Stall kommen, ist es immer schwieriger, dies festzustellen. Weil wir nur das Beste kaufen, besichtigte meine Mutter die Spillers-Mühle, bevor wir uns entschieden, die Pellets zu kaufen; sie mußte mit der Art und Weise, wie sie hergstellt werden, zufrieden sein. Das Heu, das von einem örtlichen Bauern kommt, muß ebenfalls Topqualität haben, denn sonst hat es verheerende Auswirkungen auf die Lunge und Verdauung des Pferdes. Wir zahlen den höchsten Preis, wenn wir das Beste kaufen, deshalb versichern wir uns, daß nichts verschwendet wird. Bevor Ihr Pferd auf Turnieren startet, müssen Sie mit Ihrem Futtermittelhändler überprüfen, ob das vorbereitete Mischfutter nicht irgendwelche verbotenen Substanzen enthält. Salben und Fliegenmittel müssen aus demselben Grund untersucht werden.

HARTES FUTTER

Das Kraftfutter der Pferde aus Ivyleaze besteht aus »Spillers Event Nuts« und Quetschhafer. Wir verwenden zusätzlich einen Event Mix, dem Melasse zugefügt ist; wir lassen diese Mischung aber lieber weg, denn Pferde gewöhnen sich sehr schnell daran, etwas Süßes zu haben, so daß sie nur noch ungern ein Futter ohne die Melasse fressen. Wie bereits erwähnt, variiert die Menge, je nach Pferd und der Arbeit, die es leistet; wir müssen uns auf den Anblick, den Verstand und das Gefühl verlassen, speziell bei Pferden, die neu in unseren Stall kommen. Die alte Regel, die ein Pfund Kraftfutter pro geleisteter Meile pro Tag vorschlägt, wäre gar kein schlechter Ausgangspunkt – muß aber an die individuellen Bedürfnisse angepaßt werden. Die Witterungsverhältnisse müssen ebenfalls berücksichtigt werden. Unsere Pferde bekommen mehr Kraftfutter wenn sie auf der Koppel überwintern, als wenn sie wieder mit der Arbeit anfangen. Sie brauchen energiereiches Futter und Rauhfutter, um warm zu bleiben und etwas von ihrer Kondition zu erhalten. Wir möchten, daß die Pferde

Die Futtermengen für jedes Pferd sind auf einer altmodischen Tafel notiert.

viel Gewicht drauf haben, wenn wir mit dem langwierigen Prozeß des Fitmachens beginnen. Zusätzlich ist die Futtermenge von der Jahreszeit abhängig. Wenn wir die Pferde auf die Prüfungen im Frühjahr vorbereiten, ist kaum Nährwert im Gras. Die meisten Pferde brauchen deshalb mehr Kraftfutter in dieser Jahreszeit, als in der Vorbereitungszeit vor den Sommer- und Herbstprüfungen, wo das Gras am gehaltvollsten ist. Auf einer Tafel in der Futterkammer schreiben wir die Futtermenge jedes Pferdes auf. Selbst dann, wenn Sie selbst Ihr Pferd füttern, ist es besser, die Menge aufzuschreiben, als sie sich irgendwo im Kopf zu merken. Werden Sie plötzlich krank, ist es möglich, daß ein anderer für Sie füttert. In Ivyleaze variieren die gefütterten Mengen stark von einem Pferd zum nächsten. Wir hatten zum Beispiel einen Vollblüter, der als Sechsjähriger mehr Kraftfutter als die S-Pferde bekam; er war groß und schlacksig und immer noch im Wachstum und braucht diese zusätzliche Ernährung, um sich richtig zu entwickeln. Im selben Alter war *Ben Hovis* viel zu rund und voll, und bekam deshalb nur ganz wenig. Ist das Pferd von Haus aus aufgedreht, ist es besser, das Kraftfutter drastisch zu kürzen oder ganz wegzulassen. Man kann ein Pferd mit Rauhfutter, Gras und Hafer für eine Ein-Tages-Prüfung fit bekommen, ohne ihm etwas zu geben, das es zu frisch macht.

HorseHage ist eine gute Alternative zum Heu.

RAUFUTTER

Es ist unnötig zu erwähnen, daß das meiste Futter Gras ist – gegessen in seinem natürlichen Zustand auf der Koppel oder als Heu oder Grasmahlzeit gefüttert. Wir füttern auch HorseHage, das den großen Vorteil hat, »staubfrei« zu sein. Man verwendet im allgemeinen das Wort »Staub«, um all die Micro-Organismen zu beschreiben, die sich in der Atmosphäre und in noch größerem Ausmaß im Heu und Stroh befinden, zu beschreiben – beide enthalten Pilzsporen. Aus diesem Grund weichen wir unser Heu 24 Stunden ein, in dieser Zeit schwellen die Sporen an. Manche gehen im Wasser unter, und die restlichen sind ungefährlich, weil sie jetzt so groß sind, daß sie die Lunge nicht erreichen. Obwohl das Einweichen eine ermüdende Aufgabe ist, lohnt sich die Mühe allemal wegen der enormen Vorteile für die Atmung des Pferdes. Ohne diese 24 Stunden Einweichung können die Heusporen eine Hypersensibilität oder Allergie hervorrufen, die die schmalen Luftwege verschließt und die Sauerstoffmenge reduziert, die das Pferd einatmen kann. Dies wiederum beeinträchtigt die Leistungsfähigkeit des Pferdes. Wir wiegen das Heu jeden Tag für jedes einzelne Pferd und weichen es dann in einem porösen Sack ein, auf dem der Name des Pferdes steht. Diese Säcke sind sehr schwer aus dem Wasser zu ziehen, um sie ablaufen zu lassen. Das kann im Winter mit dem zusätzlichen Problem von Schnee und Eis besonders schwierig werden. Im Sommer müssen die Heusäcke im Schatten aufbewahrt werden, weil der Inhalt sonst gärt oder austrocknet, und damit noch mehr Sporen produziert. Weil diese Sporen umherfliegen können, muß das Heu für jedes Pferd im Stall eingeweicht werden, um eine staubfreie Umgebung zu schaffen. Horse Hage ist der Handelsname für geschnittenes und angewelktes Gras, das aber nicht getrocknet wurde, bevor es in einen Sack verpackt wurde. Es behält deshalb seinen Feuchtigkeitsgehalt, der das Problem der Sporen eliminiert. Wir finden es ausgesprochen nützlich, verwenden es aber nur sehr sparsam, weil es viel reichhaltiger als Heu ist. Vorausgesetzt das Pferd hat keine Gewichtsprobleme, bekommt es, in einem vernünftigen Rahmen,

Das Heu wird für jedes Pferd gewogen und dann eingeweicht, um gefährliche Sporen auszuschalten.

so viel Heu wie es fressen will. Man füttert einige Handvoll untertags, bevor es um 9 Uhr abends seine Nachtration erhält. Während des Tages lassen wir unsere Pferde niemals länger als eine dreiviertel Stunde ohne etwas zu essen; das Futter hält sie beschäftigt und verhindert Langeweile. Füttern wir wenig, aber oft, folgen wir außerdem den normalen Freßgewohnheiten des Pferdes in der freien Wildbahn.15 Minuten vor jeder der vier Hauptmahlzeiten am Tag geben wir den Pferden eine Handvoll Horse Hage; das hilft bei der Anregung der Magensäfte und nimmt dem Pferd den gröbsten Hunger, so daß es ermuntert wird, sein Futter lieber zu kauen, als herunterzuschlingen. Wir bieten das Rauhfutter in der Futterkrippe an (im Unterschied zur Heuraufe) mit einer Mischung, die wir als »slops« bezeichnen. Es enthält gehäckseltes Heu, Zuckerrüben und Gras-Cobs. Die Anteile variieren abhängig von den Vorlieben der Pferde; wir wollen, daß jedes Pferd sein Futter genießt und reduzieren deshalb alles, was dem Gaumen des Pferdes so widerstrebt, daß es etwas davon in der Krippe zurückläßt. Die Zuckerrüben und das Gras, die beide in der Cob-Form verwendet werden, sind gut geeignet, um Fleisch an das Pferd zu bringen, müssen aber reduziert werden, wenn das Pferd zu fett wird. Beide müssen vor dem Füttern eingeweicht werden, weil sie sonst Kolik verursachen. Die Zuckerrüben müssen mindestens 12 Stunden einweichen, das wäre allerdings an heißen Tagen das Maximum, später beginnen sie zu gären. Sie sollten überprüfen, ob die Zuckerrüben fertig sind, indem Sie mit der Hand hineinfassen und fühlen, ob es keine harten Klumpen mehr gibt – andernfalls können die Zuckerrüben den Schlund verstopfen. Alle Pferde bekommen Häcksel, das aus Hafer, Stroh und Heu hergestellt wird. Es wird jede Woche in der Maschine frisch gehäckselt und ebenfalls vor dem Füttern eingeweicht. Wir füttern niemals Weizenkleie, sie hat nur einen geringen Nährwert und stört das Mineralgleichgewicht – hauptsächlich deshalb, weil es das Kalzium im Futter aufsaugt, statt es vom Pferd aufsaugen zu lassen. Kalzium ist wichtig für das Knochenwachstum, das ist der Hauptgrund dafür, daß die irischen Pferde (die auf Limestone = Kalkstein aufgezogen werden) in frühen Jahren starke Knochen entwickeln. Im Winter füttern wir gekochte Gerste oder Gerstenflocken, auch das hilft, Gewicht anzusetzen. Sieht das Pferd zu dünn aus, bekommt es auch im Sommer kleine Mengen Gerstenflocken.

ZUSÄTZE

Wir haben Vitamine, die hauptsächlich im Winter gegeben werden. Im Sommer sind weniger Zusätze nötig, denn das Gras enthält die meisten Vitamine, die das Pferd braucht. Um das durch Schwitzen verlorengegangene Salz zu ersetzen, muß man im Sommer eine größere Menge davon füttern. Wir geben im Sommer zwei Unzen (1 Unze = 28 g) Salz jeden Tag, in den Wintermonaten aber nur eine Unze. Zusätzlich füttern wir einen halben Eßlöffel Lebertran und vier Unzen Kalkstein jeden Tag während des ganzen Jahres.

Alle Pferde genießen einen schönen »Wälzer«.

DER STALL

Wenn wir hier in Ivyleaze einen Stall entwerfen
würden, würden wir ihn an eine geschützte Stelle
bauen und eine schöne Aussicht für die Pferde suchen, so daß diese sich ständig anschauen müßten
und so nicht gelangweilt würden. In diesem Zu-
sammenhang ist ein Fenster auf der Stallrücksei-
te außerordentlich hilfreich, das Pferd hat damit
eine andere Aussicht. Wir haben Rückfenster in
einigen Boxen und die Pferde, die darin wohnen,
erscheinen weniger gelangweilt als diejenigen, die nur
über die Stalltür schauen können. Der Stall wäre
dicht am Haus, so daß die Menschen, die dort wohnen, in der Nacht hören können, wenn im Stall etwas schiefgeht. Der Misthaufen, das Heulager und
die Häckselmaschine müssen mindestens 80 m
vom Stall entfernt sein, damit die Pferde in einer
staubfreien Umgebung gehalten werden können.
Besonders wichtig ist eine gute Lüftung. Die Drainage muß sehr sorgfältig geplant werden, denn
die Drainagen in einer Box müssen in einer zen-
tralen Drainage zusammenlaufen. Die in Fischgrä-
tenform angelegten Drainagerinnen haben den
zusätzlichen Vorteil, daß sie ein Rutschen des Pferdes verhindern. Wir mögen es, wenn die Futterkrippen in Brusthöhe befestigt und abnehmbar
sind, so daß man sie zum Saubermachen herausnehmen kann. Die Heuraufen hängen ebenfalls
in Brusthöhe.

EINSTREU

Es gibt vier bekannte Arten der Einstreu – Torf,
Stroh, Sägespäne und Papierschnitzel. Stroh ist
schlecht, weil es viele Sporen enthält. Die anderen drei enthielten bei Untersuchungen nur eine
geringe Anzahl Sporen, und Papierschnitzel schnitten am besten ab. Equibed, hergestellt aus sterili-
sierten Abfallprodukten, war die einzige Einstreu,
die keinerlei Sporen enthielt. Es ist zur Zeit nicht
erhältlich, wird aber irgendwann wieder auf den
Markt kommen. Als wir es benutzten, wollten die
Pferde morgens nur äußerst ungern aufstehen,
und die Hunde rannten für ein kleines Nickerchen
in die Boxen. Eine Weile versuchten wir Papier-

*Wir verwenden lieber Häcksel als Weizen-
kleie. Das Futter wird gut gemischt, bevor
wir es den Pferden füttern.*

schnitzel; im Hinblick auf die Sporen sind sie besser als Sägespäne, die Beseitigung ist aber ein richtiges Ärgernis. Die einzige Möglichkeit, das ausgemistete Papier loszuwerden, ist, es zu verbrennen. Es wäre jedenfalls ein schreckliches Ärgernis für das Auge, müßten es die Bauern auf ihren Feldern verteilen, wobei es ihnen aber nichts ausmacht, Mist mit Sägespänen als Dünger zu verteilen. Stroh enthält zuviele gefährliche Sporen, deshalb sollten es Sägespäne als Einstreu sein. Wir benutzen sie nicht als Matratzenstreu. Jeden Morgen werden mit dem Mist alle nassen Stellen entfernt. Im Laufe des Tages werden die Boxen noch einige Male ausgemistet. Hebt man die Pferdeäpfel regelmäßig auf, vermeidet man unnötige Verschwendung von Einstreu.

DIE TÄGLICHEN ARBEITEN

Pferde sind Gewohnheitstiere, speziell was die Mahlzeiten betrifft. *Priceless* wußte immer haargenau, als hätte er eine Uhr getragen, wann es Zeit war, ihn zu füttern. Wurde seine Mahlzeit nicht sofort serviert, erinnerte er jeden daran, indem er laut gegen seine Stalltür schlug. Deshalb halten wir uns hier in Ivyleaze an einen relativ strengen Zeitplan. Die anfallende Arbeit wird immer am Abend vorher aufgeschrieben, die Arbeit des Pferdes – plus zusätzliche wichtige Details, die das Tagesgeschehen beeinflussen, wie zum Beispiel ein Besuch vom Hufschmied. Die tägliche Arbeit wechselt insofern, als daß manche Pferde galoppieren, Geländesprünge machen oder zum Klettern gehen. Die meisten müssen mit dem Transporter fahren und brauchen deshalb mehr Zeit als beim Ausreiten oder bei normalen Arbeiten zu Hause. Alle Pferde haben am Montag frei, denn das ist der Tag, an dem unsere hart arbeitenden Mädchen zum Einkaufen gehen.

Die Pferde haben immer Gamaschen an, wenn sie auf die Koppel gehen; ist das Wetter kalt, tragen sie ihre Neuseelanddecken und Kapuzen. Für den Rest der Woche wird ein Rotationssystem ausgearbeitet, das jedem Pferd einige Stunden auf der Koppel ermöglicht. Der Koppelgang

gibt ihnen die Möglichkeit, etwas Freiheit in ihrer natürlichen Umgebung zu genießen, wo sie überschüssige Energien loswerden können und sich nach Herzenslust wälzen. Die Pferde, die nicht mit der Koppel an der Reihe sind, werden zehn Minuten geführt, das fördert den Appetit und stoppt die Langeweile. Obwohl wir es gerne haben, daß die Pferde rausgehen, haben wir manchmal im Sommer kein abgegrenztes Stück in der Koppel, um ein Dickwerden des Pferdes zu verhindern. Es kann vielleicht schon ausreichen, die Pferde mit Gewichtsproblemen in den kleinsten Paddock zu stellen, wo sie weniger Gras bekommen, während ihre dünnen Stallkollegen auf einer großen Fläche grasen. Manche unserer jungen Pferde gehen in der Nacht raus. Aufgrund unserer begrenzten Weidefläche, müssen alle Pferdeäpfel am nächsten Morgen entfernt werden, um den Boden nicht pferdekrank zu machen. Die Pferde, die lange Prüfungen gehen sollen, tragen Tag und Nacht Bandagen, sowohl wegen der Wärme als auch wegen des Schutzes, nicht aber um sie zu stützen. An kalten Tagen regen sie die Durchblutung an, wenn das Pferd vor der Arbeit in der Box steht. Die Pferde, die keine langen Prüfungen gehen sollen, werden nur für die Nacht bandagiert. Zusätzlich zum Ausmisten werden folgende Dinge jeden Tag erledigt:

Die Pferdebeine werden nach Schwellungen oder Entzündungen untersucht.

Der Sitz der Hufeisen wird überprüft, zusätzlich achtet man auf lockere Nägel.

Mehrmals am Tag wird der Hof gekehrt und gesäubert sowie ausgemistet.

Bei niedrigen Temperaturen wird regelmäßig geprüft, ob das Pferd warm genug ist, dabei faßt man mit der Hand unter der Decke an die Schulter und an die Nieren. Falls nötig, wird eine zusätzliche Decke aufgelegt.

Heu, Zuckerrüben und Gras-Cops werden eingeweicht.

Die Wassereimer werden regelmäßig kontrolliert und aufgefüllt – zusätzlich zum zweimaligen Ausleeren und Auffüllen.

Futtereimer werden immer nach der Benutzung geschrubbt. Futtertröge werden einmal täglich ausgewaschen. Das Lederzeug wird geputzt. Satteldecken, Gamaschen und Bandagen werden gewaschen.

Wir haben Platz für acht Militarypferde, die in verschiedenen Stufen starten, deshalb ist unser Stall in der Saison außergewöhnlich beschäftigt, und wir müssen ganz früh morgens mit der Arbeit der Pferde beginnen. In solchen Zeiten sieht ein normaler Tag ungefähr so aus:

6.45 Uhr	Jedes Pferd bekommt eine Handvoll HorseHage. Die Boxen für die Pferde, die auf der Koppel waren, werden vorbereitet. Die Pferde, die über Nacht auf der Koppel waren, werden für das Frühstück reingeholt.
7.00 Uhr	Das Frühstück wird serviert. Die Wassereimer werden während des Ausmistens aus den Boxen entfernt. Nach dem Ausmisten werden die Eimer frisch gefüllt wieder in den Stall gebracht.
7.15 Uhr	Die Mädchen frühstücken.
8.30-9.00 Uhr	Die Pferde werden spazierengeritten oder in der Halle gearbeitet. Die Pferde, die nicht arbeiten, bekommen HorseHage.
10.30-11.00 Uhr	Die Pferde, die schon in der Halle waren, oder diejenigen, die beim ersten Ausritt nicht dabei waren, gehen spazieren. Die Pferde, die vom Ausritt zurückkommen, werden in der Halle geritten. Die Pferde, die ihre Arbeit beendet haben, werden versorgt.
12.00 Uhr	Eine Handvoll Heu wird gefüttert.
12.15-12.30 Uhr	Mittagessen wird serviert.
ab 14.00 Uhr	Die Pferde gehen (nach dem Rotationsprinzip) eine halbe bis eine Stunde auf die Koppel. Die anderen grasen 10 Minuten an der Hand.
16.45 Uhr	Eine Handvoll Heu wird gefüttert.
17.00 Uhr	Tea-time-Futter wird serviert. Die Wassereimer werden neu gefüllt.
18.30 Uhr	Die Pferde bekommen etwas mehr Heu.
21.00 Uhr	Die Nachtration Heu wird gefüttert. Das Abendessen wird serviert.

WEITERE GRUNDLEGENDE DINGE

Unsere Pferde werden ca. alle sechs Wochen neu beschlagen. Ist der Boden sehr hart, macht unser Schmied Lederplatten auf die Sohle. Aus Chromleder gemacht und in Huföl getränkt, haben sie einen dämpfenden Effekt, der das Risiko einer Verletzung auf hartem Boden verringert. Das Leder ist so ausgeschnitten, daß der Strahl frei bleibt; wir müssen deshalb darauf achten, daß kein Dreck oder kleine Steine zwischen Sohle und Platte kommen. Das kann man normalerweise mit etwas Mull, das man in den Strahl stopft, verhindern. Die Pferde werden regelmäßig nach den Anweisungen auf den Packungen der Wurmkuren entwurmt. Jedes Pferd, das neu in Ivyleaze ankommt, erhält eine Wurmkur und sechs Monate später eine zweite. Danach wird das Pferd einmal im Jahr entwurmt, oder öfter, wenn es uns notwendig erscheint. Regelmäßig untersuchen wir die Zähne und raspeln, falls nötig, scharfe Ecken ab. Am Anfang des neuen

Lederplatten wirken auf hartem Boden wie Stoßdämpfer.

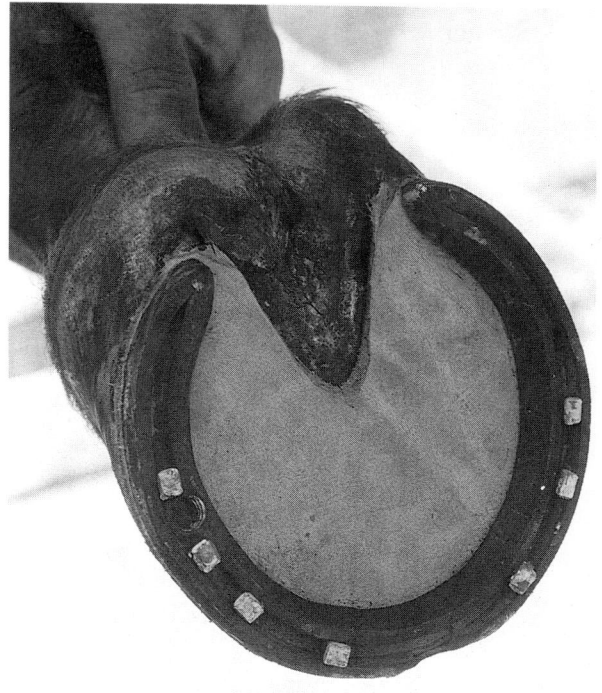

Jahres, einige Tage bevor die Pferde mit dem Schrittreiten beginnen, wird geimpft. Die Pferde haben also genug Zeit, sich von der Impfung zu erholen, bevor wir irgendeine anstrengende Arbeit verlangen. Wenn das Wetter nicht außergewöhnlich kalt ist, scheren wir die erwachsenen Pferde ungefähr zur selben Zeit ganz und die Babies bekommen einen anderen geeigneten Schnitt. Wären wir mitten in einer großen Frostperiode, würden wir bis nach den drei Wochen Schrittreiten warten.

Scheren des Pferdes – hier ein »trace clip«.

ZUSAMMENFASSUNG

Füttern Sie so wenig Kraftfutter (d.h. Hafer oder Mix) wie möglich, um das Pferd fit zu bekommen. Beurteilen Sie die Futtermenge nach dem Aussehen des Pferdes und dem Gefühl, das Sie beim Reiten haben.
Als grobe Richtschnur:
Beginnen Sie mit 1 Pfund Futter, für jede Meile, die das Pferd zurücklegt – und ergänzen Sie, falls es nötig ist. Vor den Turnieren sollten Sie sich vergewissern, daß Ihr Kraftfutter keine verbotenen Substanzen enthält.
Reduzieren Sie die Futtermenge am Ruhetag. Kraftfutter wird viermal am Tag gegeben, Ausnahme ist der Ruhetag.
Das Heu wird 24 Stunden eingeweicht, um Probleme durch Sporen auszuschalten.
HorseHage kann die Heuration ersetzen. Es enthält keine Sporen, ist aber reichhaltiger und muß deshalb sparsam gefüttert werden.
Eine Handvoll HorseHage wird 15 Minuten vor dem Kraftfutter gegeben.

Häcksel wird eingeweicht, um das Risiko durch Sporen auszuschalten.
Zuckerrüben und Gras-Cops werden eingeweicht.
Die Zuckerrüben und die Cops werden reduziert, wenn das Pferd zu fett wird. Bei Übergewicht wird auch der Koppelgang eingeschränkt.
Gekochte Gerste oder Gerstenflocken bringen, besonders im Winter, Gewicht an das Pferd. Zusätze: Vitamine (im Winter notwendiger), Salz (im Sommer wichtiger).
Pferde sind Gewohnheitstiere, halten Sie sich deshalb an den Zeitplan.
Lederplatten kommen bei hartem Boden unter die Eisen.
Die Pferde werden regelmäßig entwurmt und einmal jährlich auf Würmer untersucht.
Anfang Januar wird geimpft. Ist das Wetter nicht außergewöhnlich kalt, werden die Pferde Anfang Januar geschoren.

8

KLEIDUNG
UND AUSRÜSTUNG

Sie müssen kein Vermögen für Ihre Ausrüstung oder die Ihres Pferdes ausgeben, um in Ihrer ersten Vielseitigkeit zu starten. Natürlich sollten Sie in einem aktuellen Regelbuch nach den genauen Erfordernissen nachsehen – und genauso wichtig, die Gegenstände herausfinden, die nicht erlaubt sind. Nachdem ich einmal wegen der Benutzung einer unerlaubten Zäumung eliminiert wurde, studiere ich das neue Regelbuch jedes Jahr mit äußerster Sorgfalt.

DER REITER

Sie benötigen schwarze Stiefel, eine schwarze Jacke, alternativ eine rote Jacke für Herren oder eine blaue Jacke für Damen und einen weißen Plastron (keine Krawatte). Besitzen Sie diese Kleidungsstücke noch nicht, können Sie sie meist auch second-hand kaufen. Mit Ausnahme des Sturzhelmes (mit einem Prüfsiegel und einem blauen oder schwarzen Überzug) können Sie diese Kleidung auch beim Springen tragen. Im Gelände benötigen Sie ebenfalls einen Sturzhelm, zusätzlich aber noch einen Pulli oder ein Sweatshirt und einen Rückenschutz. Ein Plastron, das man einfach selbst machen kann, wird als zusätzlicher Schutz empfohlen, außerdem brauchen Sie meistens eine Sicherheitsnadel, um z.B. Ihre Startnummer zu befestigen. Das Gelände ist die einzige Phase, in der Sie in A- bis S-Prüfungen immer die gleiche Ausrüstung tragen können. Sporen sind Pflicht, Handschuhe auch, normalerweise trage ich Baumwollhandschuhe mit Lederverstärkung in der Dressur und Baumwollhandschuhe im Gelände und beim Springen.

DAS GEBISS

Das Gebiß ist das grausamste Stück der Ausrüstung und kann im Gegensatz zu den meisten anderen Gegenständen nicht angepaßt werden, wenn es die falsche Größe hat. So viel hängt von diesem kleinen Metall- oder Gummistück, das im Maul des Pferdes liegt, ab, daß es schwieriger sein kann, das richtige zu finden als alle anderen Ausrüstungsgegenstände zusammen. Pferdemäuler gibt es in allen Formen und Größen. Ein Pferd kann mehr hervorstehende Zähne als ein anderes haben, ein anderes ist vielleicht in einem Teil seines Maules besonders empfindlich. Bei der Wahl des Gebisses muß man diese Dinge berücksichtigen, so daß die Hauptwirkung des Gebisses empfindliche Stellen meidet. Hat das Pferd Maulprobleme, so liegt es am Reiter, den Grund herauszufinden, anstatt sofort das Gebiß zu wechseln. Vielleicht verursachen die Zähne das Problem und müssen geraspelt werden; vielleicht hat das Pferd eine wunde Stelle im Maul. Es kann sein, daß das Gebiß die falsche Größe hat und das Pferd eine weitere oder engere Ausgabe desselben Gebisses braucht anstelle eines anderen Gebißtyps. Vielleicht sind es aber auch die Reiterhände, die das Problem verursachen. Das Trensengebiß sollte ein mildes Gebiß sein, kann aber sehr scharf sein, wenn es schlecht paßt. Dot stellt oft bei Schülern, die zum erstenmal zu ihr kommen fest, daß das Gebiß, das sie verwenden, die verkehrte Größe für das Pferd hat. Sie ist weit davon entfernt, jemand zum Kauf eines neuen Gebisses zu zwingen, ein korrektes Gebiß ist andererseits so grundlegend, daß sie ihren Schülern schaden würde, würde sie diese nicht darauf aufmerksam machen. Manchmal ist das Problem mehr im Kopf des Pferdes als in seinem Maul. Es kann vielleicht in der Vergangenheit eine schlecht sitzende Trense oder einen Reiter mit schlechten Händen gehabt haben. Als Ergebnis davon verbindet das Pferd mental das Gebiß mit Schmerzen; es wird deshalb aufgeregt, sobald jemand die Zügel aufnimmt. Sein neuer Reiter kann die besten Hän-

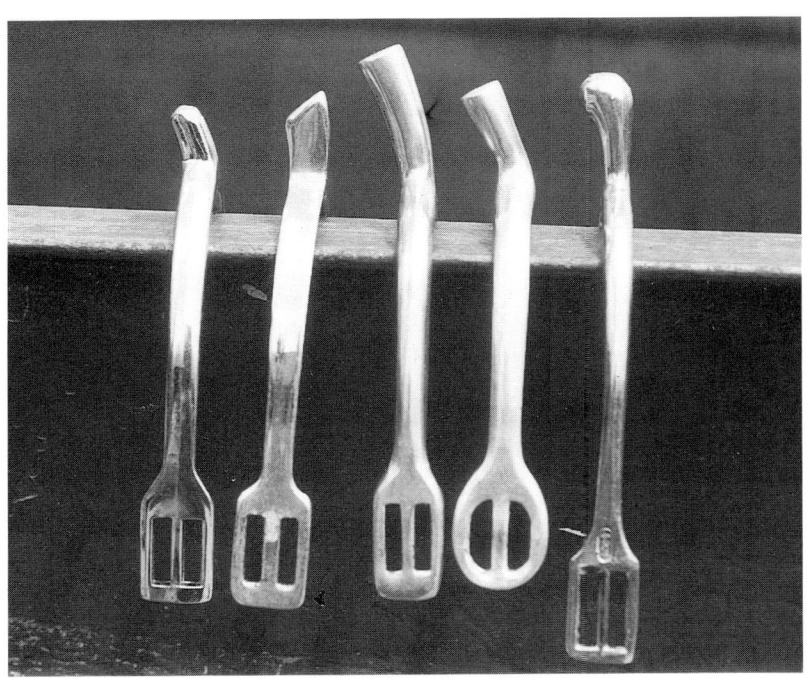

Verschiedene Arten von Sporen.

Eine Auswahl verschiedener Trensengebisse, die für junge Pferde geeignet sind.
Links (v.o. nach unten): French-bridoon-Gebiß, Knebeltrense mit Gummigebiß, Knebeltrense.
Rechts: Olivenkopftrense, Renn- (D-)Trense mit Gummigebiß, Wassertrense.

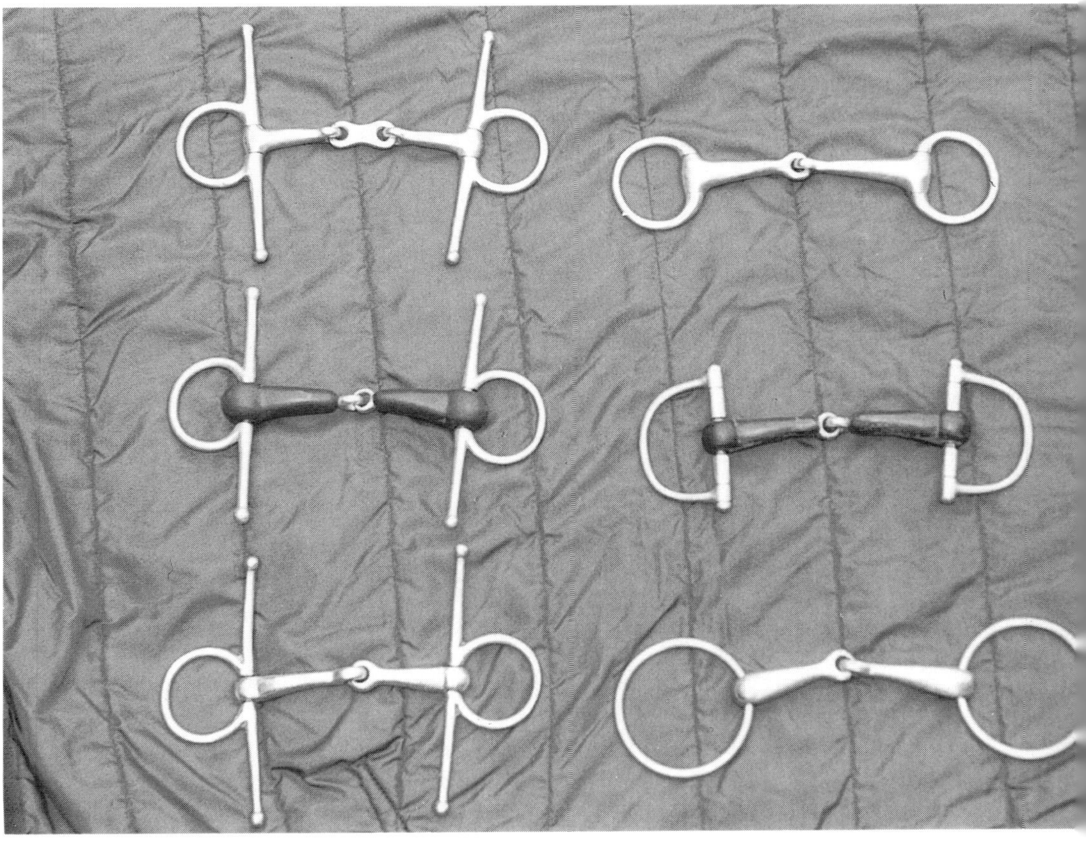

de der Welt haben, es wird dennoch lange dauern, bis die schlechte Erinnerung verblaßt und das Pferd genug Vertrauen hat, die Zügel anzunehmen. Das Trensengebiß kann in den Händen eines Anfängers mindestens genauso viel Schaden anrichten wie ein schärferes Gebiß. Ist ein Pferd zum Beispiel im Gelände etwas heftig und zieht der Reiter deshalb ständig, kann das Pferd leicht ein offenes Maul bekommen. Möglicherweise wäre ein schärferes Gebiß, eingesetzt mit feineren Hilfen, viel wirkungsvoller. Anstatt pausenlos an den Zügeln zu ziehen, könnte der Reiter bei Bedarf wirkungsvollere Hilfen geben. Ständiges Ziehen ist wie endloses Nörgeln; es erregt Mißfallen, wird aber nicht respektiert. Wie einmal ein weiser Mensch gesagt hat, wäre man besser mit einem Eimer voll Händen bedient, als mit einem Eimer voll Gebissen!

DAS FINDEN DES RICHTIGEN GEBISSES

Wir mögen die Ausrüstung so einfach wie möglich und das Gebiß so weich wie möglich, speziell am Anfang der Erziehung, wenn das junge Pferd lernen soll, auf die korrekte Ausbildung zu reagieren. Für die Dressur verwende ich ein normales Trensengebiß, könnte mir aber vielleicht ein etwas schärferes Gebiß für das Gelände vorstellen. Unsere Pferde fangen alle mit einem ungebrochenen Gummigebiß an, das von allen das mildeste Gebiß ist. Bin ich danach auf der Suche nach etwas stärkerem, probiere ich ein gebrochenes Gummigebiß. Wäre ich damit immer noch nicht zufrieden, nähme ich das gleiche Gebiß in Metall, falls notwendig, gefolgt von einer Wassertrense und einer Knebeltrense. Obwohl ich meine M- oder S-Pferde schon mit schärferen Gebissen als mit diesen milden Ausgaben geritten habe, habe ich noch nie ein schärferes Gebiß in das Maul meiner jungen Pferde getan. Im Laufe der Zeit hat sich natürlich eine große Auswahl an Gebissen bei uns angesammelt, sowohl verschiedene Größen als auch verschiedene Typen, so daß ich verschiedene Mundstücke ausprobieren kann, ohne sie kaufen zu müssen. Haben Sie keine eigene Sammlung, ist es besser, sich ein Gebiß auszuleihen oder eines zum Ausprobieren mit nach Hause zu nehmen. Andernfalls machen Sie die un-

nötige Ausgabe ein Gebiß zu kaufen, daß sich als ungeeignet erweist. Es sollte betont werden, daß wir immer versuchen, beim weichsten Gebiß zu bleiben, aber das ist nicht immer möglich. Müssen wir für das Gelände auf ein etwas schärferes Gebiß zurückgreifen, hoffen wir immer, daß wir eines Tages zu einem freundlicheren Gebiß zurückkehren können. Das kann manchmal passieren, Sie sollten also nicht den Fehler begehen, zu glauben, Mundstücke müssen mit der Zeit immer schärfer werden.

TRENSE, VORDERZEUG UND MARTINGAL

Alle unsere Pferde haben eine Arbeitstrense und eine für Turniere. Das ist nützlich, um das Risiko des Zerreißens bei Streß oder durch Materialauflösung, weil die Naht sich auftrennt, zu verringern. Weil diese Dinge passieren können, überprüfen wir vorsichtshalber regelmäßig die Nähte und Riemen. Natürlich sind zwei Trensen nicht nötig, Sie müssen aber super-vorsichtig sein, wenn Sie bei der Arbeit zu Hause, beim Ausreiten und auf dem Turnier die gleiche Trense benützen. Bei der Dressur einer A-Vielseitigkeit ist nur ein normales Trensengebiß erlaubt. Die Richter sehen wahrscheinlich lieber ein Pferd, das mit einem Hannoverschen Reithalfter geritten wird, und deshalb tausche ich es nach der Dressur für Springen und Gelände in ein Mexikanisches Reithalfter um. Ich würde nur bei einem Pferd, das gern sein Maul aufsperrt oder seinen Kiefer verklemmt, eine Ausnahme machen. Mit einem Mexikanischen Reithalfter kann es diese Dinge nicht tun, deshalb würde ich es vielleicht in einem solchen Fall in allen drei Phasen verwenden. Weil Lederzügel bei Nässe rutschig werden, nehme ich schwarze Gummizügel für die Dressur. Sie sind schmaler und für die Dressur eleganter, als die normalen (braunen) Gummizügel, die ich im Gelände benutze. Alle Pferde tragen bei der Galopparbeit, beim Springen und im Gelände ein Vorderzeug. Es muß richtig angepaßt sein, denn ich habe schon Pferde gesehen, deren Schulterfreiheit eingeschränkt war, weil das Vorderzeug zu kurz eingeschnallt war. Bei uns tragen einige Pferde beim Springen und im Gelände ein Martingal, das am Vorderzeug befestigt wird. Dabei machen wir immer Stopper an die Zügel, die ein Vorrutschen und Hängenbleiben der Zügel am Gebiß verhindern. Ich schnalle das Martingal immer locker genug, um die natürliche Kopfhaltung des Pferdes nicht zu behindern, aber kurz genug, um das Pferd daran zu hindern, meine Zähne einzuschlagen. Wendungen sind oft schwierig, wenn das Pferd seinen Kopf zu hoch trägt, das Martingal hilft also Steuerprobleme zu überwinden – ich muß aber zugeben, daß es nur daher kommt, daß das Pferd nicht ausreichend ausgebildet ist, um ohne Martingal zu gehen.

SATTEL, SATTELDECKE, ÜBERGURT UND GURTE

Ein Mehrzweck- oder Vielseitigkeitssattel ist sehr gut für alle Phasen einer kleinen Vielseitigkeit geeignet; in der Tat können Sie einen solchen Sattel auf Ihrem ganzen Weg bis zu den Olympischen Spielen benutzen. Ein Dressursattel hat den Vorteil, daß er Ihren Schenkel für die einzelnen Lektionen besser an das Pferd bringt. Aus diesem Grund reite ich in der ersten Phase am liebsten mit einem für diesen Zweck gebauten Sattel, egal ob ich auf einem A- oder S-Pferd sitze. Anschließend nehme ich für das Springen und das Gelände den »Barnsby-Leng-Competition-Sattel«, bei dessen Entwicklung und Design ich mithalf. Er hat eine flachere Sitzfläche als die anderen Springsättel und ermöglicht mir bei Tiefsprüngen mein Gewicht weiter nach hinten zu verlagern. Ich verwende immer Gummieinlagen in den Steigbügeln und eine vergleichsweise starke Satteldecke. Die Satteldecke ist aus Schaumstoff, mit einer Baumwollhülle und kann leicht gewaschen werden. Muß der Sattel zwei Pferden passen, können Sie ein Pad (erhältlich in einer Vielzahl von Materialien) zwischen Sattel und Satteldecke legen. Natürlich kann man für zwei Pferde von völlig unterschiedlicher Größe nicht den gleichen Sattel verwenden, kleine Unterschiede kann man aber mit dem Pad ausgleichen, um das Rutschen des Sattels zu stoppen. Pads kom-

pensieren außerdem die veränderte Form des Rückens, wenn das Pferd fitter wird. Obwohl elastische Webgurte im Rennsport weit verbreitet sind, bin ich kein großer Freund davon. Ich bevorzuge zwei Webgurte und zusätzlich einen elastischen Übergurt für das Gelände oder zum Springen zu Hause. Normalerweise nehme ich für die Dressur und das Springen bei kleinen Prüfungen einen Ledergurt, es gibt aber keinen Grund, Ihren Stoffgurt (vorausgesetzt er ist nicht pink oder rot) nicht ebenfalls in diesen Phasen zu verwenden.

GAMASCHEN UND BANDAGEN

Beim Dressurreiten zu Hause, beim Ausreiten und beim Abreiten vor der Dressurprüfung haben wir immer Arbeitsgamaschen an allen vier Pferdebeinen. Wir nehmen sie im letztmöglichen Zeitpunkt ab, um die Gefahr möglichst gering zu halten, daß das Pferd plötzlich lahmt, weil es sich selbst geschlagen hat. Ich habe das bei anderen beobachtet und selbst schon einmal erlebt, als ich mit *Night Cap* um das Viereck in Locko Park herumritt. Beim Angaloppieren schlug er sich selbst an einen Knochen und war für ungefähr eine Minute so lahm wie eine Krähe. Weil aber die Gamaschen schon vor dem Reiten um das Viereck entfernt werden müssen, hätten wir nichts tun können, um es zu verhindern. Es unterstreicht aber die Wichtigkeit, die Pferdebeine so lange wie möglich zu schützen. Beim Springen schützen wir die Vorderbeine mit Halb-Gamaschen, die die Sehnen schützen, das Röhrbein aber frei lassen. Jedes Pferd, das die Tendenz zeigt, mit seinen Hinterbeinen zu nah an die Vorderbeine zu kommen, trägt Sprungglocken. Die Hinterbeine bleiben beim Springen ungeschützt. Im Gelände, beim Reiten über Geländesprünge im Training und bei der Galopparbeit tragen die Pferde Sehnenschoner und Sprungglocken. Die Sehnenschoner bedecken das Röhrbein und haben einen zusätzlichen Kunststoffstreifen auf der Hinterseite eingearbeitet, um den Sehnen einen zusätzlichen Schutz zu geben. Keine Gamasche der Welt kann der enormen Krafteinwirkung standhalten, wenn sich das Pferd im vollen Tempo

Speedicut-Leder-gamaschen mit Schnallen für Vor- der- und Hinter- beine, die für das Gelände bei Turnieren geeignet sind.

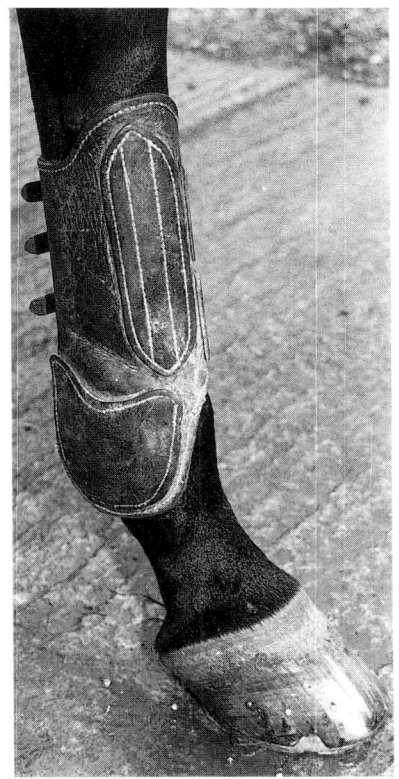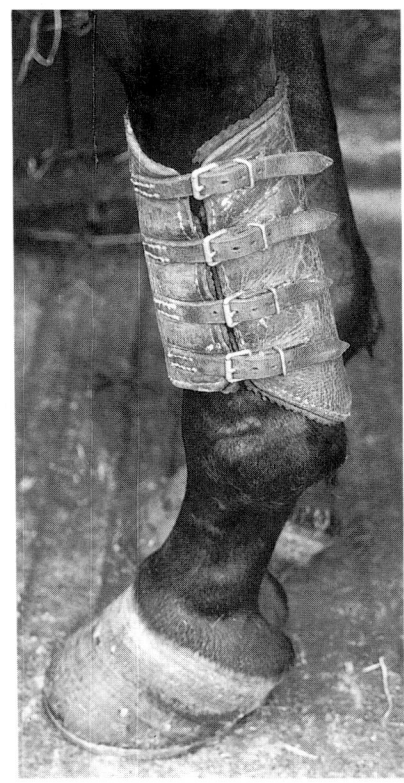

Bild unten: Normale (Streich)- Gamaschen für den täglichen Gebrauch.

hineingaloppiert – die Einwirkung wurde auf 10 Tonnen pro Quadratzentimeter geschätzt –, wir müssen uns also damit begnügen, das Bestmögliche zu tun, um die Vorderbeine zu schützen. Wir bandagieren mit elastischen Bandagen über die Sehnenschoner und vernähen die Enden zur Sicherheit. Ich könnte niemals mit ruhigem Gewissen mit Bandagen losreiten, die mit Klebeband, wie es manche Reiter verwenden, befestigt sind. Auf die Hinterbeine kommen Woof-Gamaschen oder Sehnenschoner für Geländesprünge, egal ob auf dem Turnier oder im Training. Zum Galoppieren nehmen wir normale Streichkappen für die Hinterbeine.

STOLLEN

Unsere Pferde tragen bei allen drei Phasen einer Vielseitigkeit und beim Springen auf Gras Stollen. Der Unterschied beim sicheren Auffussen, den sie dem Pferd vermitteln, wird beim Springen, egal auf welchem Boden, besonders deutlich. Stollen sind nicht besonders teuer, und weil sie dem Pferd soviel zusätzliche Sicherheit geben, würde ich immer versuchen, eine möglichst große Auswahl zu Hause zu haben – von den kleinen runden Stollen mit dem Knopf für harten Boden bis zu den großen viereckigen oder runden Stollen für den weichen Boden. Sie sind dann für alle Wetterbedingungen gerüstet. Unsere Politik ist es, schmale Straßenstollen für alle drei Phasen zu nehmen. Ist der Boden holprig oder knochentrocken, würde ich für die Dressur und das Springen vorne andere Stollen hineindrehen, würde aber zögern, dies für das Gelände zu tun, obwohl es gelegentlich gemacht wird. Der Hauptgrund für meine Zurückhaltung ist das Wissen, daß der Schmerz um so stärker ist, wenn ich herunterfalle und das Pferd auf mich draufsteigt, je größer der Stollen ist! Außerdem möchte ich seinen Vorderbeinen ermöglichen, ein wenig bei der Landung zu rutschen; ist diese Möglichkeit beim Springen aus dem Tempo im Gelände nicht gegeben, kommt eine unerträgliche Belastung auf die Vorderbeine. Abhängig vom Geläuf verwenden wir die hinteren Stollen. Nachdem wir unsere Auswahl getroffen haben, drehen wir einen Stollen in ein Loch an der Außenseite jedes Eisens. In den USA und anderen Ländern nimmt man zwei Stollen pro Eisen. Wahrscheinlich deshalb, weil der Boden härter ist als hier und den Fuß ständig ungleich machen würde, übernähme man die englische Methode.

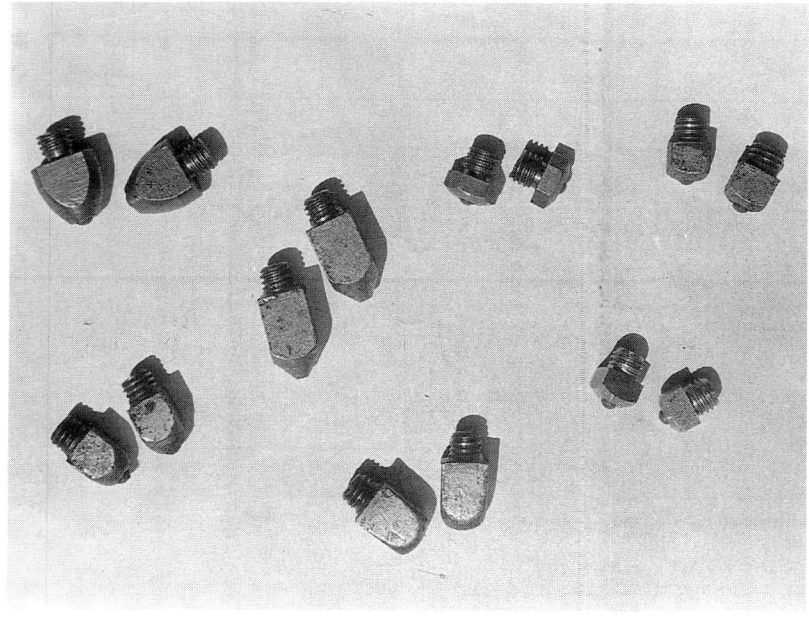

Eine Auswahl an Stollen, die für alle drei Phasen verwendet werden.

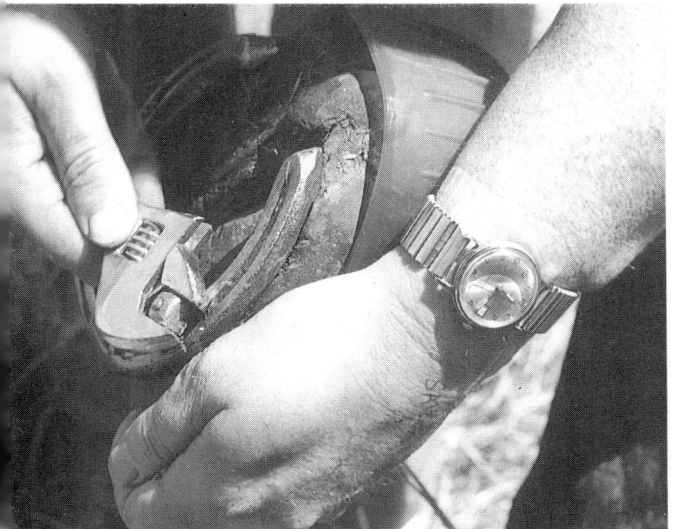 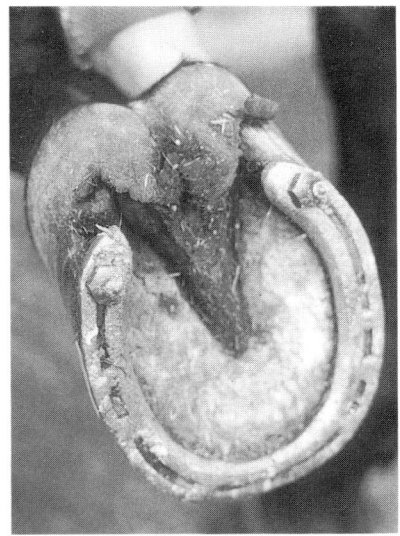

Bild links: Das Eindrehen der Stollen mit dem geeigneten Schlüssel. Bild rechts: Amerikanische und deutsche Pferde haben zwei Stollen, um den Huf auf gleicher Höhe zu halten.

DECKEN

Das junge Pferd bekommt lediglich einen Dekken-Schnitt beim Scheren; es benötigt deshalb weniger Kleidung als die alten Hasen, die ganz geschoren werden. Es braucht aber trotzdem mindestens vier Decken bei einer Ein-Tages-Prüfung, eine wollene Überdecke (kann dieselbe Decke sein, die es im Stall trägt), eine Neuseeland-Decke (kann es auch auf der Koppel tragen), eine Stepp- oder Wärme-Decke, und eine Abschwitzdecke. In den USA und in anderen Ländern mit einem weniger gemäßigtem Klima ist natürlich eine größere Auswahl an Decken notwendig. Es ist nett, eine schöne Reisedecke zu haben, aber nicht notwendig. Dasselbe gilt für eine wasserdichte Decke, die sehr praktisch ist, wenn man den Sattel für eine kurze Zeit trocken halten will, sich aber nicht die Mühe machen möchte, eine Neuseeland-Decke aufzulegen. Eine Nierendecke ist beim Abreiten vor der Dressur an kalten Tagen nützlich.

ZUSAMMENFASSUNG

Informieren Sie sich in einem aktuellen Regelbuch (LPO) über die korrekte Kleidung und Zäumung.

Gebiß: Vergewissern Sie sich, daß das Mundstück nicht auf eine empfindliche Stelle im Pferdemaul drückt und daß das Gebiß die richtige Größe für das Pferd hat. Hat das Pferd ein Maulproblem, versuchen Sie die Ursache herauszufinden. Benutzen Sie das weichste Gebiß. Ist ein schärferes Gebiß erforderlich, um das Pferd zu kontrollieren, müssen Sie immer das Ziel haben, später wieder zu einem weichen Gebiß zurückzukommen.

Für junge Pferde geeignete Gebisse: ungebrochene Gummitrense, gebrochene Gummiknebeltrense oder gebrochene Gummitrense mit D-Ringen, ungebrochene Metalltrense, Wassertrense.

Andere Ausrüstung: Überprüfen Sie regelmäßig alle Riemen und Nähte. Vergewissern Sie sich, daß das Vorderzeug richtig verschnallt ist. Sind kleine Veränderungen zur besseren Paßform des Sattels nötig, legen Sie ein Pad zwischen Satteldecke und Sattel. Das Martingal (falls benutzt) sollte lang genug sein, um das Pferd nicht in seiner natürlichen Kopfhaltung zu beeinträchtigen.

Schützende Gamaschen: Zum Ausreiten und Üben – Arbeitsgamaschen. Zum Springen – Sprungglocken und Springgamaschen für die Vorderbeine. Für das Gelände (Training und Turnier) – Sehnenschoner und Sprungglocken an den Vorderbeinen; Sehnenschoner oder Woof-Gamaschen an den Hinterbeinen. Zum Galopptraining und zum Galoppieren – Sehnenschoner und Sprungglocken an den Vorderbeinen; Gamaschen oder Streichkappen an den Hinterbeinen.

Stollen: Bemühen Sie sich um eine große Auswahl, die für jedes Geläuf geeignet ist.

9

Vorbereitung für die erste A-Vielseitigkeit

Die meisten Pferde werden erwachsener, während sie auf der Koppel überwintern. Fangen sie dann als Fünfjährige wieder an zu arbeiten, so kann man meistens mehr Bewegungsqualität verlangen. Manchmal gehen sie – besonders die älteren Pferde – brillant, wenn sie nach dem Schrittreiten wieder mit der Arbeit beginnen. Die Probleme des letzten Herbstes scheinen verschwunden zu sein, nur um einige Wochen später wieder an die Oberfläche zu kommen. In diesem Stadium überlegen wir, ob der Fünfjährige soweit ist, im Frühling, Ende April oder Anfang Mai in einer Ein-Tages-Prüfung zu starten – das hängt aber von seiner physischen und mentalen Reife ab. Normalerweise fangen wir im Januar wieder mit dem Training an, es ist also genug Zeit, um das Pferd fit zu bekommen, sollten wir uns zu einem Start entschließen.

Ausbildung für die A-Dressur

Wir bemühen uns nun um verbesserte Qualität, mit einem verstärkten Engagement der Hinterhand, einer runden Oberlinie und geschmeidigeren Übergängen. Können wir diese Punkte durch ständige Wiederholung richtigstellen, sparen wir uns später eine Menge Ärger. Obwohl man die Stunden variieren sollte, darf der Ausbilder niemals die grundlegenden Anforderungen aus den Augen verlieren. Für die erste Dressurprüfung auf dem A-Level muß das Pferd keine neuen Bewegungen lernen. Wir können uns deshalb darauf konzentrieren, das Pferd gerade, im Rhythmus und im Gleichgewicht mit dem Reiter zu halten. Beinhaltet die Dressur-Aufgabe Arbeitsgalopp auf einem 20-m-Zirkel, würde ich am Anfang diese Figur im Schritt und Trab reiten. Ist das zufriedenstellend erreicht, gehe ich in den Galopp über.

Ich kann auch Halbe-Zirkel-Figuren in einem langsamen und dann in einem schnelleren Tempo reiten – zusätzlich zu den verschiedenen Figuren, die das vierjährige Pferd im Schritt geübt hat. Ich reite niemals die ganze Aufgabe, die auf dem Turnier verlangt wird. Das Pferd würde es sich schnell merken und die Lektionen vorausnehmen. Stattdessen denke ich mir meine eigenen Aufgaben aus, die in einem kleinen Viereck von 20x40 m, das ist die Größe bei A-Vielseitigkeiten, geübt werden. Obwohl Buchstabenmarkierungen für Ausbildungszwecke unnötig sind, ist es sinnvoll, mit Objekten ähnlicher Größe – wie Verkehrshütchen oder alten Farbentonnen – zu trainieren, so daß sich das Pferd an etwas auf dem Boden neben dem Viereck gewöhnt. Obwohl in der Aufgabe Verstärkungen gefordert sind, verlange ich sie nicht, bevor sich der Rhythmus und die Koordination beim Pferd gefestigt haben. Ich würde die Verstärkungen nicht mißachten, wenn das Pferd ein natürliches Talent dafür zeigt, es aber niemals dazu zwingen. Wenn es nicht natürlich beim Pferd kommt, hat es Schwierigkeiten, ein Gehen auf der Vorhand zu vermeiden, wo wir es auf der Hinterhand haben möchten. Natürlich baue ich immer wieder Schritt-, Trab- und Galoppphasen am langen Zügel ein, die dem Pferd erlauben, seinen Hals nach vorwärts-abwärts zu strecken. In diesem Stadium können wir erkennen, wie gut sich das Pferd selbst ausbalancieren kann.

Übergänge

In diesem Stadium verlange ich nur einfache Übergänge, wie z.B. vom Schritt zum Trab oder vom

Eine schöne Oberlinie im Arbeitsgalopp.

Trab zum Galopp. Vom Schritt zum Galopp (oder umgekehrt) ist natürlich schwieriger, und wir warten damit auch bis später, abhängig von der Auffassungsgabe des Pferdes. Bevor das passiert, muß ich dem Pferd lernen, gerade zu bleiben und dieselbe Oberlinie während der einfachen Übergänge beizubehalten, seien sie aufwärts oder abwärts. Die Übergänge sollen nicht abrupt sein, wir möchten, daß das Pferd fließend, weich und rhythmisch von einer Gangart in die andere wechselt, was wahrscheinlich einige Monate dauern wird. Verlangen Sie schwierigere Übergänge nach unten; bevor die einfachen gefestigt sind, kann das Pferd leicht sein Gleichgewicht verlieren, sich auf das Gebiß lehnen und nach vorne fallen.

GRUNDLAGEN

Das Pferd muß ohne jedes Zögern vorwärts gehen, es muß gehorsam sein, im Gleichgewicht und gerade bleiben. Diese Dinge wirken sich auf alles, was es in Zukunft tun wird, aus. Ist das Pferd in seiner grundlegenden Dressurarbeit nicht gerade – kann es keine korrekten Zirkel und Wendungen –, gibt es wenig Hoffnung, daß es, wenn die Zeit kommt, Schulterherein und Traversalen richtig ausführen kann. Ähnlich behindert ist das Pferd, wenn es zuviel auf der Vorhand geht, ohne seine Hinterhand ausreichend einzusetzen. Sie können den Impuls, der aus der Hinterhand kommt, verstärken, indem Sie Ihr Gewicht etwas nach hinten–unten verlagern, während ihre Hände die Energie, die Ihre Schenkel am Gurt schaffen, kontrollieren. Durch Annehmen und Nachgeben mit einer weichen Hand, zusammen mit dem richtigen Einsatz des Oberkörpers, des Gewichts und des Gleichgewichts, erhalten Sie die Energie und hindert Sie daran, in eine schnelleres Tempo auszuweichen. Die verstärkte Kraft in der Hinterhand des Pferdes, ist es, die das Pferd vorwärts treibt. Manche Pferde haben einen natürlichen Impuls; andere müssen ihn durch Training erwerben. Die Arbeit über Trabstangen ist ebenfalls hilfreich, um die Hinterhand zu aktivieren und die Vorhand leichter zu machen, diesmal ohne jeglichen Reitereinfluß. Arbeit in hügeligem Gelände,

mit der man nach 5 Wochen beginnt, wenn das Pferd fit genug ist, um damit klarzukommen, bringt eine zusätzliche Hilfe, um die Hinterhand weiter unter den Pferdekörper zu bringen. Außerdem entdeckt das Pferd dabei, wie es sich selbst mit dem Reitergewicht ausbalanciert, während es die Hügel rauf und runter geht.

SPRINGEN

Sind die Fünfjährigen einmal fit, springe ich sie einmal in der Woche in der Halle – nicht länger als 20 Minuten und oft kürzer. Pferde, die gut springen, müssen nicht an einem Tag durch eine Reihe und über einen Parcours springen. Sie trainieren eines von beiden für ca. 10 Minuten, und das ist mehr als genug. In diesem Alter kann sich die Muskulatur des Pferdes durch Training voll entwickeln, sie muß aber langsam durch die Springstunden aufgebaut werden. Dann ist das Pferd in der Lage, auch schwierigere Hindernisse anzupacken. Ich verwende weiterhin Reihen – die Steilsprünge, Weitsprünge und In-Outs beinhalten –, um das Pferd athletischer zu machen, reite aber immer noch alle Sprünge aus dem Trab. Die Stunden sind niemals zwei Wochen hintereinander gleich; wie bereits erwähnt, habe ich eine größere Chance, sein Interesse zu erhalten, wenn das Pferd nicht weiß, was als nächstes kommt. Dabei muß ich gut zuhören und das Temperament und die Fähigkeiten des Individuums berücksichtigen. Macht das Pferd einen langen, flachen Sprung, könnte ich mich dafür entscheiden, eine Stunde mit Reihen herumzuspielen. Sie können die meisten Probleme bewältigen, indem Sie innerhalb einer Reihe Sprünge aufbauen. Sind die Distanzen zwischen den Hindernissen korrekt, trifft das Pferd jeden Sprung am richtigen Punkt und gewinnt damit enormes Vertrauen. Die jeweiligen Distanzen sind von der Höhe der Sprünge, dem Körperbau, dem Alter, der Erfahrung und der Schrittlänge des Pferdes abhängig. Sie sollten sich deshalb nicht allzusehr auf Ihr Maßband verlassen. Bei Hindernissen, die nicht höher als 1 Meter sind, rechnet man die durchschnittlichen Distanzen für einen Galoppsprung folgendermaßen:

Zwischen Kreuzen (oder vom Kreuz zum ersten Sprung): 5,50 m. Nach dem ersten Sprung: 6,40 m. Nach dem zweiten und den folgenden Sprüngen: 7 m. Bei einem In-Out (im Unterschied zu einem Galoppsprung): 3,50 bis 3,10 m. Diese Maße können, abhängig vom Pferd, um 30 cm verlängert werden, selten aber werden sie verkürzt. Je kürzer die Distanz, um so mehr Anstrengung kostet es das Pferd, sich rechtzeitig vor dem nächsten Hindernis zu versammeln. Das Diagramm zeigt eine Auswahl von Reihen verschiedener Schwierigkeitsgrade, die man für junge Pferde verwenden kann. In der Woche, nachdem wir uns auf die Reihenarbeit konzentriert haben, würde ich einmal durch eine Reihe springen und dann zu einem Parcours übergehen. Sie benötigen nicht mehr als vier Hindernisse – einen Oxer, einen Steilsprung und zwei Sprünge, die eine einfache Kombination bilden –, um einen kleinen Parcours zu haben. Die zwei Einzelsprünge kann man von beiden Richtungen springen, die Zweifache vielleicht auch, das hängt vom Aufbau ab. Kleine Springturniere in der Halle können als Teil der Ausbildung besucht werden. Bevor man das plant, muß ich zuerst einige Arbeit zu Hause verrichten, bei der ich dem Pferd die einzelnen Hindernistypen zeige, die ihm bei einem Hallenturnier begegnen können. Sie müssen Ihre ganze Genialität einsetzen, um mit dem vorhandenen Material etwas zu bauen, das einer Mauer ähnelt. Bunt gestrichene Planken und Stangen bereiten das Pferd auf die leuchtenden Farben vor, die man oft bei Hallenturnieren sehen kann. Zweifache und andere Kombinationen, die junge Pferde besonders gespenstisch finden, bauen wir ebenfalls in die Hindernisse, die wir zu Hause beim Üben springen, mit ein.

Es ist beinahe überflüssig zu erwähnen, daß ich kleine Turniere für die Einführung des Pferdes in

Reihen, die für junge Pferde geeignet sind. Alle Distanzen können, abhängig vom Pferd und von der Höhe des Sprunges, um 30 cm verlängert oder verkürzt werden. Für »grüne« Pferde müssen die Sprünge niedriger sein.

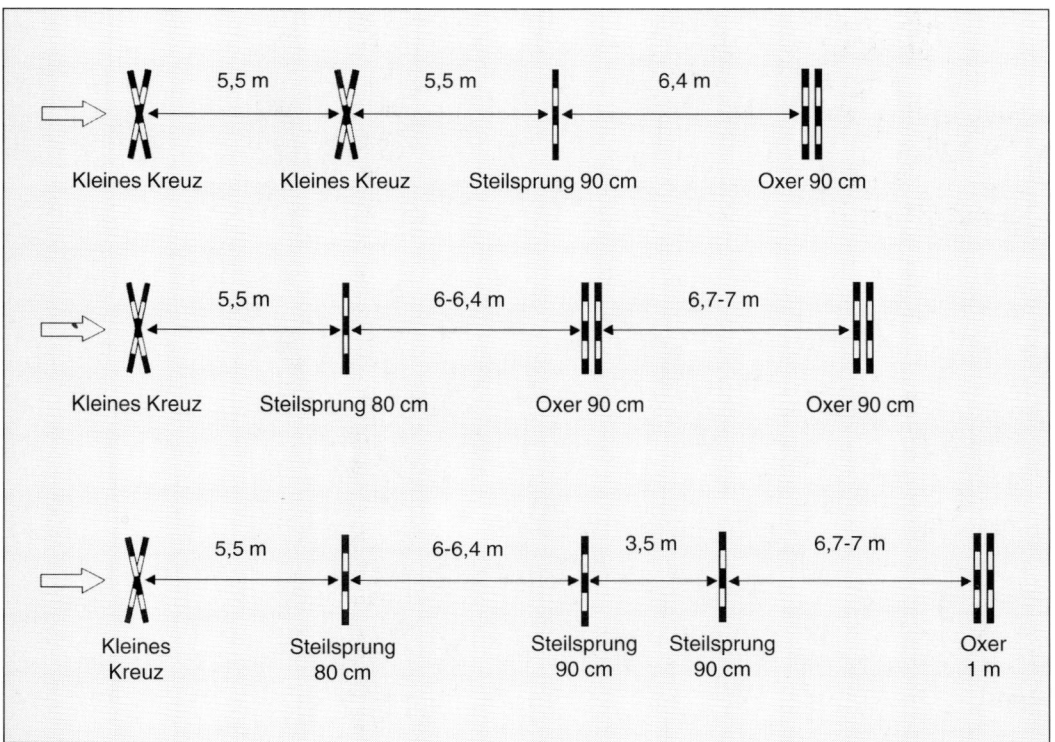

Das Pferd startet in seinem ersten kleinen Springderby, das Parcours- und Geländesprünge kombiniert. Solche Wettbewerbe sind eine hervorragende Möglichkeit, um Vertrauen aufzubauen.

die überraschende neue Welt eines Turnierbesuchs auswähle. Die Reise in einem Transporter kann bereits die Augen öffnen. Wenn das Pferd dort ankommt, drehen vielleicht schon hundert Pferde ihre Runden, das findet das junge Pferd genauso unglaublich. Ich bin sicher, daß die »Babys« total erschöpft von einem dieser Ausflüge nach Hause kommen. Mein Ziel ist es, langsam bis zu dem Punkt aufzubauen, an dem das Pferd sicher einen A-Parcours mit Hindernissen bis 1,10 m springen kann. Ich nahm an diesen Wettbewerben mit dem Ziel teil, eine Nullfehler-Runde zu reiten, ohne mich allzusehr zu vergessen, wenn es um die Zeit geht. Durch die dressurmäßige Arbeit soll das Pferd gelernt haben, auf einer geraden Linie zu bleiben, wann immer es sich vorwärts bewegt. Das wird ihm im Schritt, Trab und Galopp und erneut beim Springtraining beigebracht. Galoppiert das Pferd durch eine Ecke auf einen Sprung zu, muß es aus der Ecke kommen, gerade bleiben und vorwärts gehen. Es darf keinen Platz bekommen, um vor dem Hindernis nach einer Seite auszuscheren, denn das kann schnell zu einer Angewohnheit werden. Das Pferd muß lernen, bei Bedarf zu verlängern oder zu verkür-

zen, so daß es auf der selben Linie bleiben kann, um das Hindernis zu springen. Man sollte dem Pferd keinen Verweis erteilen, wenn es eine Stange herunterwirft. Sie müssen einfach einmal versuchen, eine Stange mit Ihren eigenen Beinen herunterzutreten, um zu merken, wie weh es tut. Das Pferd empfindet dies ebenfalls als schmerzhaft – also hat es sich damit schon selbst bestraft. Es wird darauf bedacht sein, denselben Fehler nicht noch einmal zu machen; wiederholt es den Fehler ist wahrscheinlich Ihre Ausbildung verkehrt. Ich fange nicht mit Winkeln an, bevor ich nicht mit dem Galopp glücklich bin und völliges Vertrauen habe, daß das Pferd auf einer geraden Linie bleibt. Wie auf dem Diagramm gezeigt, baue ich für diese Übung zwei kleine Hindernisse auf. Bei seinen ersten beiden Versuchen springt das Pferd nur über ein Hindernis aus einem Winkel. In diesem Stadium sollten Sie darauf achten, nicht zu nah an das Hindernis zu kommen, das nicht gesprungen wird, Sie müssen sonst das Pferd wieder abwenden. Das könnte dazu führen, daß das Pferd bei einem Hindernis ausweicht, wo es eigentlich springen sollte. Bleibt das Pferd beide Male gerade, springen Sie beide Hindernisse aus einem

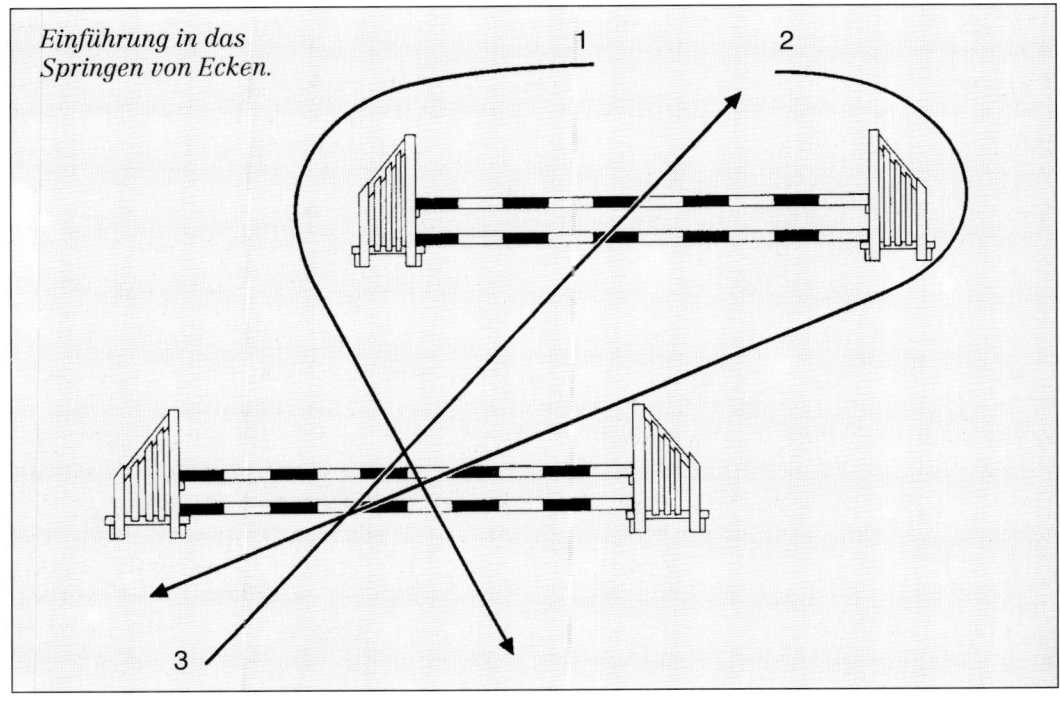

Einführung in das Springen von Ecken.

Winkel, dabei bleiben Sie vom Anreiten des Hindernisses bis zur Landung nach dem zweiten Hindernis auf einer geraden Linie. Diese Übung bereitet das Pferd auf seine erste Ecke vor, die ich aber nur versuchen würde, wenn ich damit zufrieden bin, wie es Winkel springt. Ich müßte vor meinem ersten Versuch mit einer Ecke mindestens ein halbes Dutzend Winkel springen. Das geschieht zunächst immer in der Halle, weil wir lieber bunte Stangen als feste Geländesprünge verwenden. In diesem Stadium möchte ich auch, daß das Pferd fliegende Wechsel lernt, damit es sich selbst ohne jegliche Schwierigkeit organisieren kann, wenn es z.B. auf der linken Hand nach einem Hindernis landet und beinahe augenblicklich rechts abwenden muß – oder umgekehrt. In den USA wird diese Lektion schon den jungen Pferden gelernt, was ich für eine gute Idee halte. Wir in England glauben, daß wir das Pferd in Schwierigkeiten bringen, wenn es in der FEI-Aufgabe Außengalopp gehen muß, aber die Tatsache, daß das Pferd schon in jungen Jahren fliegende Wechsel gelernt hat, sollte keine Ausrede sein; es muß so ausgebildet sein, daß es auf dem äußeren Bein bleibt, wenn es der Reiter will. Deshalb ermuntere ich das Pferd zu fliegenden Wechseln, wenn es merkt, daß es auf der falschen Hand für eine Wendung nach einem Hindernis ist. Das Pferd macht normalerweise dann den Wechsel, wenn ich ihm die Hilfe gebe; wechselt es nicht, ist es auch kein Drama. Es lernt diese Bewegung im Laufe der Zeit und es fällt ihm deshalb leicht, so daß es den fliegenden Wechsel automatisch macht, um abwenden zu können.

AUSBILDUNG IM GELÄNDE

Ich würde das Pferd wahrscheinlich am Anfang seines fünften Lebensjahres mit zu seiner ersten richtigen Geländestunde nehmen, es muß aber vorher vertrauensvoll über bunte Sprünge galoppieren und über kleine Natursprünge hopsen. Außerdem möchte ich einigermaßen sicher sein, daß das Pferd auf mich hört und gerade bleibt. Bei diesen Gelegenheiten benütze ich nur sehr selten die Gerte. Es ist viel besser, das junge Pferd mit den Schenkeln und mit der Stimme zu ermuntern, damit es sein Selbstvertrauen aufbauen kann. Es ist wahrscheinlich bei seiner ersten Geländestunde in nervöser Anspannung und der Einsatz der Gerte würde nur dazu führen, daß es sich noch mehr verspannt. Anders als der Reiter hat das Pferd noch nicht alles vorher gesehen; diese eigenartigen neuen Hindernisse können deshalb einen allzu verständlichen Alarm auslösen. Diese Tatsache muß natürlich bei der Auswahl der Hindernisse berücksichtigt werden. Sie können nicht erwarten, daß das Pferd dieselbe Leistung bringt wie in der vertrauten Umgebung seiner Halle; Sie müssen deshalb wahrscheinlich mit Hindernissen beginnen, die Sie aus dem Stand springen können. Ich erinnere mich daran, wie ich einmal einen Fünfjährigen mit nach Wokingham nahm, um eine steile Treppe herunterzureiten. Das Pferd hielt auf der ersten Stufe an und blickte voller Schrecken hinunter. Es hatte keine Vorstellung, wie es mit dieser Situation umgehen sollte und brachte sich selbst in einen Zustand der Aufregung, weil es nicht wußte, was es tun sollte. Ich klopfte einfach den Hals des Pferdes und unterhielt mich mit ihm. Schließlich konnte ich beinahe spüren, wie sich die Spannung entlud, als das Pferd erkannte, daß der Weg vor ihm nicht unmöglich war; dann sprang er die Stufen hinunter. Hätte ich die Gerte benutzt, hätte es angefangen darüber nachzudenken, was ich tat. Indem ich einfach nur ruhig sitzenblieb, gab ich dem Pferd die Chance, sich auf die Stufen zu konzentrieren und sich seinen eigenen Weg nach unten zu suchen. Als es zum zweiten Mal mit demselben Hindernis konfrontiert wurde, war das Pferd weit weniger angespannt. Ich würde einem Pferd niemals ein Hindernis zeigen, wenn ich nicht glauben würde, daß wir es zu 99 Prozent überwinden können. Das ist im Kindergarten kein sehr großes Problem, wo wir von dem jungen Pferd nur verlangen, solche Hindernisse zu überwinden, die es aus dem Stillstand springen kann. Es wird weitaus schwieriger, wenn wir im nächsten Stadium größere Sprünge anreiten, die man nicht springen kann ohne umzudrehen, wenn das Pferd beim ersten Mal verweigert. »Im Zweifel lieber nicht« ist eines unserer Mottos in Ivyleaze. Das gilt für alles, was wir mit den Pferden machen und ist speziell zutreffend für die Ausbildung über Geländesprünge. Mache ich mir Sorgen darüber, daß das Pferd an einem bestimmten Sprung stehenbleiben könnte, reite ich diesen erst gar nicht an. Es ist viel besser, mehr Zeit damit zu verbringen, über kleinere Hindernisse zu reiten, als einen Rückschritt zu riskieren, weil das Pferd verweigert. Das soll nicht heißen, daß wir die Pferde in Watte packen. Es muß eine Art Gleichgewicht geben, indem das Pferd Fortschritte macht, obgleich vorsichtig. Das erfordert von Seiten des Reiters ein gutes Einschätzungsvermögen. Außerdem müssen Sie die Erfahrung des Pferdes mit den einzelnen Hindernistypen berücksichtigen, damit Sie den richtigen Zeitpunkt, um das Pferd mit einer neuen Herausforderung zu konfrontieren, abschätzen können. Ich versuche immer, das Pferd mit jeweils einer neuen Erfahrung vertraut zu machen. Deshalb würde ich sichergehen wollen, daß das Pferd zufrieden über einen Graben springt, bevor ich einen Graben mit Stangen darüber anreiten würde. Die Bestandteile anderer Geländesprünge können genauso zerlegt werden. Bevor ich von einem Wall ins Wasser springe, möchte ich, daß das Pferd von einer normalen Treppe herunterspringt und durch das Wasser planscht. Wahrscheinlich würde ich in der Mitte des Walls durch das Wasser reiten, bevor ich hineinspringen würde. Geht alles gut, springe ich vielleicht bei der nächsten Geländestunde über einen kleinen Baumstamm in das Wasser. Das Pferd wäre so mit jedem der drei Bestandteile einzeln vertraut zu machen – mit dem Baumstamm, dem Tiefsprung und dem Wasser – und ist bereits von einem Wall in das Wasser gesprungen. Vorausgesetzt, es ist noch voller Vertrauen, erwarte ich, daß das Pferd, ohne das geringste Zögern, über den Stamm in das Wasser springt. Die gleiche Methode verwende ich bei allen Arten von Geländesprüngen, ich nehme zuerst die Einzelteile in Angriff und füge dann alles zusammen. Das soll nicht bedeuten, daß unsere Pferde niemals auf Probleme stoßen, es hilft uns aber diese zu vermeiden. Vor der Nennung für eine A-Vielseitigkeit müßte ich sicher sein, daß das Pferd alle Hindernistypen, die ihm wahrscheinlich in der Geländestrecke begegnen werden, in Angriff genommen hat. Dabei würde ich aber nicht versuchen, das Pferd durch diese Ausbildung zu hetzen. Bereitet die vorsichtige Methode, Schritt für Schritt voranzugehen, das Pferd nicht schnell genug auf ein Turnier im Frühjahr vor, können wir bis später im Jahr warten, oder vielleicht bis zum nächsten Frühjahr. Der Reiter sollte sich ebenfalls die Eigenschaft angeeignet haben, eine Distanz zu erkennen, um dem Pferd helfen zu können. Obwohl es immer wieder Momente gibt, in denen es besser ist, still sitzen zu bleiben und das Pferd sich selbst helfen zu lassen. Als ich einmal vor vielen Jahren beim Trainieren von Geländesprüngen in Wyle war, faßte ich mir ein Herz und fragte den zweifachen Weltmeister Bruce Davidson, wie er es schaffte, von so weiter Entfernung eine Distanz zu erkennen. Er erzählte mir, daß er immer auf das obere Teil des Hindernisses schaue und sein Auge nicht wegnähme. Ich folgte seinem Beispiel und entdeckte, daß es funktionierte. Seit damals weiß ich, daß meine Augen für einen Bruchteil einer Sekunde weggewandert sind, wenn ich eine Distanz nicht richtig gesehen habe. Egal, ob beim Parcoursspringen oder im Gelände, schlage ich vor, mindestens sechs Galoppsprünge vorher die Augen auf dem Hindernis zu haben – und dort zu lassen. Nur in den seltensten Fällen kam ich nach einer langen Galoppstrecke auf ein Hindernis zu und konnte den Absprung vierzehn Galoppsprünge vorher sehen; weil meine Augen schon auf das Hindernis gerichtet waren, wußte ich, daß ich passend an den Sprung kommen würde, solange ich auf den Punkt sah, an dem ich abspringen wollte. Sie sollten nicht nach unten sehen müssen, um die Zügellänge zu überprüfen oder um zu sehen, auf welcher Hand das Pferd galoppiert; diese Dinge sollten Sie im Gefühl haben. Es sollte auch nicht nötig sein, nach unten zu sehen, um die Gerte zu wechseln oder die Zügel zu verkürzen. Ihre Augen müssen sich ausschließlich auf das Hindernis konzentrieren, besonders wenn Sie einen Winkel oder eine Ecke anreiten, andernfalls gehen Sie auf eine Katastrophe zu. Haben Sie die Distanz gesehen, machen Sie alle erforderlichen Anpassungen im Rhythmus der Pferdebewegung. Dieses Verkürzen oder Verlängern muß so weich und fein sein, daß es praktisch unsichtbar ist; Sie dürfen nicht nach oben sehen und das Pferd einfach weiter kicken!

FITNEß-ARBEIT

Ein Pferd kann nur durch regelmäßige Arbeit fit werden; es muß zwei oder drei Monate lang sechs Tage in der Woche geritten werden, um für eine Ein-Tages-Prüfung bereit zu sein. Das mag nach einer langen Plackerei klingen, aber ich kenne keine andere Möglichkeit, um ein Pferd hervorzubringen, das in der Lage ist, lang zu galoppieren. Der langsame Aufbau reduziert außerdem das Risiko der Zerrungen, die weitaus mehr bei Pferden vorkommen, die nur sprunghaft arbeiten. Finden Sie nicht die Zeit, sechs Tage in der Woche zu reiten, müssen Sie die Hilfe von irgend jemand gewinnen, der Ihnen vielleicht nicht bei der Ausbildung hilft, aber wenigstens an den Tagen, an denen Sie keine Zeit haben, Schritt reitet. Man kann leicht von einem Pferd getäuscht werden, das offensichtlich frisch und voller Energie ist. Das bedeutet aber nicht, daß das Pferd auch fit ist; es bedeutet normalerweise genau das Gegenteil. Es brennt vielleicht darauf, über die Felder davonzurennen, ist aber wahrscheinlich 10 Minuten später auf den Knien. Außer es bekommt zuviel Kraftfutter, fängt das trainierte Pferd ruhiger an und verpufft nicht seine Energie in einem kurzen Ausbruch. Alle unsere Pferde gehen drei Wochen Schritt, wenn sie nach einem Urlaub wieder mit der Arbeit beginnen, das bedeutet aber nicht, daß man auf den Wegen entlangschlendert. Der Prozeß des Lernens, vorwärts zu gehen, gerade und im Rhythmus zu bleiben, hält an, während die weichen Muskeln hart werden. Die täglichen Stunden steigern sich von 45 Minuten bis zu einer und eineinhalb Stunden. Um sich auf der Koppel zu entspannen, hat das Pferd einen Tag in der Woche frei. Haben Sie keine Koppel, muß das Pferd stattdessen an der Hand geführt werden, vorzugsweise dort, wo es ein wenig grasen kann. In der vierten Woche würde ich wahrscheinlich mit drei Stunden dressurmäßiger Arbeit in der Halle anfangen – vor allem im Schritt und im Trab, mit ganz wenig Galopparbeit. Diese Stunden sollten nicht

länger als 20 Minuten dauern, andernfalls bekommt das Pferd Muskelkater. Benimmt sich das Pferd schlecht, wird es trotzdem nach 20 Minuten weggestellt und später noch einmal herausgeholt. Das Pferd wird aber weiterhin jeden Tag ausgeritten. Für die Ivyleaze-Pferde bedeutet das, nach wie vor auf den Straßen zu gehen, denn am Anfang des Jahres müssen wir Badminton Park meiden, weil die Vorbereitungen für das Turnier dort bereits voll angelaufen sind. Außer im Park haben wir keine Wege, wo alle Pferde später im Jahr traben und galoppieren können. Wir traben nur bergauf. In der idealen Welt würden wir auf den Wegen und Wiesen reiten, nachdem drei Wochen Schrittreiten auf der Straße die Pferdebeine gehärtet haben. In der fünften Woche bekommt das Pferd eine Trainingseinheit Klettern. Seine anderen täglichen Stunden schließen Ausreiten und zusätzliches Springen einer Reihe in der Halle oder dressurmäßige Arbeit mit ein. Die Galopparbeit beginnt in der sechsten Woche, zu dieser Zeit sollte das Pferd bereits einigermaßen fit sein. Die letzten 5 bis 6 Wochen des Ausbildungs- und Fitneßprogramms sind eine Mischung aus Ausreiten, Galopparbeit, Kletterarbeit, Springen in der Halle und draußen, kleinen Turnieren und Ausbildung im Gelände. Das Pferd hat immer noch einen Ruhetag in der Woche, an dem das Kraftfutter weggelassen wird. Ein typisches Programm finden Sie am Ende dieses Kapitels, es sollte aber lediglich als grobe Richtschnur dienen. Die tatsächliche Arbeitsmenge und die Art und Weise, in der das Programm entwickelt wird, sind von jedem einzelnen Pferd abhängig. Wir haben auch schon Galopptraining bei einem Pferd, das von Haus aus sehr fit und überaktiv war, weggelassen. Dieses Pferd ist dafür geklettert. Das hilft, die Lunge zu erweitern und den Puls zu verbessern, genauso wie Muskeln aufzubauen. Es wurde dressurmäßig geritten und ausgeritten, wobei etwas Galopp dabei war – es war aber kein Bedarf an anstrengender Galopparbeit, wie sie die meisten Ivyleaze-Pferde vor einer Ein-Tages-Prüfung machen. Als Grundregel verlangen wir von unseren Fünfjährigen mehr Galopparbeit als von einem ausgewachsenen Neunjährigen, der immer nur auf Sparflamme gehalten werden muß. Unsere Fünfjährigen machen kurze Sprints bergauf, galoppieren aber niemals tausend Meter. Sie galoppieren auf Turnieren niemals auf Hochtouren, und deshalb würde sie das Galoppieren zu fit für ihre Aufgabe machen, und das ist ein Fehler. Es würde die Pferde wahrscheinlich auch völlig verwirren, wenn man all die Arbeit, die die Pferde ruhig und kooperativ machen sollten, zunichte macht.

GALOPPTRAINING

Es ist wesentlich für das Galoppieren, guten Boden zu finden, andernfalls richten Sie mehr Schaden an, als Sie Gutes tun. Harter Boden ist am gefährlichsten, speziell wenn er uneben ist. Egal, ob der Boden glatt oder voller Rillen ist, harter Boden kann Probleme wie einen gezerrten Fesselkopf, einen überdehnten Muskel, kaputte Sehnen oder einen verletzten Huf verursachen. Sehr tiefer Boden kann ebenfalls Zerrungen hervorrufen und bringt das Pferd in die Gefahr einer Muskel- oder Sehnenverletzung. Obwohl wir auf dem Turnier unsere Chancen nutzen müssen, riskiere ich ungern etwas im Training. Ich würde lieber das Galopptraining zweimal in der Woche reduzieren und durch Kletterarbeit ersetzen und nach einem geeigneten Platz suchen, um dort einmal in der Woche zu galoppieren. Das könnte bedeuten, daß man ein Stück mit dem Transporter fahren müßte, wäre aber den zusätzlichen Aufwand wert. Das Pferd muß vor dem Galoppieren gründlich aufgewärmt werden, mindestens 25 Minuten Schritt und 5 bis 10 Minuten Trab. Hinterher muß das Pferd ebenfalls Schritt gehen, bis es sich ganz von der Anstrengung erholt hat. Ich verwende eine vereinfachte Form des Intervall-Trainings für meine Galopparbeit. Das beinhaltet das Training des Pferdes in kurzen Einheiten, kurzer Pause und einem Wiederbeginn, bevor das Herz und die Lunge zu normalem Schlag und normaler Atmung zurückgekehrt sind. Das erweitert die Kapazität des Herzens und der Lunge, ohne die Gliedmaßen übermäßig zu strapazieren.

Ist die Sauerstoffversorgung nicht ausreichend, werden die Muskeln müde und schmerzen. Indem man dem Pferd eine kurze Erholungsphase zwischen den Galoppeinheiten gibt, kann die verbrauchte Energie wieder vom Herzen und von der Lunge in die Muskeln zurückgebracht werden, die immer noch Überstunden machen, auch wenn das Pferd ruhig Schritt geht. Das Intervall-Training wird schon seit vielen Jahren im Leistungssport angewendet und ist jetzt auch eine anerkannte Methode, um Vielseitigkeitspferde zu trainieren. Durch den Aufbau des Leistungsvermögens von Herz und Lunge mit dieser Methode erreicht das Pferd einen Grad an Fitneß, der es ihm ermöglicht, die bei Turnieren erforderliche Ausdauerleistung zu erbringen. Ich verspreche, daß es weniger kompliziert ist als es klingt. Normalerweise fangen wir bei unseren jungen Pferden mit drei Minuten Galopp an, gefolgt von einer zweiminütigen Pause und weiteren drei Minuten Galopp. Das wird innerhalb von 5 bis 6 Wochen zu drei 5-Minuten-Galopps aufgebaut, mit einer Pause von jeweils zwei Minuten dazwischen – oder einer Pause von drei Minuten, wenn das Pferd bei heißem Wetter noch sehr schnauft. Das sollte für eine A-Vielseitigkeit ausreichend sein, es sei denn, Ihr Boden ist sehr flach; in diesem Fall müssen Sie die Arbeit auf dreimal sechs Minuten steigern. Erscheint uns das Pferd zu fit, ersetzen wir eine Galopparbeit durch Kletterarbeit, dabei traben wir sanfte Steigungen hinauf und reiten steilere Hänge im Schritt. Die ersten beiden Galoppeinheiten bei einem jungen Pferd sind immer in einem 400-m-Tempo, die darauffolgenden im 500-m-Tempo zu reiten. Heutzutage kann ich normalerweise gut schätzen, welches Tempo ich reite, ich täusche mich aber immer noch manchmal. Als ich *Murphy Himself* ritt, der einen gewaltigen Galoppsprung hat, bemerkte ich, daß ich tatsächlich viel schneller galoppierte, als mir bewußt war. Das Tempo ist leicht zu überprüfen, wenn man einen Grasstreifen findet, auf dem man Galoppieren kann, während jemand anders in der erforderlichen Geschwindigkeit im Auto nebenherfährt.

EINSCHÄTZEN DER FITNEß

Ich messe immer die Erholungszeit des Pferdes nach dem Galoppieren, um zu wissen, wie fit das Pferd ist. Der einfachste Weg, um dies zu tun, ist es, den Brustkorb zu beobachten, um die Atmung zu überprüfen. Das bedeutet einfach, daß man mit einer Stoppuhr die Anzahl der Atemstöße in der Minute zählt. Sie müssen aber vor dem Galoppieren seine normale Atemfrequenz wissen. Das Pferd atmet zwischen 10 und 15 Mal in der Minute ein und aus, bei jungen Pferden kann es auch öfter sein. Die Atemfrequenz muß nach dem Galoppieren gezählt werden, wenn das Pferd natürlich schneller als sonst atmet. Weil wir nicht wollen, daß das Pferd nach dem Galoppieren zu lange steht, zähle ich, wie oft es in 15 oder 30 Sekunden einatmet und multipliziere es mit zwei oder vier. Die Erholungszeit ist die Zeit, die das Pferd benötigt, um zu seiner normalen Atmung zurückzukehren. In dieser Erholungszeit geht das Pferd ruhig im Schritt nach Hause. Ich merke mir den Zeitpunkt, an dem ich aufgehört habe zu galoppieren, halte fünf Minuten später noch einmal an und zähle noch einmal 15 bis 30 Sekunden die Atmung. Das zweite Zählen sagt mir, wann ich aufhören muß.

FITNEß DES REITERS

Obwohl das Pferd bei einer Vielseitigkeit anscheinend die meiste Arbeit leistet, muß der Reiter fit sein, um klare Anweisungen und eine gewisse Unterstützung vom Sattel aus geben zu können. Haben Sie nur ein Pferd zu reiten, müssen Sie dies durch andere Aktivitäten unterstützen. Das könnte darin bestehen, zweimal in der Woche zu laufen, oder Sie können sich dafür entscheiden, durch andere Dinge fit zu werden, wie z.B. durch Squash, Aerobic, Schwimmen, Radfahren oder Seilspringen. Reiten Sie mehr als zwei Pferde pro Tag, sollten Sie trainiert genug sein, um in einer Ein-Tages-Prüfung ohne zusätzliche Übungen teilzunehmen. Eine weitere nützliche Vorbereitung, um z. B. das Fallen zu lernen, ist es, Judo-Stunden zu nehmen. Sie werden weitaus weniger leicht bei einem Sturz verletzt, wenn Sie gelernt haben, aus dem Gefahrenbereich wegzurollen ohne sich dabei allzusehr zu verspannen.

ENTSCHEIDUNG ÜBER DIE ERSTE VIELSEITIGKEIT

Es liegt am Pferd, Ihnen zu zeigen, ob es bereit ist, in seiner ersten Vielseitigkeit zu starten. Ich möchte, daß das Pferd vertrauensvoll über eine Vielzahl von Geländehindernissen springt, andernfalls muß ich ihm noch mehr Zeit lassen. Es ist unsinnig, einen Sturz oder eine Verweigerung im Gelände zu riskieren, weil man startet, bevor das Pferd für diese Herausforderung bereit ist. In diese Vorbereitungszeit baue ich gerne andere Turniere zusätzlich zu den Hallenspringen mit ein. Mit Sicherheit war ich mit meinen jungen Pferden drei- bis viermal beim Trainieren von Geländesprüngen und würde jedem unerfahrenen Reiter empfehlen, mindestens zweimal vorher über Geländesprünge zu trainieren. Weil ich es nicht für richtig halte, ein Turnier als Training zu benützen, muß das junge Pferd ausreichend vorbereitet sein, bevor es an den Start geht. Ich erwarte nicht, daß es bei seiner ersten Prüfung einen Preis gewinnt, weil ich wahrscheinlich relativ langsam reiten werde, ich erwarte aber, daß es eine vernünftige Dressur geht und ohne Fehler im Gelände und Parcours bleibt. Bei den ersten drei Vielseitigkeiten des jungen Pferdes möchte ich gern über Geländestrecken reiten, die sein Vertrauen aufbauen, ohne zu viele schwierige Aufgaben zu stellen. Sie können ja die am besten für junge Pferde geeigneten Kurse herausfinden, indem Sie beim Veranstalter oder bei anderen Reitern anrufen. Ich würde einen Fünfjährigen nicht öfter als viermal im Frühjahr starten, vorausgesetzt er war überhaupt schon reif genug. Er wächst in diesem Alter immer noch und außerdem ist es anstrengend genug, alles im Kopf zu verarbeiten. Wenn der Boden gut ist, lasse ich das Pferd sechsmal im Herbst starten.

ZUSAMMENFASSUNG

Dressurmäßige Arbeit

Arbeiten Sie weiter an den grundsätzlichen Anforderungen: Vorwärtsbewegung, Rhythmus, Gleichgewicht, Verbindung, Geradegerichtetsein. Achten Sie nun auf eine vermehrte Hankenbiegung, eine rundere Oberlinie und weichere Übergänge.

Üben Sie Lektionen der Aufgabe in einer langsamen Gangart (z.B. den erforderlichen 20 m-Zirkel im Schritt und Trab, statt im Galopp.) Denken Sie sich Übungsaufgaben für das 20x40-m-Viereck aus. Wenn Sie soweit sind, fangen Sie mit dem Verlängern und Verkürzen der Gangarten an. Arbeiten Sie an den einfachen Übergängen, um sie flüssiger und rhythmischer zu machen. Verbessern Sie den Impuls und machen Sie die Vorhand leichter.

Springen

Arbeiten Sie mit Reihen (die Steilsprünge, Weitsprünge und In-Outs beinhalten), um das Pferd athletischer zu machen. Gestalten Sie die Stunden abwechslungsreich.

Starten Sie in kleinen Hallenspringprüfungen. Wenn das Pferd gerade bleibt, wird mit Winkeln begonnen. Hat das Pferd mindestens sechs Winkel zufriedenstellend gesprungen, fangen Sie mit den Ecken an. Das Pferd erhält seine erste Geländestunde, wenn es vertrauensvoll über Parcourshindernisse und kleine natürliche Hindernisse springt. Vor der ersten Vielseitigkeit sollte das Pferd zwischen vier und acht Stunden über Geländesprünge trainiert haben (abhängig von der Erfahrung des Reiters).

Andere Aspekte

Der Reiter muß fit sein. Die ersten Vielseitigkeitsprüfungen sollten Geländestrecken haben, die für die Newcomer-Pferde geeignet sind, oder viele Alternativen enthalten.

Beispiel eines Fitneßprogramms

1.-3. Woche: Schrittreiten auf der Straße (von 45 Minuten wird bis auf 1,5 Stunden gesteigert).

4. Woche: Ausreiten – zusätzlich 20 Minuten dressurmäßige Arbeit in der Halle, hauptsächlich im Schritt und Trab.

5. Woche: Ein Tag mit Kletterarbeit wird eingeführt und das Springen einer kleinen Reihe während der Stunden in der Halle.

6.-10. Woche: Sie fangen mit der Galopparbeit zweimal in der Woche an.

Machen Sie ein abwechslungsreiches Programm, einschließlich Ausreiten, Dressurarbeit, Longieren, Springen in der Halle, Springen im Gelände, Kletterarbeit und Turnieren (wie z.B. Hallenspringen).

Typisches Programm für die letzten fünf Wochen

Montag: Ruhetag.

Dienstag: Kleiner Ausritt u. dressurmäßige Arbeit.

Mittwoch: Galopparbeit.

Donnerstag: Langer Ausritt, vielleicht kurze Ausbildungseinheit.

Freitag: Ausritt und Springen, andernfalls gelegentlich Ausbildung über Geländesprünge oder Parcoursspringen.

Samstag: Dressurmäßige Arbeit.

Sonntag: Galopparbeit oder Turnier.

10

COUNTDOWN

Da das Turnier näher kommt, wären Sie gut beraten, wenn Sie anhand einer Checkliste überprüfen, ob das Pferd vollständig vorbereitet ist. Hier sind einige der Fragen, die Sie sich stellen könnten.

Hat das Pferd das richtige Gewicht – weder zu dünn, noch zu fett? Hat es alle Dinge gelernt? Mit anderen Worten, hat es alle Lektionen der Dressuraufgabe geübt, zu Hause und auf Turnieren Erfahrungen für das Parcoursspringen gesammelt und – das Wichtigste von allem – haben Sie Ihr Bestes getan, um eine möglichst große Auswahl verschiedener Geländehindernisse zu springen?

Haben Sie in einem 20x40-m-Viereck trainiert, denn das ist die Größe bei A-Prüfungen? Sagt Ihnen die Erholungszeit nach dem Galoppieren, daß das Pferd fit genug ist? In welchem Zustand sind die Eisen des Pferdes? Sie sollten weder nagelneu noch abgelaufen sind. Muß eines unserer Pferde neu beschlagen werden, legen wir den Termin immer mindestens eine Woche vor die Prüfung.

Benützen Sie die richtige Zäumung? Es ist unklug, in der Prüfung etwas Neues auszuprobieren, deshalb muß alles im voraus verwendet werden. Neue Gurte, Satteldecken und Gamaschen können scheuern; ein Gebißwechsel in letzter Minute kann das Pferd verwirren und ablenken.

Sitzt der Sattel richtig? Das Aussehen des Pferdes verändert sich, wenn es fitter wird, Sie müssen es deshalb regelmäßig überprüfen. Eine dicke Satteldecke oder ein Pad können die veränderte Kontur des Rückens ausgleichen.

Ist das Pferd einige Male zu Hause eingeflochten worden? Flechten Sie es für das Turnier zum erstenmal ein, können Sie Ihm genauso gut sagen, daß es zu einer Party fährt, Sie können ihm also nicht böse sein, wenn es aufgeregt ist. Können Sie das Regelbuch (LPO) in- und auswendig? Wenn nicht, kann man fürchterlich leicht eliminiert werden. Sie müssen nur mit der Gerte in das Dressurviereck reiten oder das Übungshindernis verkehrt herum springen, um disqualifiziert zu werden. Die Vorschriften können sich ändern – wir müssen deshalb jedes Jahr das Regelbuch aufs neue durchkämmen.

Haben Sie Ihr Fahrzeug überprüft? Abgesehen vom Überprüfen des Ölstandes, des Wassers, des Reifendrucks und des Benzins, müssen Sie sichergehen, daß alles funktioniert. Die Trennwände, Schlösser und Einsteigerampen müssen vielleicht geölt werden, speziell zu Beginn der Saison, denn sonst können Unfälle passieren. Außerdem muß das Fahrzeug nach der Prüfung untersucht werden, so daß vor dem nächsten Turnier genug Zeit für eventuell anfallende Reparaturen ist.

Haben Sie sich mit jemand verabredet, der Ihnen bei dem Turnier hilft? Selbst wenn Sie nur ein Pferd reiten, sollten Sie es niemals allein versuchen. Sie brauchen dafür niemand mit speziellem Pferdewissen; jeder hilfsbereite Helfer, der einigermaßen vernünftig ist, kann Ihnen beim Springen auf viele andere Arten behilflich sein. Diejenigen, die allein auf einem Turnier auftauchen, werden als Alptraum des Turnierveranstalters betrachtet. Wenn Sie Sporen verwenden, sind Sie zu Hause damit geritten? Ist das Pferd nicht an die Sporen gewöhnt, kann es einige unvorhergesehene Buckler und Ausschlager mit in die Aufgabe einbauen. Haben Sie Ihre Dressuraufgabe gelernt? Ich präge mir immer am Tag zuvor die Aufgabe ein und lasse mich von jemandem auf der Fahrt zum Turnier abhören.

CHECKLISTE AUSRÜSTUNG

Bei den vielen Dingen, die man mitnehmen muß, ist es allzu einfach, einen unerläßlichen Ausrüstungsgegenstand zu vergessen – obwohl ich Zweifel habe, daß viele Menschen dasselbe wie meine Mutter tun, die einmal das Pferd vergessen hat! Wären wir nicht gezwungen gewesen, umzudrehen, weil ich meinen Helm vergessen hatte, wären wir wahrscheinlich am Turnierplatz angekommen ohne zu bemerken, daß Sie den Anhänger nicht an unseren uralten Land-Rover angehängt hatte.

Heutzutage transportieren wir die Ausrüstung – und die Pferde – in unserem eleganten Citybank Savings LKW, der mit einer Menge Schränke, für alle Dinge, die wir brauchen, ausgestattet ist. Wie die folgende Liste zeigt, müssen Sie selbst für Ein-Tages-Prüfungen größeres Gepäcke vornehmen. Reserven sind wichtig; andernfalls müssen Sie vielleicht die Prüfung wegen eines gerissenen Riemens beenden.

FÜR DEN REITER
Vorschriftsmäßige Kleidung für alle drei Phasen.
Wasserfeste Kleidung und Schuhe.
Gerte (und Reservegerte).
Stoffhandschuhe, und ein zusätzliches Paar, wenn Sie mehr als ein Pferd reiten.
Nähzeug (falls ein Knopf abreißt).
Ersatzreithosen (falls Sie ein Bad im Wassergraben nehmen).
Kopfnummern.
Sporen.
Ersatznadel für das Plastron, sollten Sie eines tragen.
Frauen brauchen zusätzlich noch ein Haarnetz und eines in Reserve.

FÜR DAS PFERD
Sattel/Sättel – verwenden Sie einen Vielseitigkeitssattel, müssen Sie Ersatzgurte und Ersatzsteigbügelriemen mitnehmen.
Trense(n) – benutzen Sie für alles die gleiche Trense, müssen Sie eine als Ersatz mitnehmen (notfalls geborgt).
Ersatzgebisse.
Satteldecke und Pads.
Vorderzeug.
Übergurt.

Martingal, wenn Sie eines benutzen.
Halfter und Strick.
Kappzaum und Longe.
Longierpeitsche.
Ausbinder.
Nylonhalfter zum Abwaschen des Pferdes.
Decken für alle Wetterbedingungen: Wolldecke, Neuseeland-Decke, Abschwitzdecke.
Deckengurt.
Bandagen.
Vier Gamaschen zum Abreiten vor der Dressur.
Zwei halbe Gamaschen zum Springen.
Zwei Sprungglocken zum Springen und fürs Gelände.
Je zwei Sehnenschoner fürs Gelände für die Vorder- und Hinterbeine.
Stollen und Stollenschlüssel.
Medizinkiste.
Ersatzeisen.
Schwämme.
Schweißmesser.
Handtücher.
Putzzeug mit Hufauskratzer.
Huffett.
Schablone, um Muster auf die Hinterhand zu machen (freiwillig).
Heu und Heunetze.
Vorbereitetes Kraftfutter für die Zwischenmahlzeiten.
Eimer.
Wasser – zum Tränken und Abwaschen.
Fliegenspray, wenn es heiß ist.
Einflechtkiste.
Lochzange.
Glücksbringer/Maskottchen!

ANDERE UNENTBEHRLICHE DINGE
Impfpaß.
Aufgabenheft mit der Dressuraufgabe.
LPO/Regelbuch.
Gas im LKW, wenn er einen Kocher hat.
Es mag so aussehen, als würden Sie einen Extra-Transporter brauchen, um all dies zu verstauen – aber ob Sie es glauben oder nicht, es paßt in eine relativ kleine Kiste.

DAS ABGEHEN DER GELÄNDESTRECKE

Ist die Military in der Nähe, so ist es vernünftig, die Geländestrecke am Tag vorher abzugehen. Sie haben dann mehr Zeit, über Hindernisse nachzudenken, die Sie vielleicht beunruhigen. Die meisten Pferde und Reiter haben ihre »Achillesferse« und Sie werden sich jetzt der eventuellen Schwächen sehr wohl bewußt sein. Vielleicht findet Ihr Pferd Tiefsprünge oder Gräben oder Wasser verdächtig; es kann dazu neigen, mehr auf einem Zügel zu liegen. Sie haben vielleicht einen psychischen Komplex bei einem bestimmten Hindernistyp, der zusammen mit dem empfindlichen Punkt des Pferdes berücksichtigt werden muß. Es wird beinahe mit Sicherheit immer irgendetwas beim Abgehen einer Geländestrecke geben, das Sie auf den ersten Blick beunruhigt. Das Unterbewußtsein alarmiert uns schnell über Probleme bei diesen Gelegenheiten. Gibt es eine langsamere Route als Alternative bei einem Hindernis, das Ihnen den Atem stocken läßt, wären Sie gut beraten, diese zu nehmen – besonders bei Ihrer ersten Vielseitigkeit. Wenn Sie im Hinterkopf haben, daß Vorbeugen besser als Heilen ist, ist es viel klüger, ein Problem zu meiden als eine Verweigerung zu riskieren, die die Ausbildung des Pferdes völlig unterbrechen würde. Gibt es keine Alternative, können Sie das Problem lösen, indem Sie sich vor das Hindernis stellen und positiv und vernünftig darüber nachdenken. Hat Ihr Pferd zum Beispiel die Neigung, auf der linken Seite zu springen, und dieses spezielle Hindernis erscheint aus diesem Grund schwierig, können Sie sich

Wir nähen immer ein Stück Klettverschluß auf die Bandagen über den Sehnenschonern auf den Vorderbeinen und auf den hinteren Gamaschen. Das verhindert ein Herunterrutschen bei Nässe.

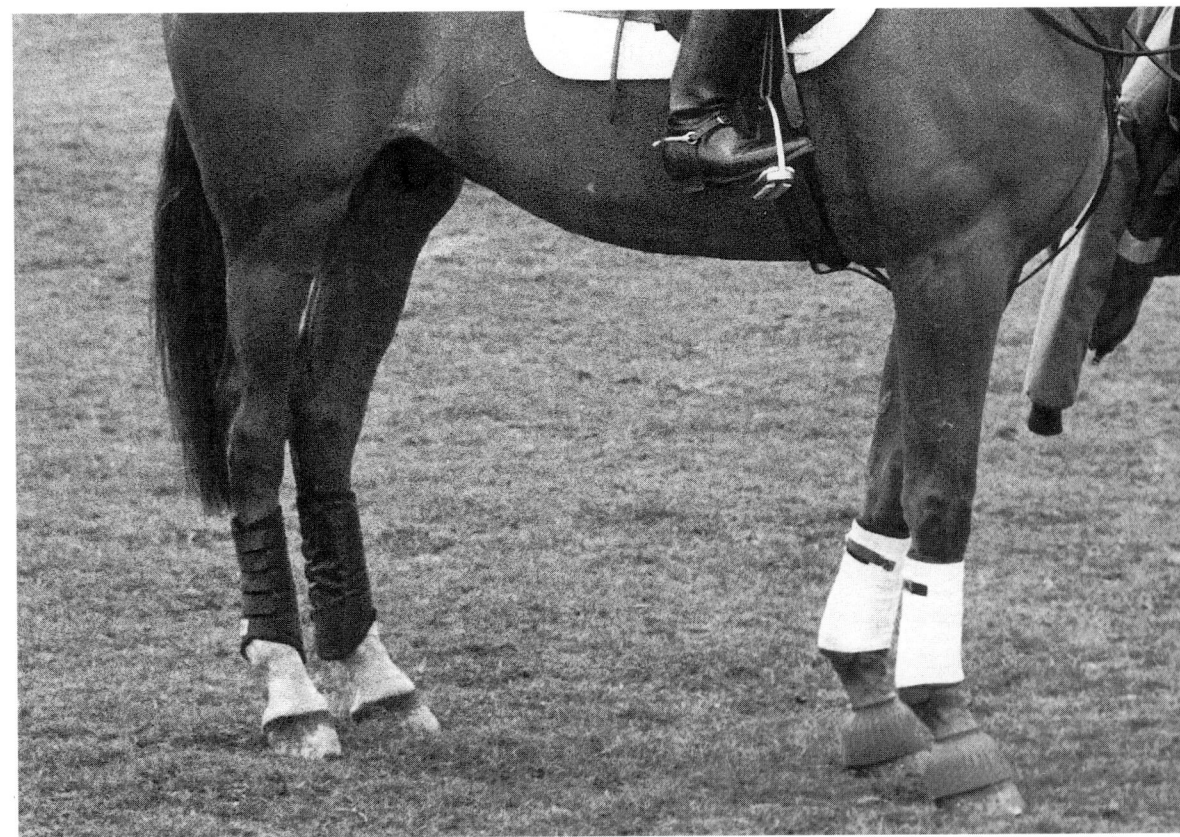

vielleicht dafür entscheiden, nach dem vorhergehenden Hindernis die Gerte in die linke Hand zu nehmen.

Sie sind dann in der Lage, dem Pferd einen Klaps auf die linke Schulter zu geben, falls es ausscheren möchte – oder vielleicht hält es auch die Gerte an der linken Schulter vom Wegdriften ab. Hat das Pferd Angst davor, ins Wasser zu springen, können Sie sich überlegen, ob Sie lieber im Trab hinreiten, damit das Pferd sieht, was vor ihm liegt, bevor Sie Ihre Schenkel stärker einsetzen, um ihm den nötigen Impuls zu geben, den es zum Springen braucht. Allgemein gesagt, je schneller Sie so ein Hindernis anreiten, um so größer ist die Wahrscheinlichkeit, daß das Pferd anhält. Es zieht die Bremse an, weil es das Hindernis ansehen möchte, und sind die Bremsen erst einmal angezogen, wird es außerordentlich schwierig, wieder aufs Gas zu kommen. Vielleicht springt das Pferd nicht gern aus dem Licht in den Schatten. In diesem Fall müssen Sie wieder sichergehen, daß Sie ihm die Chance geben, zu sehen, wo es hingeht; kommen Sie z.B. um eine Kurve, bevor Sie in den Wald reiten, können Sie die Wendung größer reiten, damit das Pferd eine bessere Sicht hat. Finden Sie nicht selbst den besten Weg bei einem bestimmten Hindernis, können Sie immer einen anderen Reiter um Rat fragen. Denjenigen von uns, die seit vielen Jahren bei diesem Sport dabei sind, werden oft solche Fragen gestellt und wir freuen uns, wenn wir die richtige Antwort finden. Sie sollten sich nicht schwach fühlen, wenn Sie ein Geländehindernis im Trab anreiten; erfahrene Reiter machen dies oft mit ihren jungen Pferden. Es kann die beste Methode sein, um einen Wassereinsprung oder Hindernisse wie ein Coffin, Treppen nach unten oder einen Hohlweg anzureiten. Die Grunde für die Wahl des Trabs als Gangart kann man am Besten am Beispiel des Coffins erkären. Bei diesem Hindernistyp geht es ausnahmslos nach dem ersten Element in die Tiefe, gefolgt von einem Graben. Der Tiefsprung und der Graben sind die zwei Bestandteile, die dem Pferd wahrscheinlich Angst machen. Unser Ziel ist es deshalb, so nah wie möglich an das erste Hindernis zu kommen, um dem Pferd die Chance zu geben, zu sehen, wo es hingeht. Das kann man

mit einem jungen Pferd am besten aus dem Trab lösen; es sollte langsam mit Impuls herankommen und dicht am ersten Hindernis abheben, von einem Punkt, wo es darüber sehen kann. Ist es sicher nach dem ersten Hindernis gelandet, müssen Sie das Pferd nur dazu ermuntern, vorwärts über den Graben und das folgende Hindernis zu gehen. Würden Sie im Trab anreiten, könnten Sie vielleicht eine weite Distanz sehen und in Versuchung geraten, auf groß zu reiten. Ist das Pferd mutig, springt es wahrscheinlich dort ab, wo Sie es von ihm verlangen, das heißt, daß es gerade in der Luft ist, wenn es plötzlich die tiefe Landestelle und den Graben sieht. Seine automatische Reaktion ist es, das »Fahrwerk« auszufahren, um sich zu schützen; das bedeutet, daß das Pferd seine Hinterbeine hängen läßt und sich am Hindernis anschlägt. Bei diesem Vorgang verletzt es sich wahrscheinlich und ist beim nächsten Coffin nicht mehr so begeistert. Andererseits könnte das Pferd es nicht für eine besonders gute Idee halten, aus großer Entfernung abzuspringen, dort, wo Sie es vorschlagen. Stattdessen versucht das Pferd noch einen kleinen Galoppsprung hineinzumachen, der es zu dicht vor das erste Hindernis bringt; deshalb verweigert es. Dieselben Prinzipien gelten für jeden anderen Tiefsprung, einschließlich dem Springen ins Wasser. Man neigt zu dem Gefühl, daß, je schneller man reitet und je weiter das Pferd vom Hindernis entfernt abspringt, um so geringer die Wahrscheinlichkeit ist, daß es verweigert. In der Tat ist genau das Gegenteil der Fall. Wenn Sie schnell reiten und einen gewaltigen Sprung über das erste Hindernis verlangen, vergrößern Sie außerdem die Belastung auf den Vorderbeinen bei der Landung. Sollten Sie merken, daß das Pferd an einem bestimmten Hindernis, seiner »Achillesferse«, eine kleine Aufmunterung braucht, müssen Sie darauf achten, die Gerte nicht zu früh einzusetzen. Geben Sie ihm sechs Galoppsprünge vor dem Hindernis einen Klaps, wird es sich fragen, was es falsch gemacht hat und mehr auf Sie reagieren, als auf das Hindernis. Es wird deshalb

Bilder rechts: Es ist wichtig, an verschiedenen Hindernisarten zu üben, bevor Sie Ihre erste Vielseitigkeit in Angriff nehmen.

weit mehr aus der Fassung gebracht, als wenn Sie ihm im letzten Galoppsprung einen Klaps geben, der mit den Vorbereitungen zum Absprung übereinstimmt. Sie müssen sich einen Plan ausdenken, der Ihnen und dem Pferd paßt. Außerdem müssen Sie Ihre eigenen Zweifel hinter sich lassen; man kann vom Pferd kaum verlangen, voller Vertrauen zu springen, wenn die Person oben drauf Schwierigkeiten erwartet. Bleiben Ihre Zweifel bestehen und es ist immer noch ein Hindernis in der Geländestrecke, das Sie mit Vorahnungen erfüllt, müssen Sie das Pferd nicht starten. Es wäre klüger, zurückzuziehen, um mehr Zeit zu haben, diesen Hindernistyp zu üben. Sie können immer die Dressur und das Springen reiten und sich das Gelände für einen anderen Tag und eine andere Vielseitigkeit aufheben. Der Aufbauer sollte freundlich zu den jungen Pferden sein und Distanzen bauen, die sich in Kombinationen gut reiten lassen, es ist aber trotzdem sinnvoll, diese vorher zu überprüfen. Es ist zumindest ein gutes Training für Sie, bevor Sie in die höheren Bereiche kommen, wo die Distanzen entscheidender werden. Der Galoppsprung eines durchschnittlichen Pferdes beträgt etwa 3,50 m. Können Sie einigermaßen genaue Meterschritte machen, sind vier oder fünf Schritte genau so viel wie ein Galoppsprung des Pferdes. Egal, ob ich einen Parcours oder eine Geländestrecke abgehe, lehne ich meinen Rücken an die Landeseite des ersten Hindernisses und mache zwei Schritte bis zu dem Punkt, wo das Pferd wahrscheinlich landen wird – das ist etwa 1,80 m von der Grundlinie des Hindernisses entfernt. Weitere vier Schritte entsprechen einem Galoppsprung; bin ich jetzt noch zwei Schritte vom nächsten Hindernis entfernt, ist es wahrscheinlich eine relativ leichte zweifache Kombination mit einem Galoppsprung dazwischen. Ich muß dann alle anderen Faktoren berücksichtigen, einschließlich der Tatsache, ob mein Pferd einen kürzeren oder längeren Galoppsprung als das durchschnittliche Pferd hat. Die Distanz wird auch vom Hindernistyp, dem Gelände und dem Geläuf beeinflußt. Bei zwei Weitsprüngen ist die korrekte Distanz zwischen den Sprüngen kürzer als bei zwei Steilsprüngen.

Beim Bergabspringen sind die Galoppsprünge des Pferdes länger; bergauf oder im tiefen Boden sind die Galoppsprünge kürzer. Erscheinen alle Hindernisse reitbar, müssen Sie Ihre Geländebegehung damit beenden, die Ziellinie zu gehen, um zu sehen, wo Sie durchparieren können. Sie müssen beachten, wo die anderen Pferde wahrscheinlich unterwegs sind und ziehen vielleicht auch die Umgebung der Transporter in Erwägung, weil Ihr Partner wahrscheinlich gern wieder in seinen Wohnwagen zurückkehrt. Sie riskieren es, Ihr Pferd zu verletzen, wenn Sie zu früh wieder durchparieren; schaffen Sie es nicht, Ihr Pferd innerhalb des vorhandenen Platzes abzubremsen, ist es noch gefährlicher, wie ich selbst leider erfahren mußte. Ich kam einmal in einer A-Vielseitigkeit mit *Beneficial* durch die Ziellinie gedonnert und sah, daß der linke Weg, auf dem ich durchparieren wollte, voller Menschen war – und der Weg auf der rechten Seite war von Fahrzeugen versperrt. Ich war gezwungen, geradeaus weiterzugaloppieren, auf ein Seil zu, das *Ben* erst im letzten Moment sah. Wir fielen auf eine Kiesstraße, wo er sich beide Vorderknie aufschürfte. Meine Mutter rief den Tierarzt, während ich ins Krankenhaus gebracht wurde, wo man eine Haar-Fraktur meines linken Handgelenks feststellte. Wir wußten, daß der Schaden an *Ben* und mir schlimmer hätte sein können, es war aber immer noch ärgerlich, ein mutiges Pferd verletzt zu sehen – vielleicht physisch genauso wie psychisch. Es dauerte lang, bis die Wunden verheilt waren und *Ben*, der damals fünfjährig war, wurde für den Rest des Jahres weggestellt.

ZEITPLAN

Nachdem Sie telephonisch Ihre Startzeit erfragt haben, müssen Sie sich Ihren Zeitplan für den

Bilder rechts:
oben: Trainingsturniere helfen dem Pferd, sich an eine gesellschaftliche Atmosphäre zu gewöhnen.
unten: Das Pferd muß völlig gerade und gehorsam sein, bevor Sie, wie hier gezeigt, eine Ecke anreiten.

Eine typische Reihe bei der Ausbildung eines S-Pferdes: Absprungstange, 2,75 Meter bis zum Kreuz, 5,50 bis 5,80 Meter bis zum Steilsprung, 3,05 bis 3,60 Meter bis zum Oxer.

Ein doppeltes In-Out: Ein Kreuz, 3,05 bis 3,60 Meter bis zum Kreuz, die selbe Distanz bis zum Oxer. Absprungstangen werden verwendet, um das Pferd beim Anreiten gerade zu halten.

Ein gutes Beispiel für starken Trab, der Eindruck wird gemindert, weil der Kopf des Pferdes hinter der Senkrechten ist.

Beispiel einer korrekten Oberlinie.

Halten Sie Verbindung zum Pferdemaul, während Sie die Halsfreiheit ermöglichen.

Das Pferd sollte zwischen Hand und Schenkel im Gleichgewicht gehalten werden.

Viele Stürze entstehen, weil das Pferd auf den Stufen aus dem Wasser stolpert. Es muß durch die Hand und den Schenkel des Reiters unterstützt werden.

*Springen einer Ecke mit Master Craftsman. Diese Ecke war niedrig und sehr breit,
ausgesprochene Genauigkeit und gerades Anreiten war erforderlich.*

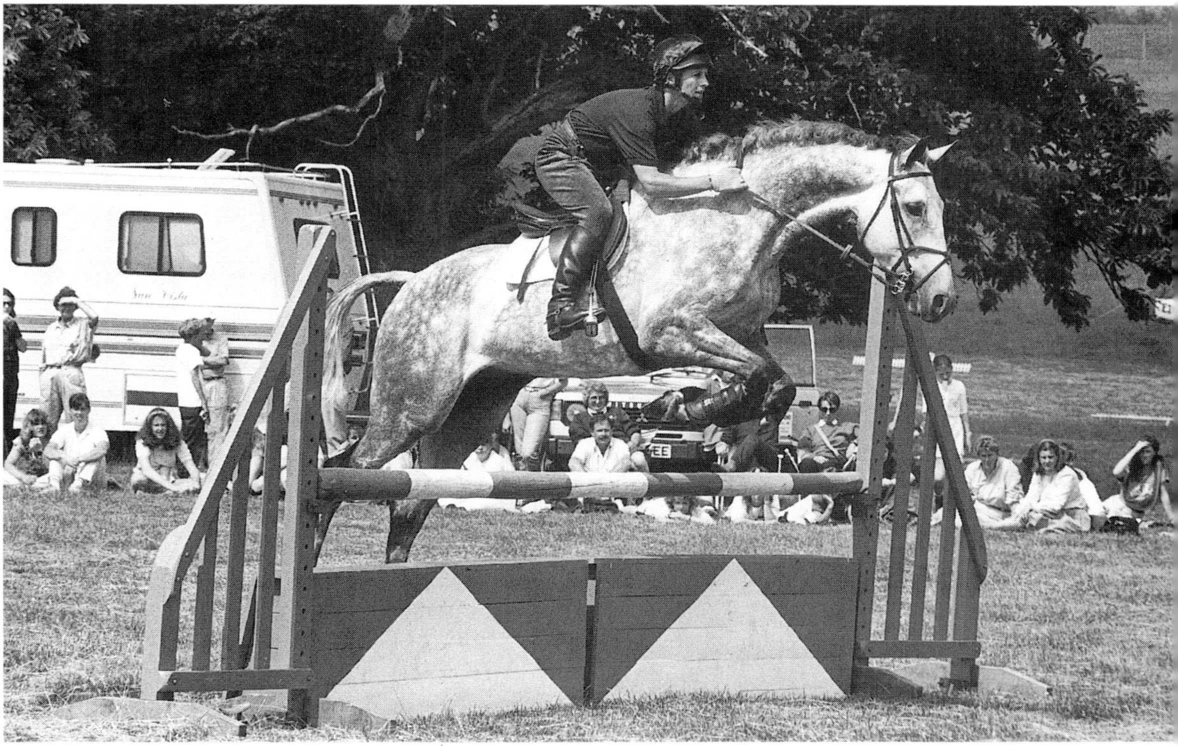

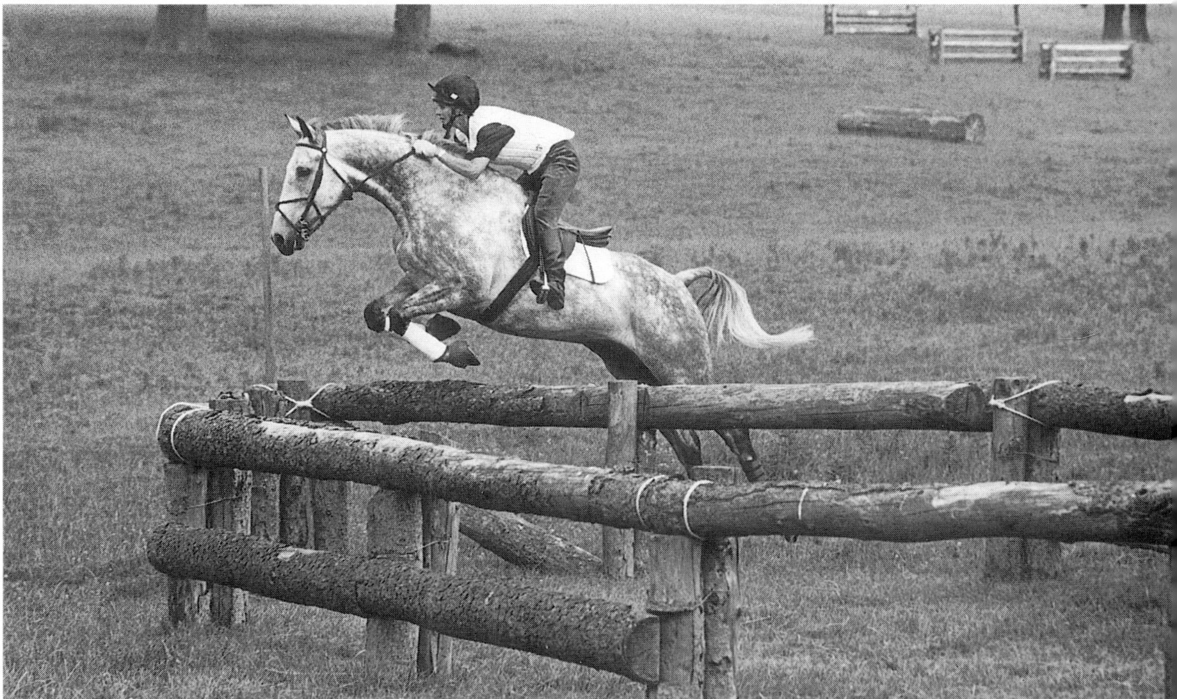

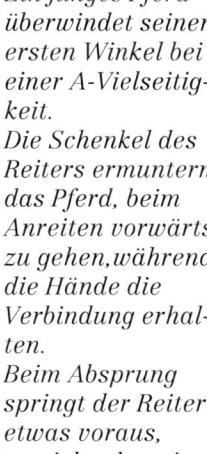

Ein junges Pferd überwindet seinen ersten Winkel bei einer A-Vielseitigkeit.
Die Schenkel des Reiters ermuntern das Pferd, beim Anreiten vorwärts zu gehen, während die Hände die Verbindung erhalten.
Beim Absprung springt der Reiter etwas voraus, erreicht aber eine gute Landung.

Tag ausarbeiten. Wir versuchen immer, mindestens eineinhalb Stunden, bevor unser erstes Pferd in der Dressur startet, anzukommen, und entsprechend früher, wenn es länger als eine Stunde abgeritten werden muß oder wenn ich vorher noch das Gelände und/oder den Parcours abgehen muß. Zusätzlich geben wir eine halbe Stunde extra bei der Fahrt, falls wir in dichten Nebel oder in einen Stau kommen oder eine Reifenpanne haben. Wenn das Pferd nicht überschäumend ist und mehr Arbeit braucht, versuche ich eine Stunde vor seiner Dressur aufzusteigen. Vorausgesetzt, das Pferd hat noch die anderen zwei Phasen an diesem Tag, reite ich eine halbe Stunde für das Springen ab, und ich erscheine zwanzig Minuten vor unserer Startzeit am Start der Geländestrecke, um das Pferd aufzuwärmen. Wann ich für das Gelände aufsteige hängt davon ab, wie weit ich zum Start der Geländestrecke reiten muß. Ist die Dressur (wie es manchmal vorkommt) am Tag davor, rechne ich mit einer Stunde Abreiten vor dem Springen. Sind Dressur und Springen an verschiedenen Tagen, muß das Pferd mindestens eineinhalb Stunden vor dem Gelände aufgewärmt werden. Glücklicherweise haben wir Mädchen, die uns helfen, und wir schreiben immer einen Zeitplan für sie, damit sie wissen, wann jedes Pferd für welche Phase gesattelt und fertig sein muß. Für mich selbst brauche ich keinen Zeitplan mehr, denn die Vielseitigkeitsprüfungen sind für mich völlig zur Routine geworden. Starten Sie in Ihrer ersten Vielseitigkeit, würde es Ihnen sicherlich helfen, einen Zeitplan einschließlich der Details aus dem nächsten Kapitel aufzuschreiben.

DER ABEND DAVOR

Müssen Sie früh am Morgen starten, kann das Pferd am Abend davor eingeflochten werden. Zusätzlich können Sie Ihre Stiefel polieren und anfangen, alles in den Transporter zu laden. Je mehr Sie abends erledigen können, umso weniger Sorgen müssen Sie sich morgens machen. Ich muß immer vorausdenken, damit ich am Morgen nicht in Panik gegen die Zeit ausbreche, andernfalls ist es für mich unmöglich, ruhig und entspannt zu sein.

ZUSAMMENFASSUNG

Lesen Sie die Checkliste am Anfang des Kapitels. Gehen Sie sicher, daß Sie die ganze erforderliche Ausrüstung in gutem Zustand haben.

Geländebegehung:
Seien Sie sich Ihrer und Ihres Pferdes Achillesferse bewußt. Bereiten Sie sich bei Hindernissen, die Sie beunruhigen, auf langsame Alternativen (falls vorhanden) vor. Denken Sie positiv über jedes Hindernis nach.
Überlegen Sie, ob einige Hindernisse lieber im Trab angeritten werden sollten, damit das Pferd die Chance hat, zu sehen wohin es springt. Haben Sie Zweifel, fragen Sie einen Reiter mit mehr Erfahrung um Rat. Braucht das Pferd wahrscheinlich eine Ermahnung mit der Gerte, versuchen Sie diese erst beim letzten Galoppsprung einzusetzen. Überprüfen Sie die Distanzen in Kombinationen, bedenken Sie, daß der durchschnittliche Galoppsprung 3,50 m lang ist. Rechnen Sie 1,80 m für die Landung und nochmals 1,80 m für den Absprung. Berücksichtigen Sie die Länge der Galoppsprünge Ihres Pferdes und das Gelände. Das Pferd macht längere Galoppsprünge bergab und kürzere bergauf oder bei tiefem Boden. Erinnern Sie sich, daß die Distanz zwischen zwei Steilsprüngen etwas weiter sein muß, als zwischen zwei Weitsprüngen. Gehen Sie durch die Ziellinie und überlegen Sie sich, wo Sie durchparieren; erinnern Sie sich an das Verletzungsrisiko, wenn Sie zu schnell abbremsen müssen.

ZEITPLAN
Versuchen Sie mindestens eineinhalb Stunden vor der Dressur anzukommen (wenn das Pferd zusätzliche Arbeit vor seiner Aufgabe braucht, früher). Planen Sie eine halbe Stunde für Verzögerungen bei der Fahrt ein. Versuchen Sie mindestens eine Stunde vor Ihrer Dressur auf dem Pferd zu sitzen.

11

DER TURNIERTAG

Unsere Pferde frühstücken an den Turniertagen oft sehr früh. Die tatsächliche Zeit hängt natürlich von der Reisezeit und den Startzeiten ab; wenn wir aber zu Hause um 7 Uhr losfahren, wird um 6 Uhr das Frühstück serviert. Die meisten Pferde sind nach einer halben Stunde mit dem Fressen fertig, also bleibt uns eine weitere halbe Stunde, um die Pferde reisefertig zu machen und zu verladen. Wir lassen die Pferde lieber zu Hause fressen, müssen wir aber einmal viel früher fahren, füttern wir sie im Transporter, wo wir glücklicherweise die Möglichkeiten haben, unterwegs zu füttern. Das übrige Kraftfutter gibt es dann zwischen den Startzeiten. Das Pferd wird nicht früher als eineinhalb Stunden vor dem Reiten gefüttert, aber auch nicht früher als 3,5 bis 4 Stunden nach seiner letzten Fütterung. Nach dem Gelände muß das Pferd eine Stunde auf seine nächste Mahlzeit warten. Die Heuration wird vor dem Gelände reduziert, dauert die

Dieses Pferd ist reisefertig. Es trägt Transportgamaschen, einen Gurt und einen Schweifschoner.

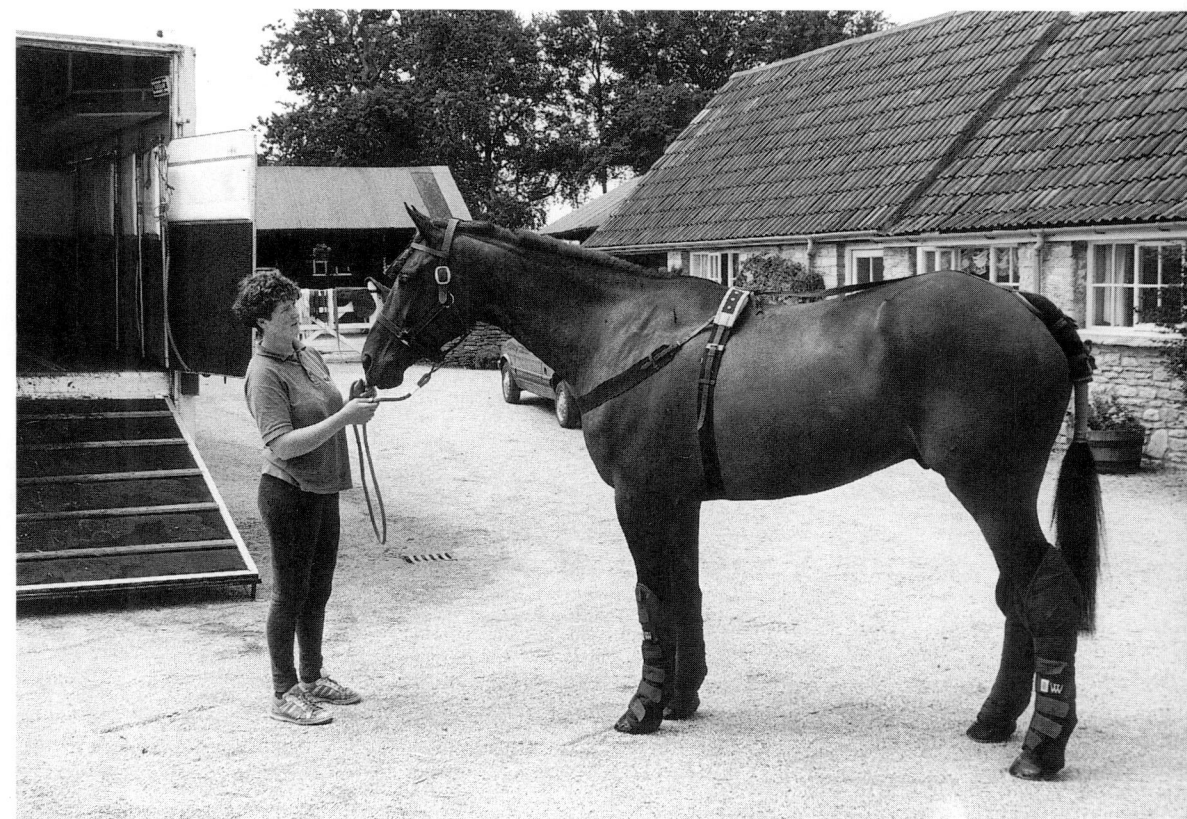

Fahrt aber länger als 2 Stunden, kann es ein kleines Heunetz für die Reise bekommen, vorausgesetzt die Startzeit für das Gelände ist relativ spät.

AUSRÜSTUNG FÜR DEN TRANSPORT

Das Pferd muß für die Reise angezogen werden. Unsere Vielseitigkeitspferde tragen Halfter (mit Führstrick) und lange Transportgamaschen, die so geformt sind, daß sie einen Teil des Karpalgelenks und des Sprunggelenks schützen und den Kronrand ganz umgeben. Zusätzlich benutzen wir Schweifbandagen (dürfen nicht zu fest gewickelt werden) oder Schweifschoner. Decken, falls nötig, sind vom einzelnen Pferd und den jeweiligen Temperaturen abhängig. Pferde sind wie Menschen; manche frieren bei der ersten kalten Brise, während andere bei arktischen Bedingungen scheinbar warm bleiben. Wir nehmen nur leichte Decken im Transporter mit, aber die Wetterbedingungen bestimmen, ob das Pferd eine Abschwitzdecke, eine luftdurchlässige Thermaldecke oder vielleicht eine Decke aus dünnem Frotteestoff trägt.

BEI DER ANKUNFT

Einer aus dem Ivyleaze-Team muß sich auf die Suche nach der Meldestelle machen, um die Nummern abzuholen. Ist die Meldestelle weit vom Parkplatz entfernt, kann das eine Viertelstunde dauern – meistens habe ich aber das Glück, daß jemand anders für mich geht. Ich muß vielleicht den Parcours (oder die Geländestrecke, wenn ich es noch nicht vorher getan habe) abgehen, bevor ich mich für die Dressur in Schale werfe und das Pferd gesattelt wird. Wir trensen das Pferd immer vor dem Ausladen auf. Sobald das Pferd aus dem Transporter ausgestiegen ist, werden die Transportgamaschen entfernt und durch Arbeitsgamaschen ersetzt. Anschließend wird das Pferd gesattelt und die geeigneten Stollen eingedreht. Braucht das Pferd zusätzliche Arbeit, um vor der Dressur ruhig zu werden, haben wir eine halbe Stunde Longieren eingeplant, bevor ich aufsteige. Es ist wahrscheinlich viel aufgeregter als zu Hause beim Longieren, darf aber trotzdem nicht am anderen Ende der Longe herumbuckeln und ausschlagen. Die meisten Pferde, die sich zu Hause gut benehmen, verhalten sich beim Longieren auf einem fremden Platz genauso. Gelegentlich regt sich natürlich eines der Pferde auf und muß dann die nächsten 5 oder 10 Minuten mit etwas weniger Zwang gearbeitet werden, einfach um eine Auseinandersetzung zu vermeiden, die Spannung erzeugen würde. Als Alternative zum Longieren kann man ein überschäumendes Pferd auch mit dem Kappzaum herumführen – bis zu einer Stunde, wenn Sie sich danach fühlen. Das Pferd kann alle Dinge solange ansehen, bis es das Interesse daran verliert. Langeweile ist oft der beste Weg, um ein aufgeregtes Pferd zu beruhigen.

DRESSUR

Obwohl ich eine Stunde vor meiner Startzeit auf dem Pferd sitze, arbeite ich nur die Hälfte der Zeit ernsthaft. Die restliche Zeit schlendern wir am langen Zügel herum, damit das Pferd die neuen Eindrücke und Geräusche aufnehmen kann. In der Zwischenzeit habe ich herausgefunden, wer in der Dressur vor mir startet (wir starten nicht immer in der zahlenmäßigen Reihenfolge) und weiß sicher, wie ich in das Viereck komme, das oft durch Seile abgesperrt ist. Außerdem werfe ich einen Blick auf das Viereck, um zu sehen, ob Löcher im Boden sind und überprüfe z.B. wie nah das Auto des Richters am Viereck geparkt (oder wo die Richterhäuschen stehen) ist. Wenn das Pferd sehr guckrig ist, reite ich beim Abreiten an einem Auto vorbei. Während der halben Stunde ernsthafter Arbeit versuche ich, weiche Übergänge zu reiten, die korrekte Oberlinie, Ruhe, Durchlässigkeit und Gehorsam einzustellen. Ich reite die Aufgabe, aber in einer anderen Reihenfolge. Bevor ich in das Viereck einreite, werden die Gamaschen abgenommen und das Pferd wird noch schnell hübsch gemacht. Ich lege meine Gerte weg, damit ich nicht für das Einreiten mit der Gerte disqualifiziert werde. Vielleicht gibt es einen Steward (Richter am Abreiteplatz) der für die Gebißkontrolle zuständig ist, wie ich vorher herausgefunden habe. Außerdem habe ich mich vorher beim Steward bemerkbar gemacht. Während ich die Aufgabe reite, denke ich immer an die nächste Lektion – und außerdem daran, ob das Pferd gerade und im Rhythmus ist. Ich muß vorausdenken, um das Pferd auf die Übergänge vorbereiten zu können, das geschieht normalerweise drei Schritte vorher. Das tatsächliche Signal ist vom Pferd abhängig. Bei Übergängen abwärts würde es bedeuten, tiefer im Sattel sitzen zu bleiben und während der letzten drei Schritte den Schenkel fester zuzumachen, aber nur bei einem Pferd, das mir dies nicht übel nimmt. Sie müssen Ihr Pferd kennen und flexibel sein. Wenn ich angaloppieren will, bereite ich das Pferd vor, indem ich drei Tritte vorher vermehrt Gewicht auf den inneren Gesäßknochen bringe. Die Enge des Vierecks erschreckt Pferd und Reiter oft. Alles passiert anscheinend viel schneller als zu Hause, wo Sie vielleicht vor der nächsten Lektion zwei Runden auf dem Zirkel traben können. Übergänge und Richtungswechsel folgen in der Aufgabe viel schneller aufeinander. Zusätzlich können Sie das Problem eines unaufmerksamen Pferdes haben, das lieber auf die fremdartige Umgebung als auf Sie achtet. Nichtsdestotrotz müssen Sie das Pferd so nehmen, wie es an diesem Tag ist; es ist allzu einfach (aber nicht sehr hilfreich) auszuflippen, wenn sich das Pferd danebenbenimmt oder weigert, aufzupassen. Sie sind nicht im Viereck, um das Pferd auszubilden, deshalb müssen Sie einfach weitermachen und das Beste aus der Lage machen.

ZWISCHEN DEN TEILPRÜFUNGEN

Wir lassen niemals ein Pferd am Transporter angebunden, es sei denn, jemand ist da und hat ein Auge auf das Pferd, andernfalls geht das Pferd zurück in den Transporter, wo es normalerweise gefüttert wird. Wo auch immer das Pferd allein gelassen wird, um sich zwischen den Teilprüfungen zu entspannen, muß es so kurz angebunden sein, daß kein Unfall passieren kann. Wir sahen einmal, wie ein Pferd versuchte, durch die Pfle-

gertür aus dem Transporter zu gehen, was katastrophale Folgen gehabt hätte. Binden Sie das Pferd außen an einem langen Strick an, damit es grasen kann, kann es sich mit den Beinen darin verwickeln. Es gab sogar Fälle, bei denen Pferde ernsthafte Verbrennungen durch den Strick erlitten. Wir befestigen den Strick immer an einer Schlaufe aus Schnur und nicht direkt am Ring des Transporters; zieht das Pferd nach hinten, reißt zuerst die Schnur, das Halfter wird nicht ruiniert und das Pferd kann sich nicht verletzen. Verletzungen können blitzschnell passieren. Ich erinnere daran, daß ich einmal bei einem Turnier *Priceless* hielt, während jemand einen Eimer aus dem Fach an der Seite des Transporters holte. Weil es ihn juckte, begann er plötzlich, sich an der Ecke des offenen Fachs zu schubbern, und bevor ich ihn stoppen konnte, hatte er sich die Lippe aufgeschnitten. Einen Zentimeter höher und der Schnitt wäre in seinem Maulwinkel gewesen und er hätte nicht bei den Olympischen Spielen starten können. Wenn man seine Sachen während des Turniers sauber hält und rechtzeitig alles bereitlegt, kann man eine Menge unnötige Hektik vermeiden. Wenn der Boden nicht zu schlammig ist, kann man die Sachen zum Trocknen unter die Rampe oder unter das Auto legen, wenn es regnet. Sie müssen immer auf das Wetter achten; ist es kalt und windig, müssen Sie kontrollieren, ob das Pferd noch warm genug ist und notfalls noch eine zusätzliche Decke auflegen. Die Wassereimer – einer zum Tränken und einer zum Abwaschen des Pferdes und der Trensengebisse – sollten rechtzeitig gefüllt werden, damit sie fertig sind, wenn man sie braucht. Das gleiche gilt auch für die Heunetze.

PARCOURSSPRINGEN

Die meisten jungen Pferde neigen dazu, in Richtung nach dem Ausgang zu ziehen (das bedeutet zum Ausgang des Springplatzes in die Richtung des Transporters, wenn sie auf einem Turnier sind). Ich würde das also beim Abgehen des Parcours im Hinterkopf behalten. Andernfalls merke ich vielleicht bei einer Wendung vom Ausgang

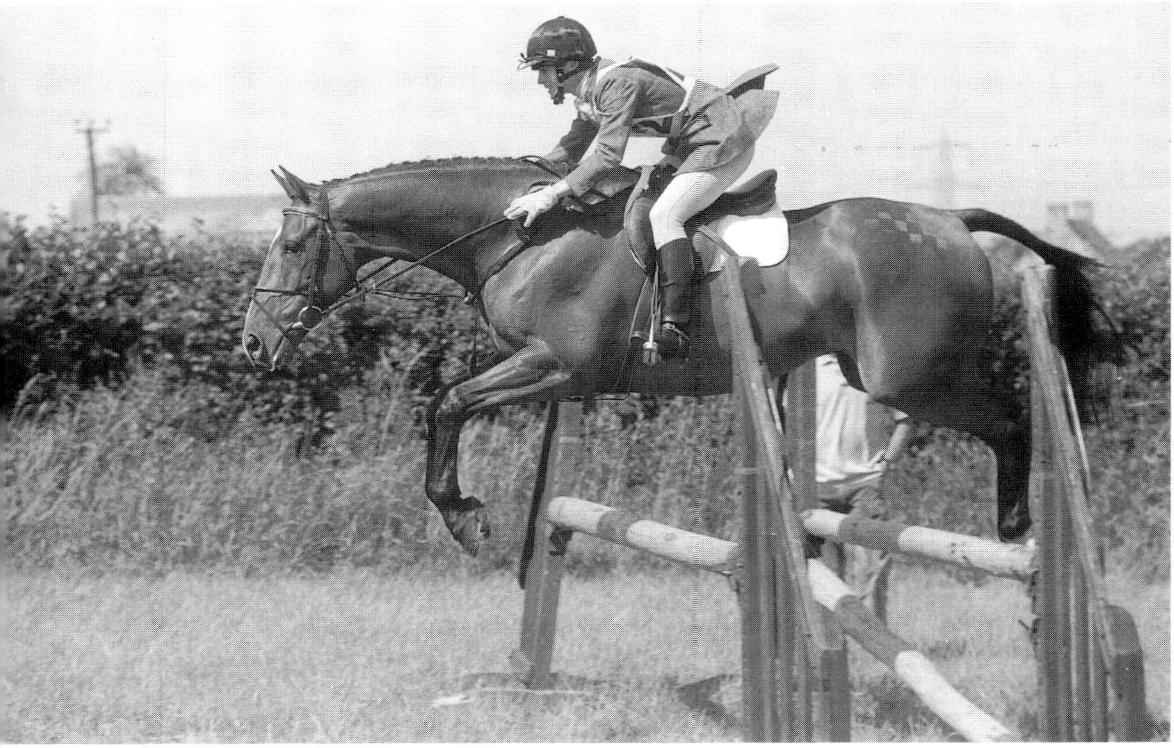

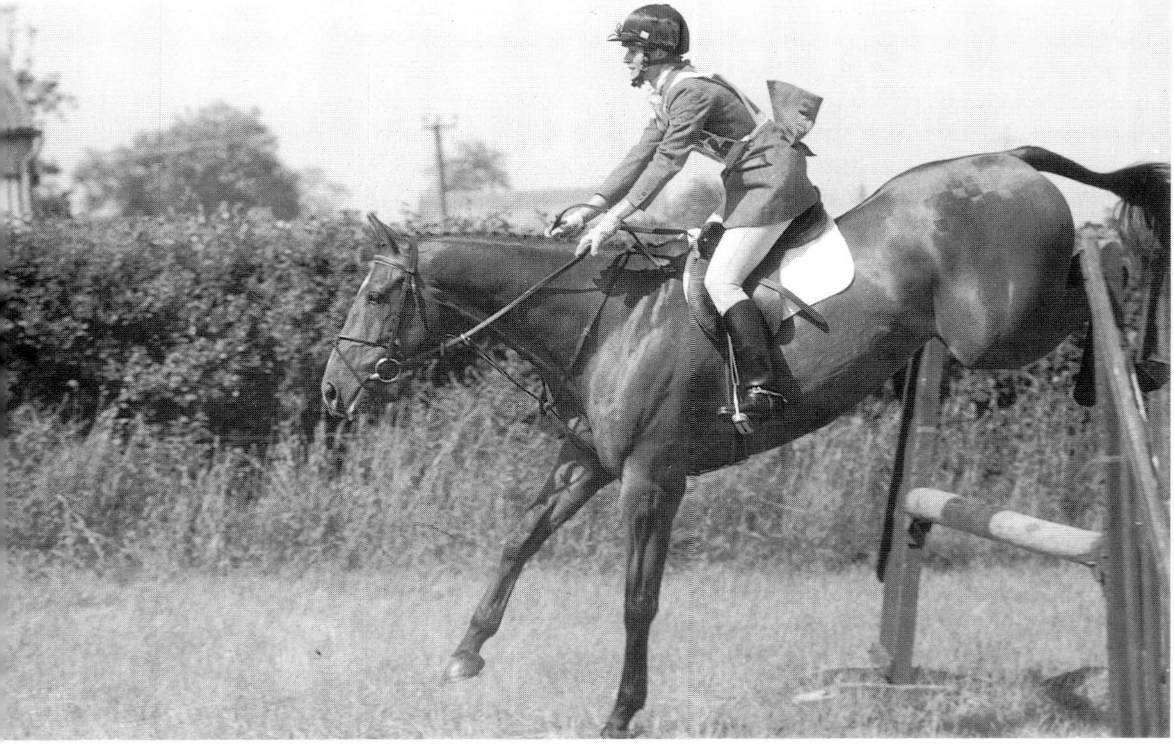

weg, daß ich 2 m von meinem geplanten Weg entfernt bin; das Pferd muß deshalb aus einem Winkel springen und die Wahrscheinlichkeit eines Fehlers ist somit größer. Hätte ich mich dafür entschieden, ein wenig früher abzuwenden, hätte ich das Problem vermeiden können. Sie müssen Ihr Pferd in- und auswendig kennen, um alle seine Eigenarten beim Abgehen des Parcours zu berücksichtigen. Vielleicht läßt es sich auf einer Hand schlechter abwenden als auf der anderen, was bei jungen Pferden ganz normal ist; falls das so ist, müssen Sie es berücksichtigen, wenn Sie sich entscheiden, wo Sie abwenden wollen. Es gibt mit Sicherheit mindestens eine Zweifache in dem Parcours, die Sie mit Schritten abmessen können – genau wie die Kombinationen im Gelände. Vielleicht besteht die Zweifache aus einem Oxer, gefolgt von einem Steilsprung. Sitzen Sie auf einem großen, vorausdenkenden Pferd, oder auf einem, das sich über einem Oxer stark aufwölbt, müssen Sie sich bewußt sein, daß Sie vielleicht einwirken müssen, um nicht zu dicht an den Steilsprung zu kommen. Mit einem grünen und etwas trägen Pferd müssen Sie mit etwas mehr Grundtempo anreiten. Außerdem müssen Sie die Länge der Galoppsprünge Ihres Pferdes berücksichtigen – und seinen Arbeitseifer –, um das richtige Tempo beim Anreiten jedes Sprunges zu wissen. Meine Parcoursbegehung berücksichtigt außerdem das Geläuf, ob der Boden flach oder hügelig ist, wo sich die Übungshindernisse befinden und wo die Start- und Ziellinie ist. Die Stollen werden eher dem Geläuf des Springplatzes als dem des Abreiteplatzes entsprechend ausgewählt – es sei denn, der Abreiteplatz ist aus Beton und der Parcours ein einziger Morast, was aber äußerst unwahrscheinlich ist. Die langen Stollen, die wir bei weichem Geläuf verwenden, würden auf hartem Boden ernsthafte Zerrungen verursachen. Nach Möglichkeit sehe ich mir einige Pferde im Parcours an, bevor ich aufsteige. Es könnten vielleicht einige Aspekte ans Licht kommen, die ich beim Abgehen übersehen hatte; außerdem habe ich die Gelegenheit, das Startsignal zu hören – und zu wissen,

ob es eine Glocke, Hupe, Pfeife oder was auch immer ist. Ich habe guten Grund, bei solchen kleinen Dingen pingelig zu sein, startete ich doch einmal vor dem Startzeichen. Vorausgesetzt, ich hätte bereits am Morgen Dressur geritten (mit vorhergehendem Abreiten), würde ich 12 bis 14 Pferde vor meinem Start aufsteigen. Bis dahin wird mein Pferd gesattelt, es trägt den Gelände- oder Springsattel und Trense, Satteldecke, Voderzeug, Martingal (falls nötig), Springgamaschen und Sprungglocken. Ich bin ordnungsgemäß gekleidet, trage die Gerte in der vorgeschriebenen Länge, trage den richtigen Helm und (hoffentlich) die richtige Nummer. Reitet man mehr als ein Pferd, ist es allzu einfach, zu vergessen, die Nummer zu wechseln, weil man sie nicht sieht. Ich habe immer jemanden, der mir im Abreiteplatz hilft. Obwohl Sie einen Außenstehenden bei dem Trainingshindernis um Hilfe bitten können, bringt es viel mehr Streß für Sie, als wenn Sie Ihren eigenen Helfer haben, der die Stangen so hoch legt, wie Sie möchten. Außerdem ist es praktisch, wenn man bei Kälte oder Nässe eine Decke zum Abreiteplatz gebracht bekommt, oder Fliegenspray bei Hitze – zusammen mit einem Hufauskratzer in der Tasche des Helfers. Es ist höflich, sich beim Richter des Abreiteplatzes vorzustellen, der Ihnen im Gegenzug sagt, wieviele Pferde noch vor Ihnen dran sind. Ich mache den ersten Sprung auf dem Abreiteplatz, wenn noch 6 Pferde vor mir sind. Die Versuchung könnte groß sein, früher zu beginnen, das wäre aber ein Fehler. Sie enden entweder damit, zu viel zu springen oder verlieren den Nutzen dieser kurzen aktiven Vorbereitung. In diesem Stadium mache ich normalerweise vier Sprünge auf dem Abreiteplatz (alle im Galopp) – ein Steilsprung von 90 cm, dann 100 cm, gefolgt von einem ansteigenden Oxer (die hintere Stange liegt höher als die vordere) und einem Carré-Oxer.

Wenn alles gut ging, reite ich am langen Zügel Schritt, bis der vorletzte Reiter vor mir den Parcours fast beendet hat.

Dann reite ich einmal über den Steilsprung – war das Pferd fehlerfrei, nur einmal, ein zweites Mal, wenn es einen Fehler gemacht hatte. Ein Steilsprung ist besser geeignet, das Pferd aufmerksam und schnell auf den Beinen zu machen, als ein Oxer. Sobald Sie über die Startlinie geritten sind, müssen Sie nur noch nach vorne denken. Bei der Landung nach einem Hindernis müssen Sie bereits vorausdenken, wo Sie abwenden müssen, um das nächste Hindernis gut zu treffen. Nach der Landung nach dem letzten Hindernis müssen Sie unbedingt durchs Ziel reiten. Das klingt vielleicht etwas simpel, ich habe aber schon Leute gesehen, die es versäumt haben, durch die elektronische Zeitmessung zu reiten – normalerweise deshalb, weil das Pferd nach einer Seite auswich.

GELÄNDE

Vor dem Geländeritt muß ich meinen Rückenschutz und mein Geländehemd anziehen, eventuell meine Nummer und meine Sporen wechseln und überprüfen, ob ein sauberes und trockenes Paar Stoffhandschuhe bereitliegt. An diesem Punkt entferne ich aus Sicherheitsgründen immer meine Plastronnadel; ich hörte von Reitern, die sich bei einem Sturz im Gelände mit der Nadel die Luftröhre durchbohrten. Anschließend müssen dem Pferd die Gamaschen und Bandagen angelegt werden. Ich bandagiere immer selbst; ich betrachte dies (und die Überprüfung von Sattelzeug und Ausrüstung) als Verantwortung des Reiters. Ist all das getan, setzte ich mich allein mit dem Programm irgendwo hin und gehe im Geist ein letztes Mal durch die Geländestrecke. Egal, ob ich ein junges oder erfahrenes Pferd reite, ich gehe immer Hindernis für Hindernis durch, erinnere mich an irgendwelche Notizen, die ich mir gemacht hatte und an die Wege, die ich reiten wollte. Irgend jemand hat kontrolliert, ob das Gelände noch im Zeitplan abläuft. Es ist vielleicht kalt und naß; falls ja, ist das Letzte, was ich möchte, eine Viertelstunde zu früh am Start anzukommen und mit einem eingefrorenen Pferd zu enden. Ich reite immer im Schritt zum Start, das kann zwei oder zehn Minuten dauern, und deshalb muß ich vorher wissen, wie weit der Weg ist. Mein zwanzigminütiges Aufwärmen besteht vor allem aus Galopp, mit ein wenig Trab und einem kurzen Sprint in schnellem Tempo. Anschließend mache ich nor-

malerweise ein oder zwei Sprünge, die man aber weglassen kann, wenn das Parcoursspringen gut ging (und am selben Tag stattfand) oder wenn das Trainingshindernis ungeeignet ist, weil es mickrig ist oder der Boden schlecht. Hätte ich am Tag davor Dressur geritten und den Parcours gesprungen, ist es natürlich notwendig, die Aufwärmzeit zu verlängern. In diesem Fall lasse ich das Pferd 4 bis 5 Sprünge machen, um die richtige Betriebstemperatur für das Gelände zu bekommen. Nach dem Aufwärmen muß der Sattelgurt nachgezogen werden, bevor ich im Schritt mit einer Decke auf dem Pferd und einer Jacke, falls es kalt ist, herumreite. Ich trage bei Ein-Tages-Prüfungen, egal ob S-oder A-Vielseitigkeiten, niemals eine Stoppuhr, sondern lasse mich lieber vom Gefühl, das mir das Pferd gibt, leiten; ich möchte, daß das Pferd im Rhythmus bleibt und ein Tempo beibehält, in dem es sich wohlfühlt. Man sieht oft junge Pferde, die bei Ein-Tages-Prüfungen mit zu hohem Tempo gescheucht und deshalb ruiniert werden. Diese Pferde erzielen nicht unbedingt die schnellste Zeit, wenn sie in halsbrecherischem Tempo zwischen den Hindernissen geritten werden, weil sie mehr oder weniger gezwungen sind, vor den Hindernissen langsamer zu werden und wie im Parcours zu springen – was dem Zweck der Übung widerspricht. Hat Ihr Pferd gelernt, rhythmisch im Gelände zu gehen, kann die Geschwindigkeit mit zunehmender Erfahrung erhöht werden. Wir hatten Pferde, deren Zeiten bei den ersten Prüfungen langsamer waren, als sie sich angefühlt hatten. Langsam aber sicher wurden sie aber schneller, ohne daß es mir bewußt wurde. Speziell bei einem Pferd wußte ich, daß ich etwas kleinere Wendungen gemacht hatte, und etwas weniger Platz gebraucht hatte, um es auf bestimmte Hindernisse einzustellen, weil es besser ausgebildet war. Trotzdem war ich sehr überrascht, als ich erfuhr, wieviel schneller wir gewesen waren. Der Rhythmus fühlte sich genauso an; es waren nur die Stundenkilometer, die sich geändert hatten, weil das Pferd genug Vertrauen gewonnen hatte, um ein schnelleres Tempo durchzuhalten. Ich versuche immer, so ins Gelände zu starten, als würde ich es ernst meinen. Die ersten beiden Hin-

Springen eines Wegesprunges bei einer A-Viel-seitigkeit. Guter Sitz über dem ersten Hindernis, der ein geschlossenes Bein und Verbindung zum Pferdemaul zeigt, während sich der Reiter aufrichtet und auf die Landung wartet.
Der Unterschenkel ist bei der Landung etwas zurückgerutscht und die Hüften könnten etwas weiter hinten sein.

dernisse sind meistens unkompliziert, und wenn Sie diese in einer positiven Art und Weise reiten können und zwei gute Sprünge machen, geben Sie dem Selbstvertrauen Ihres Pferdes enormen Auftrieb. Ich versuche immer, vorwärts und an das nächste Hindernis zu denken, neige aber dazu, in Gedanken am vorhergehenden Hindernis zu hängen, wenn ich einen schlechten Sprung gemacht hatte. Das hat meistens zur Folge, daß der nächste Sprung genauso schlecht wird. Haben Sie den ersten Fehler erkannt, müssen Sie versuchen, ihn hinter sich zu lassen und beim nächsten Hindernis positiv zu sein. Das Vorausdenken während einer Geländestrecke schließt auch ein, daß Sie sich an die Wege erinnern, die Sie geplant hatten. Außerdem müssen Sie sich darauf konzentrieren, das Pferd im Rhythmus zu halten, nach zufällig herumstehenden Zuschauern Ausschau halten oder nach einem Hindernisrichter, der eine Flagge schwenkt, die Ihnen sagt, daß Sie durchparieren müssen. Zuschauer machen mir bei Ein-Tages-Prüfungen immer Sorgen; reite ich in einem Wald um eine Kurve, rufe ich vielleicht irgendetwas wie »Ich komme«, weil die Menschen oft nicht realisieren, daß ein Pferd direkt auf sie zugaloppiert. Auch Vielseitigkeitsprüfungen wären nichts ohne Zuschauer, wir sollten deshalb unser Bestes versuchen, um sie nicht niederzumähen! Nachdem Sie die Geländestrecke beendet haben, ist es ganz wichtig, korrekt durchzuparieren. Ihr Pferd befindet sich in ernsthafter Gefahr, niederzubrechen, wenn Sie durch das Ziel düsen, dann die Zügel hinschmeißen und das Pferd klopfen, während das Pferd in den Trab fällt. Hier fängt das Pferd an, auseinanderzufallen, bremst mit den Vorderbeinen und setzt diese unnötiger Belastung aus. Das gleiche Risiko tritt auf, wenn Sie bergab durchparieren oder eine scharfe Wendung machen. Nachdem Sie das Pferd durch das Ziel gebracht haben, sollten Sie es vorsichtig wieder ans Gebiß bringen – auf einer Geraden oder in einer leichten Kurve. Sobald das Pferd angehalten hat, springe ich ab, lockere den Gurt, den Übergurt und den Pullriemen, ziehe die Steigbügel hinauf und führe es zurück zum Transporter. Es sollte fit sein und deshalb nicht zu sehr schnaufen, ich muß aber trotzdem die Erholungswerte

messen (wie nach dem Galopptraining), um eine Vorstellung zu bekommen, wie trainiert das Pferd ist. Wir tun das bei jeder Vielseitigkeit, bei jedem Pferd.

PFERDEPFLEGE

Es gibt immer noch viel zu tun, wenn das Pferd nach dem Gelände zum Transporter zurückkommt. Die Ivyleaze-Routine sieht ungefähr folgendermaßen aus:

Nehmen Sie den Sattel herunter. Legen Sie, abhängig vom Wetter, eine Abschwitzdecke oder eine andere Decke auf. Führen Sie das Pferd, bis sich die Atmung beruhigt hat. Nehmen Sie die Gamaschen und Bandagen ab. Untersuchen Sie die Beine nach Verletzungen – bei Schnitten und Kratzern waschen Sie diese mit warmem Wasser aus und tragen Reinigungsmittel auf. Bei heißem Wetter wird das Pferd mit kaltem Wasser abgeschwammt. Waschen Sie den Hals (bei jedem Wetter), wenn das Pferd stark geschwitzt hat. Bei kaltem Wetter wischen Sie mit einem feuchten Schwamm über das ganze Pferd. Ziehen Sie übermäßiges Wasser mit dem Schweißmesser ab. Trocknen Sie die Ohren mit einem Handtuch (das man zum Abtrocknen der Hände benützt). Wischen Sie die Augen und die Nüstern mit einem anderen Schwamm oder Lappen aus. Kratzen Sie die Hufe aus und drehen Sie die Stollen raus. Falls notwendig, tragen Sie Salbe auf oder packen Sie die Beine ein. Bieten Sie etwas Wasser an. Bereiten Sie das Pferd für den Transport vor, indem Sie Transportgamaschen etc. anlegen.

Geben Sie ein kleines Heunetz.

Ein bis eineinhalb Stunden, nachdem das Pferd aus dem Gelände zurück ist, bekommt es Kraftfutter. Bei längeren Fahrten bekommen alle Pferde ein normales Heunetz für unterwegs und jeweils das Pferd, das an der Reihe ist, bekommt sein Kraftfutter. Hätten wir keine Futterkrippen in unserem Transporter, würden wir wahrscheinlich keine behelfsmäßigen Vorrichtungen treffen, die normalerweise darin bestehen, daß das Futter auf den Boden geworfen wird und somit verschwendet; stattdessen würden wir dann mit dem

Kraftfutter warten, bis wir wieder zu Hause sind. Bei Fahrten, die drei Stunden dauern, machen wir einen Stop, bei dem wir den Pferden Wasser anbieten. Zusätzlich kontrollieren wir jede Viertelstunde die Temperatur mit unserer üblichen Methode, indem wir mit der Hand unter der Decke an der Schulter und an den Lenden fühlen, ob die Pferde zu heiß oder zu kalt sind.

Nach Hause zurückgekehrt, werden nochmals die Beine nach Schwellungen, Kratzern oder anderen Verletzungen untersucht und notfalls angemessen versorgt.

ZUSAMMENFASSUNG

Grundsätzlich: Kommen Sie mindestens eineinhalb Stunden vor Ihrer Dressur am Turnierplatz an. Sie müssen die korrekte Kleidung, Ausrüstung und Zäumung für jede Teilprüfung dabei haben.

Fütterung: Die Heuration wird bis nach dem Gelände reduziert. Eineinhalb Stunden vor dem Reiten kein Kraftfutter mehr geben. Warten Sie dreieinhalb bis vier Stunden zwischen dem Füttern von Kraftfutter.

Dressur: Reiten Sie eine Stunde vor Ihrer Dressur ab, eine halbe Stunde davon nützen Sie für dressurmäßige Arbeit. Brauchen Sie zusätzliche Zeit, um das Pferd ruhig zu machen, longieren Sie eine halbe Stunde oder führen das Pferd bis zu einer Stunde. Während der halben Stunde dressurmäßiger Arbeit arbeiten Sie an weichen Übergängen, korrekter Oberlinie, Ruhe, Geschmeidigkeit und Gehorsam. Stellen Sie sich beim Richter auf dem Abreiteplatz vor.
Entfernen Sie die Gamaschen erst in der letzten Minute. Denken Sie daran, beim Einreiten in das Viereck die Gerte wegzuwerfen.
Denken Sie während der Aufgabe immer voraus an die nächste Lektion. Bereiten Sie das Pferd drei Tritte vorher auf die Übergänge vor. Ist das Pferd schwierig, bleiben Sie ruhig.

Parcoursspringen: Während des Abgehens entscheiden Sie über das erforderliche Tempo und wo Sie für die Hindernisse abwenden müssen.

Sehen Sie sich, wenn es möglich ist, einige andere Reiter im Parcours an. Fangen Sie eine halbe Stunde vor Ihrem Parcours mit dem Abreiten an (oder eine Stunde, wenn die Dressur am Tag davor war). Stellen Sie sich beim Richter auf dem Abreiteplatz vor.
Reiten Sie über das Trainingshindernis (ca. viermal) wenn noch sechs Reiter vor Ihnen sind. Halten Sie das Pferd in Bewegung (Schritt am langen Zügel, wenn Sie nicht springen).
Den letzten Probesprung machen Sie, wenn der vorletzte Reiter vor Ihnen den Parcours beinahe beendet hat. Denken Sie während des Parcours an das nächste Hindernis.
Gehen Sie sicher, daß sie durch das Ziel reiten.

Gelände: Vor dem Aufsteigen gehen Sie ein letztes Mal in Gedanken durch die Geländestrecke. Nehmen Sie sich genug Zeit, um (im Schritt) zum Start zu reiten; halten Sie sich zwanzig Minuten zum Aufwärmen am Start auf. Waren Dressur und Springen am Tag davor, nehmen Sie sich eine Stunde Zeit zum Aufwärmen.
Starten Sie, um alle Hindernisse in positiver Art und Weise zu springen. Denken Sie immer im voraus an das nächste Hindernis. Parieren Sie nach dem Ziel nicht zu schnell durch. Steigen Sie ab, wenn das Pferd durchpariert hat.
Lockern Sie Gurt, Übergurt und Pullriemen und ziehen Sie die Steigbügel hoch. Messen Sie den Erholungswert/die Erholungszeit.

Pferdepflege: Siehe oben.

12

VON DER A-/L- BIS ZUR
M-VIELSEITIGKEIT

D as Pferd wird allmählich in der Lage sein, A-/L-Vielseitigkeiten schneller zu absolvieren und die schnellen Routen an Hindernissen mit Alternativen zu nehmen. Sie können das Pferd bei seiner ersten Vielseitigkeitsprüfung eine Ecke probeweise anreiten lassen, vorausgesetzt, es ist eine einfache Ecke. Ich würde aber wahrscheinlich bis zum dritten Turnier warten – und bevor ich nicht ganz sicher wäre, daß das Pferd gerade und gehorsam bleibt, würde ich überhaupt keine Ecke anreiten. Geht das Pferd an zwei aufeinanderfolgenden Wochenenden auf Turniere, besteht keine Notwendigkeit für ein Galopptraining in der Mitte der Woche. Sein normales Wochentrainingsprogramm sieht ungefähr folgendermaßen aus:

Montag	Ruhetag
Dienstag	Kleiner Ausritt
Mittwoch	Ausreiten und Dressur
Donnerstag	Kletterarbeit
Freitag	Ausritt und Springstunde
Samstag	Dressurmäßige Arbeit und kurzer Ausritt
Sonntag	Turnier

Bei der Planung Ihres eigenen Programms müssen Sie daran denken, daß Ein-Tages-Prüfungen die Kondition Ihres Pferdes dramatisch verbessern. Hat es einmal mit den Turnieren begonnen, müssen Sie wahrscheinlich nicht viel mehr tun, als das Pferd am Laufen zu halten. Selbst wenn wir für eine Drei-Tages-Prüfung trainieren, galoppiere ich das Pferd nicht zwischen an zwei Wochenenden aufeinanderfolgenden Ein-Tages-Prüfungen. Das Pferd braucht vier Tage mit leichter Arbeit nach einer Vielseitigkeitsprüfung; Sie sollten deshalb anstrengende Arbeit nach dem Ruhetag vermeiden. Ist das Pferd fünfjährig auf Turnieren gestartet, würde ich bis zum darauffolgenden Jahr nicht darüber nachdenken, in einer M-Vielseitigkeit zu

starten. Es bekommt seine Winterpause, macht das Fitneßprogramm mit und beginnt die Frühjahrssaison mit ungefähr fünf A-/L-Vielseitigkeiten. Die Anzahl der Prüfungen ist von seiner körperlichen Entwicklung und dem Geläuf abhängig; mit Sicherheit starten wir nicht nicht öfter als an drei Wochenenden hintereinander – und dann auch nur in ruhigem Tempo, wenn das Geläuf sehr gut ist. Die Entscheidung darüber, ob man am Ende der Saison eine leichte »M« versuchen sollte, hängt davon ab, wie gut das Pferd im Gelände geht. Wieder einmal müssen Sie zunächst in Ihr Pferd hineinhorchen.

NEUE LEKTIONEN

Wir versuchen immer, die neuen Bewegungen, die bei einer Vielseitigkeitsdressur der Klasse M verlangt werden, ungefähr sechs Monate vor dem ersten Start einzuführen. Dabei muß man natürlich etwas überlegen, es ist aber nichts verloren, wenn wir uns verschätzen und das Pferd nach sechs Monaten noch nicht soweit ist, einen schwierigen Geländekurs in Angriff zu nehmen. In manchen Fällen, wenn das Pferd gerade ist und korrekte Wendungen und Zirkel macht, fange ich mit dem Schulterherein im Schritt ein Jahr vorher an.

Weil wir einen Mehrkämpfer und keinen Athleten, der auf eine Disziplin spezialisiert ist, trainieren, müssen wir oft abwarten, bevor wir neue Lektionen einführen. Bei der Vielseitigkeit müssen wir es vermeiden, zuviel auf einmal vom Pferd zu verlangen. Verlangen Sie eine laterale Biegung nach links im Halten, wird das Pferd unvermeidlicherweise nach innen fallen, indem es seine Schulter in diese Richtung bewegt. Gymnastische Übungen, wie zum Beispiel Schulterherein oder Travers, verbessern das Pferd nur, wenn Sie sicher und im Gleich-

Gutes und schlechtes Halten. Das schlechte Halten (oben) zeigt das Pferd zuviel gebogen und nicht gleichmäßig auf allen vier Beinen stehend.

gewicht einwirken. Sind Sie schief, wird das Pferd ebenfalls schief – als Ergebnis davon verliert es seine Biegung, sein Tempo und seinen Impuls.

Schulterherein im Schritt ist die erste laterale Bewegung, die das Pferd nach dem Schenkelweichen lernt. Dabei muß es auf drei Hufschlägen gehen, das innere Hinterbein folgt dem seines äußeren Vorderbeins. Es hilft uns genauso, Kontrolle über die Vorhand und die Hinterhand des Pferdes zu bekommen, wie es das Pferd ermuntert, seine Hanken zu beugen und geschmeidiger zu werden. Man beginnt am besten mit dem Schulterherein auf dem Zirkel oder aus einer Ecke, denn dann haben Sie bereits die korrekte Biegung des Pferdes vom Kopf bis zum Schweif. Kehrt das Pferd von einem Zirkel auf die lange Seite zurück, bleiben Sie einfach in derselben Biegung, bis die innere Schulter auf dem zweiten Hufschlag geht, als würden Sie wieder auf den Zirkel gehen. Das Pferd ist jetzt korrekt gebogen, um Schulterherein an der langen Seite zu gehen; dabei ist sein ganzer Körper um den inneren Reiterschenkel und entgegengesetzt der Richtung, in die es geht, gebogen. Der Reiter erhält die Biegung mit seinem inneren Zügel, während der äußere Zügel das Pferd daran hindert, auf den Zirkel zu gehen und übertriebene Biegung korrigiert. Der innere Schenkel wirkt am

Gurt ein und bringt die Vorhand nach vorne vom Schenkel weg. Der äußere Schenkel, der hinter dem Gurt einwirkt, erhält den Impuls und hindert die Hinterhand daran, nach außen wegzuschwimmen. Verlangen Sie am Anfang, wenn das Pferd diese Übung neu lernt, nicht mehr als einige Tritte. Es erfordert einige Anstrengung vom Pferd, muß es doch sein inneres Hinterbein weit unter seinen Körper bringen, um sein eigenes Gewicht und das des Reiters während dieser Übung zu tragen. Das Pferd sollte seinen Rhythmus und seinen Vorwärtsimpuls beibehalten, ohne sich nach außen zu lehnen. Obwohl seine Vorderbeine in dieser Übung übereinander kreuzen, sollten seine Hinterbeine dies nicht tun; sie umgehen sonst die Anstrengung, die erforderlich ist, um seine innere Hanke zu beugen. Das kann leicht passieren, wenn der Reiter zu viel Biegung verlangt oder einen zu großen Winkel; normalerweise sollten die Hinterbeine auf der Spur bleiben, auf der sie sonst auch gehen, wenn das Pferd geradeaus vorwärts geht. Wenn Sie das Schulterherein beenden, bringen Sie die Schulter des Pferdes zurück auf den Hufschlag, damit das Pferd gerade geht und nicht in der gleichen Biegung auf dem Zirkel bleibt. Andernfalls wird es den Zirkel am Ende dieser Übung vorwegnehmen. Hat das Pferd einmal verstanden, um was es geht, können Sie die gleiche Übung auch im Trab verlangen.

Travers (oder Hinterhand herein) ist eine sehr hilfreiche Übung, obwohl sie in der Vielseitigkeits-Dressur nicht vorkommt. Es verbessert die Aufmerksamkeit des Pferdes auf die Schenkel des Reiters und verbessert die Geschmeidigkeit in den Rippen. Bei dieser

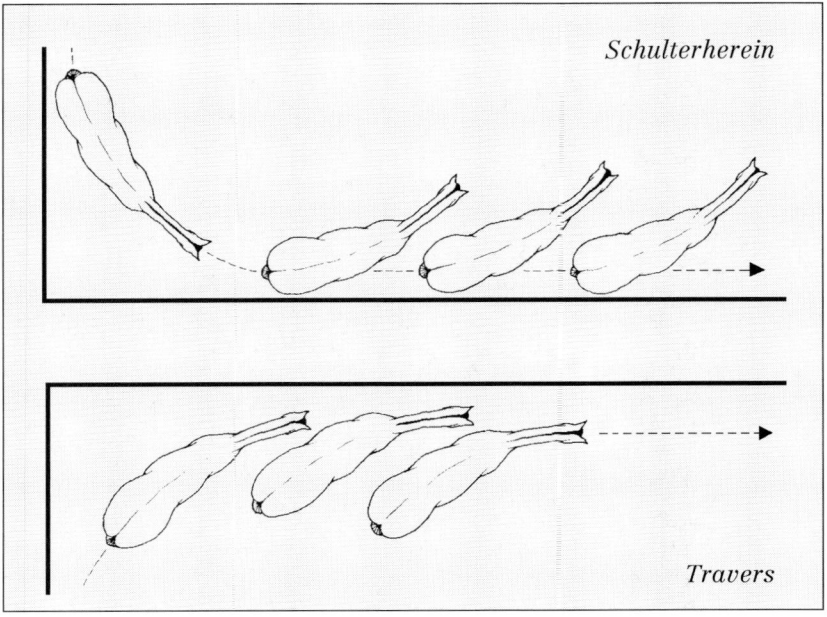

Schulterherein

Travers

Lektion verlassen die Hinterbeine des Pferdes den Hufschlag und kreuzen seine Vorderbeine nicht. Das Pferd ist leicht um den inneren Schenkel gebogen, in die Richtung, in die es sich bewegt. Diese Übung kann man ebenfalls auf dem Zirkel einleiten, der das Pferd in die korrekte Ausgangsposition für diese Übung bringt. Anstatt die Hinterhand nach Beendigung des Zirkels gerade zu richten, hält man diese mit dem äußeren Schenkel hinter dem Gurt auf dem zweiten Hufschlag, so daß sie auf einer anderen Spur als die Vorhand geht. Der innere Schenkel, am Gurt, treibt das Pferd vorwärts und erhält dabei die Biegung und den Impuls. Der innere Zügel behält das Pferd in der richtigen Richtung, während der äußere Zügel die Geschwindigkeit und die Biegung kontrolliert. Der Reiter muß dafür mehr Gewicht auf den inneren Gesäßknochen bringen. Sie müssen die Hinterhand des Pferdes vor jeder Ecke wieder zurück auf den Hufschlag bringen, und Sie dürfen diese Übung nicht zu lang vom Pferd verlangen, andernfalls fühlt es sich durch die ungewohnte Beweglichkeit seiner Hinterhand zu frei und ist vielleicht bei der grundlegenden Arbeit schwerer gerade zu richten. Travers ist aufgrund der Neigung der meisten Pferde, lieber mit der linken Hand Verbindung aufzunehmen, wahrscheinlich leichter auf der linken Hand. Wie beim Schulterherein verlangen wir diese Übung zuerst im Schritt und dann im Trab.

Schulterherein auf der linken Hand auf drei Hufschlägen.

Schulterherein auf der rechten Hand auf vier Hufschlägen.

Die **Traversale** versuchen wir bei einem jungen Pferd normalerweise zuerst im Schritt. Dabei wird vom Pferd verlangt, sich diagonal zu bewegen, so daß das Pferd gleichzeitig vorwärts und seitwärts geht, und jedes äußere Bein über das innere Bein kreuzt. Damit geht das Pferd auf vier Hufschlägen. Sie bekommen die korrekte Biegung, indem Sie auf dem Zirkel reiten und auf dem Weg zurück zum Hufschlag in derselben Biegung bleiben, bis die innere Schulter auf dem zweiten Hufschlag geht. Danach gehen die verschiedenen Bewegungen in verschiedene Richtungen. Bei der Traversale bewegt sich das Pferd auf einer Diagonalen, dabei ist der Körper leicht in die Richtung gebogen, in die es sich bewegt. Der Vorwärtsimpuls und der Rhythmus müssen erhalten werden. Der äußere Schenkel bringt das Pferd seitwärts, während der innere Schenkel vorwärts treibt und den Impuls verlangt. Der innere Zügel ist für die korrekte Biegung zuständig,

und der äußere Zügel kontrolliert die Vorwärtsbewegung und notfalls die Stärke der Biegung.
Sie sollten in die Richtung, in die das Pferd geht,
blicken, die Schultern sind leicht in diese
Richtung gedreht, etwas mehr Gewicht ist auf
dem inneren Gesäßknochen und die innere Hüfte
zeigt nach vorne. Die Lektion ist falsch ausgeführt,
wenn die Hinterhand vorausgeht. Mit anderen
Worten, bei der Traversale nach rechts, die normalerweise leichter ist, geht die Vorhand des
Pferdes etwas mehr nach rechts, der Hinterhand
voraus. Der Kopf des Pferdes darf nicht verworfen
sein; dieser Fehler tritt normalerweise auf, weil
das Pferd nicht gelernt hat, gerade zu bleiben
und auf beiden Händen eine gleichmäßige

Verbindung zu halten.

Verstärkungen werden im Trab und im Galopp
verlangt. Bis jetzt hat das Pferd gelernt, in beiden
Gangarten zu verkürzen und zu verlängern; in
der weiteren Entwicklung steigern wir die Tritte
bis zum Mitteltrab oder Mittelgalopp. Diese sind
etwas länger als im Arbeitstempo, aber kürzer
als die im fortgeschrittenen, starken Tempo. Wir
bemühen uns um eine rundere Oberlinie und verstärken den Impuls aus der Hinterhand, die richtig
gebeugt sein muß, um den Mitteltrab oder Mittelgalopp zu produzieren. Ist die Hinterhand nicht
unter dem Körper, sondern schleift hinterher, verliert das Pferd seinen Rhythmus und sein Gleichgewicht, kann nicht auf die Vorhand fallen und so

Travers nach rechts.

115

keine längeren Tritte produzieren. Es ist die Aufrichtung in diesen Tritten, die ihm die nötige Zeit gibt, um sie zu verlängern. Der Reiter muß die Hinterhand aktivieren, um den Motor anzuheizen, bevor man Mitteltrab oder Mittelgalopp verlangt. Haben Sie das einmal erreicht, geben Sie nur ein wenig mit der Hand nach, ohne die Verbindung aufzugeben.

Übergänge werden im M-Stadium bestimmter. Vom Halt zum Trab und vom Schritt zum Galopp sind sie nun in den Übergängen aufwärts mit eingeschlossen, abwärts geht es vom Trab zum Halten. Diese Übergänge erfordern mehr Energie als die einfachen in den A-Dressuren, die Grundsätze bleiben aber dieselben. Es ist wichtig, das Pferd durch ein paar halbe Paraden wach zu machen, damit es weiß, daß etwas anderes von ihm verlangt wird. Es sollte dann aufmerksam auf Ihre Schenkelhilfen achten, auf Ihre Gewichtshilfen und auf den annehmenden Zügel. Das Pferd achtet schon auf Ihre nachdrücklicheren Hilfen,

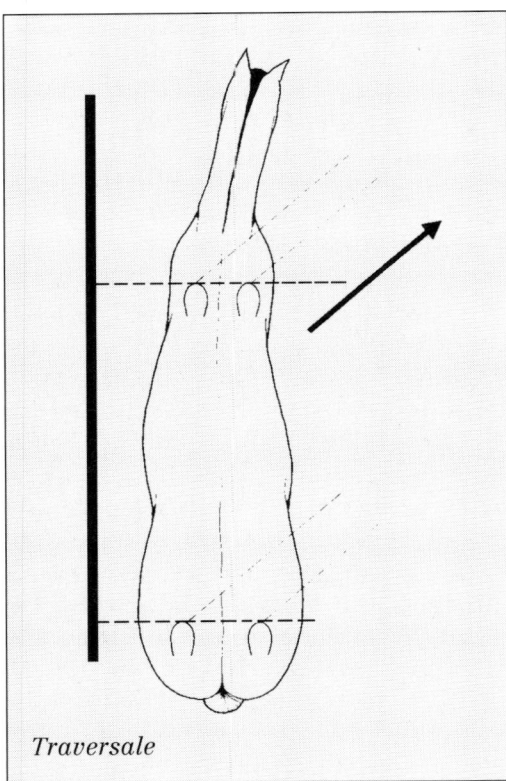

Traversale

die ihm z.B. sagen, daß es vom Trab zum Halten und nicht zum Schritt durchparieren soll.

Der **einfache Wechsel** ist weniger eine neue Lektion, als vielmehr sich weniger Zeit nehmen für etwas, das das Pferd bereits kann. Das Pferd galoppiert auf dem Zirkel, pariert für einige Tritte zum Schritt durch, wechselt die Diagonale und galoppiert auf der anderen Hand an. Es hat bereits die Hilfen zum Angaloppieren gelernt, braucht aber natürlich mehr Impuls, um nach dem Übergang zum Schritt wieder anzugaloppieren.

Außerdem muß das Pferd **Fünf-Meter-Schlangenlinien** im Galopp lernen, diesmal aber ohne Galoppwechsel. Diese Lektion ist eine einfache Version des Außengalopps, dabei wird zum erstenmal vom Pferd verlangt, auf einer Rundung im Außengalopp zu galoppieren. Wir lehren dies in einem frühen Stadium, bewegen uns dabei aber nur 2,50 m vom Hufschlag nach innen, um eine sanfte Rundung zu bekommen. Das Pferd muß entgegengesetzt zu der Rundung, der es folgt, gebogen sein. Die Stellung des Reiters und des Pferdes bleibt dabei auf der führenden Hand, was Hilfengebung und Biegung betrifft. Das Pferd wird mit dem äußeren Zügel und dem inneren Schenkel zu einem Richtungswechsel aufgefordert. Sie müssen darauf achten, daß sich das Pferd wirklich biegt und weder mit der Schulter nach innen fällt, noch mit der Hinterhand nach außen schwimmt.

Das **Rückwärtsrichten** wird ebenfalls in der Dressur verlangt (in Deutschland bereits bei A-Dressuren). Wir neigen dazu, uns diese neue Lektion bis zum Schluß aufzuheben, denn wir wollen immer, daß das Pferd daran denkt, vorwärts zu gehen und deshalb kann sie gegen uns wirken; das Pferd kann nämlich das Rückwärtsrichten als eine Form des Widerstands einsetzen. Wir lehren das Rückwärtsrichten immer, indem wir jemand mit einer Gerte neben uns hinstellen, der uns dabei hilft, dem Pferd genau zu erklären, was es tun soll. Ohne eine solche Hilfe wird es leicht verwirrt. Der Reiter gibt mit der Stimme das Kommando »Zurück« und die gebräuchlichen Hilfen. Das bedeutet, daß Sie Ihr Gewicht leicht nach vorne verlagern, um dem Pferd die volle Rückenfreiheit zu geben, mit beiden Schenkeln am Gurt treiben und mit Ihren

Händen annehmen und nachgeben, um jede Vorwärtsbewegung zu unterbinden. In keinem Fall sollte das Pferd rückwärts gezogen werden. Die Person auf dem Boden kann diese Hilfen verstärken, indem sie mit der Hand von vorne an die Schulter des Pferdes drückt, oder vielleicht an derselben Stelle einen leichten Klaps mit der Gerte gibt. Wahrscheinlich nimmt es beim erstenmal den Kopf hoch wie eine Giraffe und es ist hilfreich, wenn man sich dessen bewußt ist. Macht das Pferd nur einen Schritt zurück, loben Sie es, bevor sie einen weiteren Schritt verlangen. Es hilft dem Pferd herauszufinden, was Sie möchten, wenn Sie diese Hilfen anwenden und Sie werden bald in der Lage sein, auf das Stimmkommando zu verzichten. Sowie das Pferd mit den neuen Lektionen vertrauter wird, werden Ihre Hilfen unauffälliger.

ENTSCHEIDUNG ÜBER DIE ERSTE M-VIELSEITIGKEIT

Es ist einfach, sich selbst zu überzeugen, daß das Pferd für eine »M« bereit ist, nachdem es, sagen wir, 11 A-/L-Vielseitigkeiten absolviert hat. Theoretisch ist das wahrscheinlich richtig, in der Praxis allerdings funktioniert es nicht immer so. Ich nehme lieber keine Notiz davon, an wievielen oder wiewenigen Prüfungen das Pferd teilgenommen hat, sondern konzentriere mich stattdessen auf das Gefühl, das mir das Pferd über den Geländesprung vermittelt. Die Entscheidung, ob man das Pferd für eine M-Vielseitigkeit nennen soll, ist von seinem Vertrauen und seinem Charakter abhängig und nicht von den Kilometern auf seinem Tacho. Findet Ihr Pferd die größeren Hindernisse nervenaufreibend, können Sie sein Selbstvertrauen wieder aufbauen, indem Sie zu L-Prüfungen zurückgehen. Die Entscheidung, einen M-Kurs in Angriff zu nehmen, begründet sich allein auf das Selbstvertrauen des Pferdes in der Geländestrecke. Sie können die Dressur reiten, ohne ihm Schaden zuzufügen, und auch die etwas höheren Sprünge im Parcours werden Ihr Pferd nicht in eine Krise stürzen. Macht es aber einen Fehler im Gelände, haben Sie guten Grund,

deprimiert zu sein. Eine Verweigerung würde bedeuten, daß das Pferd weiß, wie man anhält; und ein Sturz würde sein Selbstvertrauen ernsthaft untergraben. Bei dem ersten Versuch meines Pferdes in diesem Schwierigkeitsgrad bin ich immer sehr darauf bedacht, eine leichte »M« mit vielen Alternativen auszusuchen.

GALOPPTRAINING
Da die Geländestrecke einer M-Vielseitigkeit etwas länger ist, muß das Pferd etwas fitter sein, als es bei einer A-Vielseitigkeit war. Beim Training auf ebenem Boden kann man deshalb von drei Fünf-Minuten-Galopps auf drei Sechs-Minuten-Galopps steigern, jeder Block aber mit anschließender Pause. Sind Sie in der Lage, auf einem Hügel mit leichter Neigung galoppieren zu können, ist es vielleicht wirkungsvoller, von den drei Sechs-Minuten-Galopps auf zwei Sieben-Minuten-Galopps überzugehen. Das tatsächliche Programm muß sowohl an das jeweilige Pferd als auch an das Terrain angepaßt werden; manche werden mit drei Galopps und zwei Pausen fitter, während anderen mit zwei Galopps und einer Pause besser gedient ist. Ich verlasse mich in gleichem Maße auf die Atmung des Pferdes wie auf die Stoppuhr, wenn ich mich über die Länge der Pausen entscheide, sie sind aber nie länger als eine Minute oder länger als drei Minuten. Die tatsächliche Dauer liegt irgendwo zwischen diesen beiden Parametern. Ist es sehr heiß, schnauft das Pferd tiefer und länger. Es bekommt deshalb eine etwas längere Pause als an einem kalten Tag. Es ist immer noch wichtig, die Erholungszeit zu messen und mit dem eigenen Programm flexibel zu sein. Sie wollen immer noch nicht, daß das Pferd bei einer Ein-Tages-Prüfung fit wie für eine lange Prüfung ist, noch wollen Sie, daß sich das Pferd in irgendeiner Weise am Ende der Geländestrecke quält. Bleibt die Erholungszeit bei den längeren Galopps dieselbe, ist das Pferd wahrscheinlich genau im richtigen Konditionszustand für eine M-Vielseitigkeit. Hat es einmal mit den M-Prüfungen begonnen, kann man das Pferd mit zwei Sieben-Minuten-Galopps (und den notwendigen Pausen) an den Wochenden, an denen es nicht auf Turnieren startet, am Laufen gehalten werden.

Man lernt
dem Pferd das
Rückwärts-
richten und
benutzt dabei
Stangen auf
dem Boden,
um es gerade
zu halten.
Der Helfer er-
muntert es zum
Rückwärts-
gehen, indem
er ihm leicht
auf die Schul-
ter klopft.

Das Pferd
antwortet auf
die Hilfen des
Reiters, bleibt
gerade, wäh-
rend es inner-
halb der Stan-
gen rückwärts
geht.

SPRINGEN

Das Pferd springt über A-Geländesprünge beträchtlich schneller als über Parcourssprünge. Diese zusätzliche Geschwindigkeit resultiert in einem flacheren Sprung; wir müssen deshalb versuchen, seine natürliche Basküle wiederzugewinnen. Das geschieht mit Hilfe gymnastischer Übungen, die zusätzlich die Geschmeidigkeit und die Elastizität der Muskeln verbessern. Die in Kapitel 9 beschriebenen Reihen – und Ihre persönlichen Abwandlungen davon – sind von speziellem Nutzen für das Pferd mit dem langen Galoppsprung. Pferde mit kurzem Galoppsprung, die etwas athletischer sind, ziehen wahrscheinlich größeren Nutzen aus Galoppkombinationen mit verschiedenen Distanzen. Eine Kombination, die für Pferde auf einem A-Niveau geeignet ist, würde aus drei Hindernissen bestehen, die langsam erhöht werden. Das erste wäre 0,90 m hoch, das zweite 1,10 m und das dritte 1,15 m. Eine Distanz von 7,90 m zwischen den Hindernissen erfordert einen etwas längeren Galoppsprung. Mit der Erfahrung, die das Pferd sammelt, werden die Distanzen und die Höhen verändert, damit das Pferd lernt, seine Galoppsprünge zu verlängern und zu verkürzen. Reihen mit vier und sechs Steilsprüngen über 1,10 m sind eine sehr gute Übung.

Sie veranlassen das Pferd dazu, sauberer zu springen und bei erneutem Verändern der Distanzen, wann immer es nötig ist, die Länge seiner Galoppsprünge anzupassen. Vielleicht haben Sie einige Fehler in seiner Springtechnik entdeckt. Vielleicht verliert es Kraft, weil es beim Anreiten eines Hindernisses nach einer Seite wegschwimmt, dabei verringert sich die vorwärtstreibende Kraft, die das Pferd befähigt, das Hindernis leicht zu überwinden. Auf den Boden gelegte Stangen, wie in Kapitel 5 beschrieben, kann man verwenden, um diese Neigung zu korrigieren – man kann diese auch etwas enger zusammenlegen, damit das Pferd noch weniger Platz zum Wegdriften hat. Außerdem könnte das Pferd Zeit und Energie verschwenden, weil es zu hoch springt. Normalerweise bedeutet das, daß das Pferd seine Beine nicht ausreichend faltet, um das Hindernis aus einer niedrigeren Sprungkurve fehlerfrei zu überwinden. Sein Körper muß höher kommen, um seine herunterhängenden Gliedmaßen auszugleichen. Man kann dem Pferd lernen, seine Vorderbeine zu falten, Sie müssen dabei aber aufpassen, daß es nicht seine natürliche Basküle verliert und anfängt, mit einem weggedrückten Rücken zu springen. Arbeit mit Hindernisreihen ist die beste Möglichkeit, das erste Problem zu beheben, ohne ein anderes zu schaffen. Ein Pferd, das ständig zu hoch springt, wird ausnahmslos weiter von den Hindernissen entfernt landen, als ein Pferd mit einer niedrigeren Sprungkurve. Wenn Sie langsam die Distanzen innerhalb der Reihe verkürzen, wird das Pferd erkennen, daß es irgendeine Möglichkeit finden muß, um näher am Hindernis, über das es gesprungen ist, zu landen. Es muß deshalb niedriger springen. Wenn es diese Lösung zum erstenmal ausprobiert, trifft es vielleicht die Stange. Die einzige Alternative, die ihm übrigbleibt, ist, die niedrigere Flugkurve beizubehalten und die Vorderbeine einzufalten. Ähnliche Ergebnisse kann man erzielen, wenn man eine Stange 2,70 bis 3,50 m nach dem Hindernis auf den Boden legt, dann nämlich muß das Pferd etwas näher am Hindernis landen, um vor der Stange zu landen und nicht drauf zu steigen. Um das zu schaffen, muß sein Körper niedriger sein; will es das Hindernis aber trotzdem fehlerfrei überwinden, muß das Pferd seine Vorderbeine falten. Ihr Pferd muß in den Hindernisreihen hart arbeiten und macht all Ihre Bemühungen zunichte, wenn Sie von ihm verlangen, zu lange weiterzumachen. Stoßen Sie beim Springen auf ein großes Problem, können Sie es nicht lösen, indem Sie ständig daran arbeiten. Es ist sehr oft viel besser, einige Tage auszureiten und wieder zum Springen zurückzukommen, wenn das Pferd geistig und körperlich erfrischt ist. Seine Technik und sein Vertrauen sollten durch die Ausbildung und die kleinen Turniere verbessert werden. Bevor ich in einer M-Vielseitigkeit an den Start gehe, versuche ich, im Training über einige M-Sprünge zu reiten. Vielleicht starte ich auch in einigen schwierigeren Springen, aber nur, wenn das Pferd von Haus aus etwas mehr Temperament hat. Sie können das Parcoursspringen auch übertreiben, in dem das Pferd um so weniger motiviert ist, je mehr Sie tun. Oft sind sie besser, wenn sie frisch zu der Dis-

Vergewissern Sie sich, daß Ihr Pferd ausreichend Vertrauen hat, um den großen Schritt von L zu M zu schaffen.

ziplin kommen. Deshalb versuche ich immer am Beginn der Saison, zwei oder drei Springen zu reiten, sechs Wochen, bevor die Vielseitigkeitssaison beginnt und belasse es für die restliche Saison dabei.

DAS ABGEHEN DER GELÄNDESTRECKE

Die Hindernisse einer M-Strecke sind mit Sicherheit höher als alles, was das Pferd bis jetzt im A-/L-Bereich bewältigt hat. Sie enthalten aber wahrscheinlich dieselben Bestandteile wie diejenigen, die es bereits gesprungen hat. Wenn Sie genau nachdenken, können Sie wahrscheinlich jedes Hindernis mit etwas ähnlichem, das das Pferd bereits früher in niedriger und einfacher Form überwunden hat, verbinden. Ist die Assoziation einmal gefunden, können Sie sich überlegen, wie Sie die einfache Version geritten hatten, und wie das Pferd gesprungen war. Pferde sind Gewohnheitstiere, und ich bin mir sicher, daß sie sich an die Mini-Ausgaben der schwierigeren Hindernisse, die ihnen auf ihrem Weg nach oben begegnen, erinnern. Wenn

Sie ebenfalls auf etwas Erfahrung als Reiter zurückgreifen können, haben Sie mehr Vertrauen und eine bessere Vorstellung davon, wie Sie an diesem Hindernis reiten sollen. Es könnte nur einen schwierigeren Anreiteweg oder eine schwierigere Landung erfordern, und Sie müssen das Hindernis nun etwas anders in Angriff nehmen, als der Sprung mit grundlegenden Ähnlichkeiten, den Sie in der Vergangenheit bereits überwunden haben. Hat Ihr Pferd die direkten Wege in den A-/L-Prüfungen bereits erfolgreich bewältigt, gibt es keinen Grund dafür, warum Sie dasselbe nicht auch in Ihrer ersten M-Strecke versuchen sollten. Wie auch immer, Sie sollten auf jeden Fall nicht versuchen, den Helden zu spielen. Hatte der Aufbauer einen Geistesblitz, der mir schrecklich erscheint, werde ich mit Sicherheit mit meinem unerfahrenen M-Pferd über eine langsamere Alternative reiten, sofern es eine gibt.

Dieses Pferd geht vertrauensvoll über einen respektablen L-Sprung.

DAS TURNIER

Die erste M-Vielseitigkeit zeigt Ihnen wahrscheinlich, ob Ihr Training grundsätzlich fruchtet oder nicht. Die Fehler in diesem Bereich werden mit dem Aufstieg in einen anderen Schwierigkeitsgrad transparenter, denn das Pferd kann die schwierigeren Lektionen nicht ausführen, wenn die Grundlage nicht stimmt. Außerdem bekommen Sie weitere Hinweise über den Mut und das Vertrauen des Pferdes. Es ist nichts Ungewöhnliches, wenn das Pferd bei seiner ersten Erfahrung über eine »M« etwas die Nerven verliert, daher nütze ich gern die Gelegenheit, um zu einer A-/L-Strecke zurückzugehen. Normalerweise habe ich eine leichte »M« als Ziel der Frühlingssaison, und wenn sich das Pferd nicht über größere Sprünge in seinem Element zu fühlen scheint, starte ich im Herbst in ein bis zwei A-/L-Prüfungen. Danach ist das Pferd hoffentlich in der Lage, mit neugewonnenem Vertrauen mehr M-Vielseitigkeiten in Angriff zu nehmen.

ZUSAMMENFASSUNG

Die neuen Lektionen, die in den M-Aufgaben erforderlich sind, werden sechs Monate (oder mehr) vor dem ersten Start in diesem Schwierigkeitsgrad beigebracht. Treffen Sie die Entscheidung, ob das Pferd schon soweit ist, aufgrund seiner Art und Weise im Gelände zu gehen. Wählen Sie für Ihren ersten Versuch eine leichte »M« aus. Verlängern Sie die Zeit Ihres Galopptrainings von drei auf sechs Minuten, mit Pausen dazwischen. Prüfen Sie weiterhin die Erholungswerte. Machen Sie gymnastische Springübungen, um die Geschmeidigkeit und die Elastizität zu verbessern. Arbeiten Sie an der Verbesserung der Springtechnik. Trainieren Sie über M-Geländesprünge, bevor Sie in einer M-Vielseitigkeit starten. Muß das Pferd sein Vertrauen zurückgewinnen, gehen Sie für ein bis zwei Prüfungen auf A-/L-Niveau zurück.

Hilfen für die neuen A-Lektionen

Schulterherein:
Beginnen Sie nach dem Zirkel oder nach einer Wendung, wenn die Vorhand des Pferdes den Hufschlag verlassen hat. Das Gewicht ist auf dem inneren Gesäßknochen.
Erhalten Sie die Biegung mit dem inneren Zügel. Verlangen Sie die laterale Biegung mit dem äußeren Zügel. Der innere Schenkel am Gurt treibt das Pferd von sich weg vorwärts. Der äußere Schenkel hinter dem Gurt erhält den Impuls und kontrolliert die Hinterhand. Beenden Sie, indem Sie das Pferd gerade richten und geradeaus vorwärts reiten.

Travers (Ausbildungsübung):
Beginnen Sie aus einer Wendung oder von einem Zirkel, bevor die Hinterhand des Pferdes auf den Hufschlag zurückkehrt. Das Gewicht ist auf dem inneren Gesäßknochen.

Der innere Schenkel am Gurt erhält den Impuls. Der äußere Schenkel hinter dem Gurt schiebt die Hinterhand vom Hufschlag weg. Der innere Zügel verlangt die Stellung und die Richtung. Der äußere Zügel kontrolliert die Biegung und das Tempo.

Traversale (nur im Schritt, bis das Pferd erfahrener ist):
Beginnen Sie aus der Position des Schulterherein und bewegen Sie sich auf der Diagonalen. Etwas mehr Gewicht auf dem inneren Gesäßknochen, dabei zeigt die innere Hüfte nach vorne. Der innere Schenkel am Gurt treibt vorwärts und erhält den Impuls. Der äußere Schenkel hinter dem Gurt treibt das Pferd seitwärts. Der innere Zügel gibt die korrekte Biegung. Der äußere Zügel kontrolliert das Tempo und die Biegung.

Mitteltrab und Mittelgalopp:
Erzeugen Sie mit Ihren Schenkeln den Impuls. Verhindern Sie ein Ausweichen der Energie in ein schnelleres Tempo durch Annehmen und Nachgeben der Hand, ohne die Verbindung zu verlieren.

Fünf-Meter-Schlangenlinien im Galopp:
Das Pferd bleibt nach der Hand, auf der es galoppiert, gebogen. Mit Hilfe des inneren Schenkels und des äußeren Zügels muß es einer Kurve in die entgegengesetzte Richtung folgen.

Rückwärtsrichten:
Beginnen Sie mit einem Helfer, der vom Boden aus die Hilfen unterstützt. Gewicht leicht nach vorne verlagert. Die Schenkel wirken hinter dem Schenkel ein. Das Annehmen und Nachgeben der Hand verhindert eine Vorwärtsbewegung.

13

KLEIDUNG UND AUSRÜSTUNG BEI M- UND S-PRÜFUNGEN

Bis jetzt besteht die Garderobe des Reiters aus einem roten oder schwarzen Jacket (für Männer) und einem schwarzen oder blauen Jacket (für Frauen), um bei M-Vielseitigkeiten starten zu können. Es gibt keinen Grund, zu Ihrer Ausrüstung etwas dazu zu kaufen. Sie haben natürlich die Möglichkeit, bei einer S- oder einer langen M-Vielseitigkeit einen Frack und einen Zylinder in der Dressur zu tragen.

Die Männer haben dabei zusätzliche Ausgaben, weil sie weiße Reithosen und Stulpenstiefel kaufen müssen, um die Ausrüstung zu komplettieren. Frack und Zylinder – egal ob geliehen oder secondhand gekauft – sind natürlich nicht vorgeschrieben, verbessern aber den allgemeinen Eindruck und geben Ihnen ein besonderes Gefühl. Die Frackschöße flattern manchmal ein wenig, Sie müssen deshalb vielleicht zu Hause schon mit Ihrem Frack üben. Wenn Sie aber sowieso bei schlechtem Wetter mit einem langen Regenmantel reiten, ist Ihr Pferd schon an das Gefühl des Stoffes an seinen Flanken gewöhnt.

GEBISSE

Ich habe die Gebisse, die ich bei einem jungen Pferd verwenden würde, wenn sich das ungebrochene Gummigebiß als ungeeignet herausgestellt hätte, bereits erwähnt. In der Hoffnung, daß eines dieser Gebisse ein Erfolg ist und ich immer damit reiten könnte, was aber leider nicht immer der Fall ist. Brauche ich mehr Kontrolle, würde ich es wahrscheinlich mit einem anderen Gebiß versuchen. (Es gibt verschiedene Versionen von Trensen mit Röllchen am Mundstück, die alle verhindern sollen, daß sich das Pferd aufs Gebiß legt, z.B. Copper D Roller oder Dr. Bristol.) Diese Varianten der Trensengebisse können bei einem Pferd, das mit eingerolltem Kopf pullt, meist das Ergeb-

nis von Schlaufzügeln, sehr wirkungsvoll sein. Das Pferd, das mit dem Kopf nach oben pullt, ist leichter zu korrigieren. In diesem Fall verwende ich ein Gummi-Pelham mit einer lockeren Kinnkette oder eine Kinnkette mit Gummiüberzug. Die Kinnkette veranlaßt das Pferd, das Genick zu wölben, dabei bringt es automatisch seinen Kopf nach unten. Ist etwas schärferes nötig, um das Pferd zu kontrollieren und den Kopf nach unten zu bringen, könnte eine Aufziehtrense die Antwort sein – obwohl sie manchmal den umgekehrten Effekt hat und den Kopf noch höher bringt. Obwohl die schärferen Gebisse dem Reiter ein sicheres Gefühl geben, können Sie verheerende Auswirkungen auf die Leistung des Pferdes im Gelände haben. Sie möchten, daß das Pferd vorausdenkt, um vorwärtszugehen und die Hindernisse anzugreifen. Ist das Mundstück aber zu scharf oder fühlt sich das Pferd damit unbehaglich, konzentriert sich zuviel Aufmerksamkeit auf die Hand des Reiters und zuwenig auf die Hindernisse vor ihm. Sie wollen auch nicht, daß die Verbindung zu leicht ist; das Pferd soll bei einer vernünftigen Anlehnung zufrieden sein, um Sie mit zum Sprung zu nehmen.

STOPPUHR

Sie brauchen eine Stoppuhr, wenn Sie bei langen Vielseitigkeitsprüfungen starten möchten, vergewissern Sie sich aber, daß Sie die Uhr lesen können, wenn Sie auf dem Pferd sitzen und schnell reiten. Die Zahlen können im Stillstand klar und deutlich erscheinen, sich aber in einen nutzlos verschwommenen Fleck verwandeln, wenn Sie versuchen, die Uhr auf der Wegestrecke, auf der Rennbahn oder auf der Geländestrecke zu lesen. Eine Reserve-Uhr kann auch wichtig sein; es ist zu spät, eine neue Uhr zu kaufen oder eine aus-

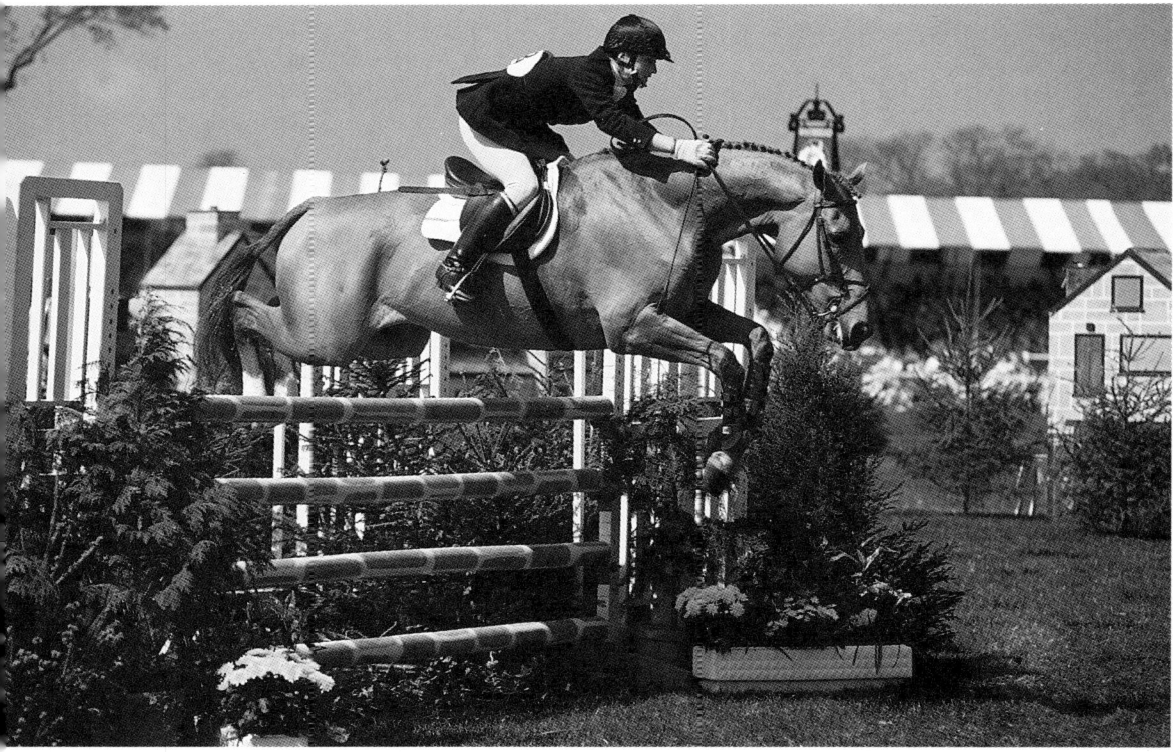

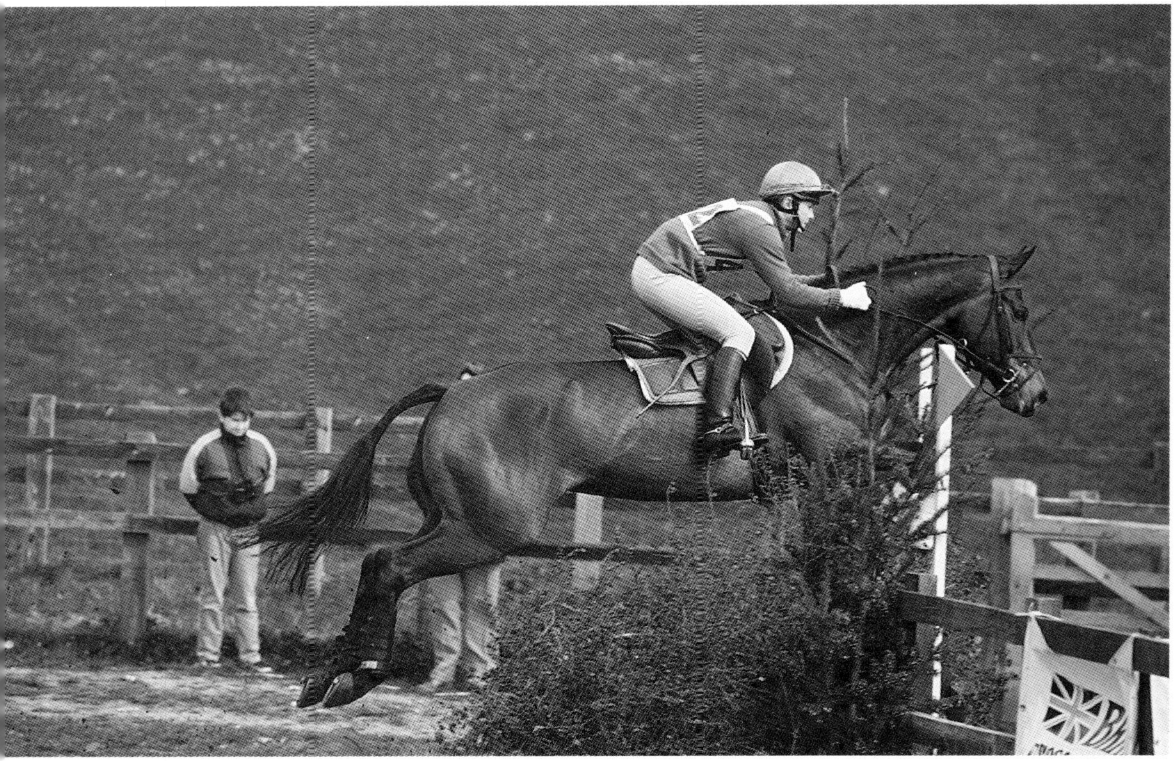

*Bilder links:
Vorschriftsmäßig
angegezogen für den
Parcours mit Griffin
(oben) und für das
Gelände mit Master
Craftsman.*

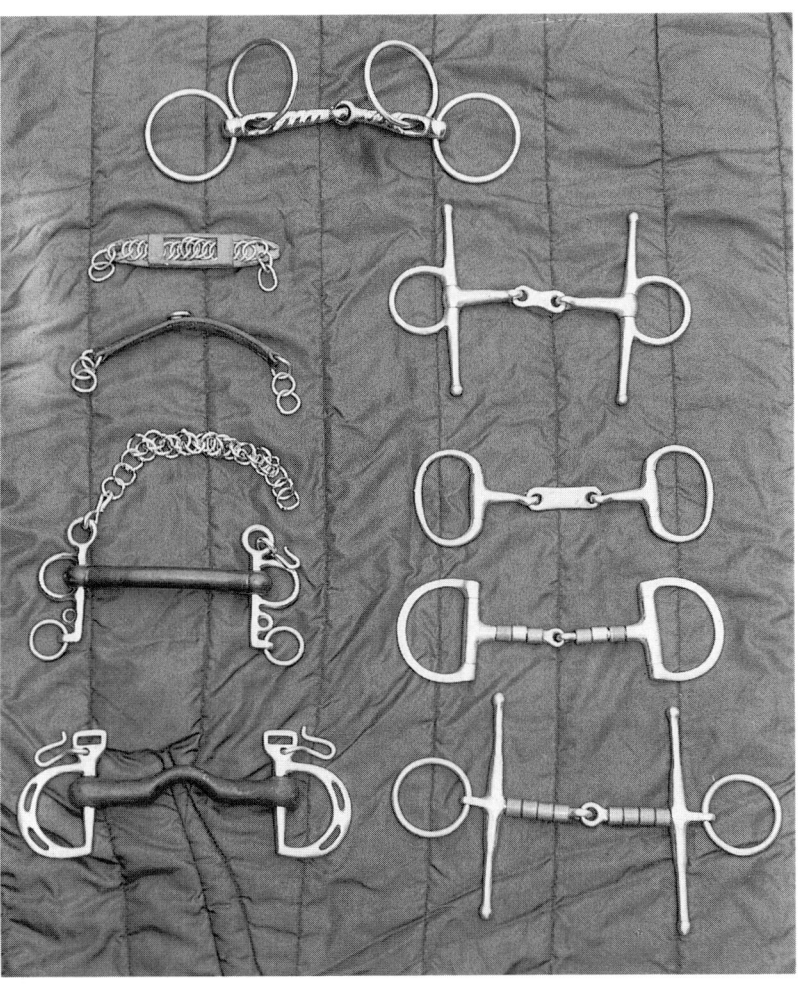

*Gebisse und Kinn-
ketten, die bei einem
pullenden Pferd
wirkungsvoll sind.
Links (von oben
nach unten):
Kinnkette mit
Gummi
Kinnkette mit Leder
Pelham mit
Gummiüberzug
Kinnblewick-Pelham
Rechts (von oben
nach unten):
French bridoon-
Gebiß
Dr. Bristol-Gebiß
Copper D Roller-
Gebiß
Fulmer Copper D-
Gebiß*

zuleihen, wenn die alte Uhr am Turniertag ka- puttgeht. Ich trage meine Stoppuhr immer über meinem Pullover, etwas oberhalb meines Hand- gelenks, wo nichts die Uhr aus Versehen stoppen kann. Aus Versehen einen falschen Knopf zu drük- ken, kann sehr teuer werden, üben Sie deshalb zu Hause, um sicher zu gehen, dieses Mißgeschick zu vermeiden.

ANDERE AUSRÜSTUNG

Es ist sinnvoll, jeden wichtigen Ausrüstungsge- genstand doppelt zu haben, bevor Sie in einer lan- gen Prüfung an den Start gehen. Sie haben wahr-

scheinlich Monate damit verbracht, sich auf die- sen Wettbewerb vorzubereiten und fänden es, milde gesagt, ärgerlich, wenn Sie aufgeben müß- ten, weil ein Teil Ihres Sattelzeugs kaputtge- gangen ist und Sie keinen Ersatz dafür haben. Sie haben die Möglichkeit, eine Kandare bei der Dres- sur einer S-Vielseitigkeit zu verwenden, ich habe aber sehr selten eine benützt. Natürlich gibt sie Ihnen mehr Kontrolle und eine stärkere Versam- mlung, ich habe aber immer die Befürchtung, daß sie zuviel versammelt. Wir bemühen uns nicht um eine Versammlung, wie sie für einen Grand Prix erforderlich ist, und richtig oder falsch, ich habe das Gefühl, daß etwas schiefgehen kann, wenn ich durch die Kandare mehr Versammlung bekomme als ich brauchen kann. Das Pferd muß das Gebiß vertrauensvoll annehmen und für das Springen nach vorne denken. Am liebsten würde ich ein normales Trensengebiß mit einem englischen Nasenriemen verwenden, ich muß aber zugeben, daß ich selten gut damit reiten konnte. Meistens benutze ich ein englisches Reithalfter mit Pullriemen, das mir etwas Kontrolle gibt und ein Blockieren oder Aufsperren des Pferdemauls verhindert. Bei großen Vielseitigkeitsprüfungen verwende ich gerne einen weißen Sattelgurt. Weil dies aber eine rein optische Sache ist und die Gurte entsetzlich schwer sauber zu bekommen sind, möchten Sie sich vielleicht den Aufwand und die Kosten sparen! Ein Nasenschoner aus Schaffell kann beim Parcoursspringen von großem praktischen Nutzen sein, wie ich bei *Master Craftsman* festgestellt habe. Er wurde als Steepler gezogen,

was bedeutete, daß er 5 m vor den Hindernissen und 5 m nach den Hindernissen abheben konnte. Aufgrund seiner Abstammung neigte *Crafty* dazu, zu spät zu baskulieren; damit war der höchste Punkt seiner Sprungkurve hinter dem Hindernis, anstatt genau darüber. Das Schaffell ermunterte ihn, seinen Kopf nach unten zu nehmen, um zu sehen, wohin er ging. Das wiederum brachte eine frühere Basküle und eine kürzere Landung mit sich. Bei bestimmten Prüfungen ist ein Mindestgewicht vorgeschrieben, Sie brauchen also eine Bleidecke und Blei, es sei denn Sie wiegen 75 kg ohne die Decke. Normalerweise galoppiere ich einige Male mit dem zusätzlichen Gewicht, springe aber nicht unbedingt, damit, es sei denn, ich habe ein sehr leichtes Pferd, bei dem ich sehen möchte, wie es das Zusatzgewicht über die Hindernisse trägt. Totes Gewicht ist normalerweise

Barnsby Leng Vielseitigkeits- und Geländesattel.

Startbereit für die Dressur auf Night Cap. Achten Sie auf den Frack der Reiterin und das gerade Blatt des Dressursattels.

leichter für das Pferd; denn im Gegensatz zum Reitergewicht kann es weniger leicht verrutschen und damit das Pferd aus dem Gleichgewicht bringen. Gelegentlich schmieren wir bei Ein-Tages-Prüfungen die Pferdebeine mit Vaseline ein, das ist von der Springtechnik und dem Boden abhängig. Es kann nicht schaden – und es kann eine Menge Gutes tun – wenn Sie es bei jeder Geländestrecke verwenden. Schlägt das Pferd an ein Hindernis, hilft die Schmiere den Beinen darüber zu rutschen. Wir schmieren aber unseren Pferden immer bei langen Prüfungen die Beine ein – auch hier verwenden wir Vaseline. Sie können aber auch ein Pferd erwischt haben, das allergisch darauf reagiert, Sie müssen es also im Vorfeld überprüfen. Hat es eine Allergie, können Sie stattdessen

Wollfett verwenden, das sparsam in der Zwangspause aufgetragen wird. Es gibt keinen Grund, Ihr Pferd wie reif für die Bratpfanne aussehen zu lassen! Es ist eine Qual, die Schmiere (hauptsächlich auf die Kniegelenke, die Innenseite der Hinterhand, auf die Knie und den Vorderarm aufgetragen) zu entfernen. Sie brauchen ein stumpfes Messer und eine Waschlotion, um die Sache wieder loszuwerden. Meine Ausrüstung für lange Prüfungen besteht auch aus einem Easyboot (oder etwas ähnlichem), den man vor der zweiten Wegestrecke drüberzieht, wenn das Pferd auf der Rennbahn ein Eisen verloren hat. Er hat eine Metallschnalle wie ein Skischuh und kann so viel schneller angepaßt werden als ein normales Eisen. Ein Meßrad ist ein weiterer nützlicher Ausrüstungsgegenstand

Wir verlassen die Startbox einer S-Vielseitigkeit mit der vorgeschriebenen Bleidecke mit Gewichten.

bei langen Prüfungen. Es sollte Ihnen aber möglich sein, diese Ausgabe zu sparen, wenn Sie einen Freund finden, der eines besitzt. Außerdem brauchen wir am Geländetag einen Schnürsenkel, der aber nicht in die Nähe der Pferdebeine kommt. Er wird verwendet, um die Trense am obersten Zöpf-chen anzubinden, denn es passiert allzu leicht, die Trense bei einem Sturz herunterzuziehen; mit dem Schnürsenkel, der sie befestigt, haben Sie so wenigstens die Möglichkeit, wieder aufzusteigen und weiterzureiten!

ZUSAMMENFASSUNG

Überlegen Sie sich, ob es notwendig ist, zu Hause mit dem Frack zu üben.

Halten Sie das Gebiß so weich wie möglich. Ist für einen Puller, der nach unten bohrt, mehr Kontrolle erforderlich, kann sich eines der folgenden Gebisse als effektiv erweisen: Dr. Bristol oder Copper D-Gebiß. Pullt das Pferd mit erhobenem Kopf, können ein Pelham mit lockerer Kinnkette oder mit Gummischutz an der Kinnkette die Antwort sein. Eine Aufziehtrense, die schärfer ist, bringt normalerweise den Pferdekopf nach unten, hat aber manchmal den entgegengesetzten Effekt. Vergewissern Sie sich, daß Sie die Stoppuhr beim Gallopieren lesen können. Verdoppeln Sie die grundsätzlichen Ausrüstungsgegenstände. Üben Sie mit Bleigewichten, falls nötig, um das Mindestgewicht zu erreichen.

Suchen Sie die passende Schmiere für die Pferdebeine aus, und testen Sie, ob es nicht allergisch darauf reagiert.

14

Vorbereitung für die erste Drei-Tages-Prüfung

Hätte ich nur ein Pferd und verliefe alles nach Plan (was selten passiert), würde mein junges Pferd im Alter von fünf Jahren bei höchstens zehn A-Vielseitigkeiten starten, mehr L-Prüfungen und zwei oder drei M-Prüfungen im folgenden Jahr laufen, die das Pferd zu einer langen L-Vielseitigkeit hinführen. Ich möchte, daß das Pferd seine erste Drei-Tages-Prüfung genießt, und es hat wahrscheinlich mehr Spaß bei einer Großen L-Vielseitigkeit, die am kürzesten ist und am wenigsten verlangt. Nur weil unsere S-Pferde zu bestimmten Zeiten Vorrang haben, machen unsere jungen Pferde normalerweise ihre erste Erfahrung mit Drei-Tages-Prüfungen bei einer Großen M. Wir suchen diese aber sehr sorgfältig mit einer etwas leichteren Geländestrecke aus. Das kann auch ein Zwei-Sterne CCI** (entspricht einer Internationalen Großen M) sein. Also beantragen wir den internationalen Pferdepaß, beinahe in dem Moment, wo ich anfange, in diese Richtung zu denken. Es kann eine Zeit dauern, bis er von der Internationalen Reiterlichen Vereinigung (FEI) zurückkommt, und ich will mir keinerlei Sorgen machen, ob der Paß rechtzeitig ankommt.

Dressurmässige Arbeit

Ich habe bei Großen M-Vielseitigkeiten (oder CCI**) eine Vielzahl verschiedener Aufgaben geritten; bei einem Turnier mußten wir sogar die FEI-Aufgabe, die in Badminton verlangt wird, reiten. Sie müssen deshalb – so früh wie möglich – herausfinden, welche Aufgabe geritten wird, damit Sie genug Zeit haben, alle neuen Lektionen zu üben. Die Anforderungen der Dressuraufgabe sollten aber trotzdem nicht der einzige Faktor sein, der bestimmt, wann man dem Pferd die neuen Lektionen lernt. Generell gesagt, das Pferd lernt die Dinge, wenn es bereit dafür ist – das kann mehr als ein Jahr vor dem Turnier sein.

In der Zwischenzeit kann es die neuen Bewegungen bei Dressurturnieren üben, das ist eine exzellente Möglichkeit, um dem Pferd Turnieratmosphäre zu vermitteln und seine Fortschritte aufzuzeichnen. Obwohl ich einige schwierigere Lektionen und Übergänge für das Kapitel 16 aufgehoben habe, können Sie sich überlegen, damit auch lange vor der ersten Großen Vielseitigkeit zu beginnen. In der Tat sind vielleicht einige davon in der Aufgabe enthalten und deshalb muß das Pferd sie in diesem Stadium lernen. Egal, was für einen Standard das Pferd in seinem Training erreicht hat, man muß ihm die Zeit geben, um seine Hinterhand zu aktivieren, bevor man irgendwelche Seitengänge oder andere schwierige Übungen von ihm verlangt. Bei einem kurzen Pferd kann das nur 5 Minuten dauern und bis zu 40 Minuten bei einem Pferd mit einem langen Rücken. *Master Craftsman* fällt in die zweite Kategorie und braucht immer sehr viel Arbeit, bis seine Hinterhand aktiv untertritt. Beim Abreiten vor der Dressur warte ich bis zu den letzten 10 Minuten mit den Seitengängen.

Fitness-Programm

Alle unsere Pferde haben das gleiche Anfangsprogramm, egal ob sie als Ziel eine Drei-Tages-Prüfung haben oder nicht. Sie gehen erst getrennte Wege, wenn sie für eine Ein-Tages-Prüfung fit genug sind; die Pferde, die für eine Große Prüfung trainiert werden, haben eine völlig unterschiedliche Routine. Sie können dieses Ziel auf viele verschiedene Weisen erreichen, unter Verwendung der Möglichkeiten, die Sie haben. Berge haben

Ein guter Rahmen im Trab, der Harmonie zwischen Pferd und Reiter zeigt.

unschätzbare Vorteile, sie verbessern die Lunge, das Herz und den Muskeltonus und ermöglichen Ihnen, das Pferd mit weniger Galopptrainingseinheiten fit zu bekommen. Das ideale Gelände für schnellere Arbeit wäre eine Galoppbahn mit Allwetterboden oder Grasboden und einem gleichmäßigen Anstieg. Wenn Sie diese Möglichkeiten nicht haben, müssen Sie improvisieren. Zwei verschiedene Tabellen, die im Training eingesetzt wurden, um Pferde für eine Große S-Vielseitigkeit oder Championate zu trainieren, sind im Kapitel 17 enthalten. Sie können vielleicht eine davon übernehmen – oder möglicherweise Teile von beiden verwenden – um Ihren eigenen Bedürfnissen zu entsprechen. Ist Ihr Pferd noch nie vorher in einer langen Prüfung gestartet, wird es vielleicht schwerer fit. Sein Programm kann deshalb das gleiche sein wie das Programm für ein

S-Pferd, das darauf vorbereitet wird, längere Strecken zurückzulegen. Vollblüter haben jedoch in dieser Hinsicht selten ein Problem, sie arbeiten deshalb wahrscheinlich etwas weniger. Kürzungsvorschläge für Große L- und M-Prüfungen sind in den Tabellen in Kapitel 17 gegeben.

RENNBAHN

Sind Sie bei Ein-Tages-Prüfung nahe an die optimale Zeit (oder in die Zeit) geritten, sind Sie bereits einigermaßen flott galoppiert. Sie müssen aber in den nächsten Gang schalten, um bei einer langen Prüfung, auf der Rennbahn in der geforderten Zeit zu reiten. Sie müssen aber auch in dem schnelleren Tempo üben und lernen, die verlangten Meter pro Minute abzuschätzen, mit der Meßmethode, die Ihnen am meisten liegt. Schätzen Sie die Kilometer pro Stunde, bedeutet das, daß Sie die Geschwindigkeit mit einem Auto, das neben Ihnen herfährt, messen können, wie in Kapitel 9 bereits erwähnt.

Um die Meter pro Minute zu messen, brauchen Sie eine Stoppuhr und Markierungen – Sie können aber auf die Umrechnungstabellen verzichten, weil auf diese Weise die Geschwindigkeit im Regelbuch angegeben ist. Als Alternative dazu können Sie leicht die Distanzen selbst abmessen und zu Hause Ihre eigenen Markierungen aufstellen.

Wenn Sie einen Vollblüter reiten, sollte das schnellere Tempo kein Problem sein; er kann bereits galoppieren, denn er wurde dafür gezüchtet. Sie müssen sich nun auf den Ausdaueraspekt konzentrieren. Bei einem Halbblüter, der lange Strecken in einem langsameren Tempo galoppieren kann, muß man daran arbeiten, ein schnelleres Tempo durchzuhalten. Sie hatten wahrscheinlich bei einer A-/L-Vielseitigkeit bereits die Gelegenheit, einige Rennbahnhindernisse zu springen; dann muß Ihr Pferd nicht mehr unbedingt über Rennbahnsprünge trainiert werden. Es ist natürlich für Sie als Reiter von Nutzen, speziell wenn Sie noch relativ unerfahren sind.

FITNEß DES REITERS

Die Geländestrecke, Wegestrecken und Rennbahn einer Großen Prüfung sind viel anstrengender als bei einer Ein-Tages-Prüfung. Sie müssen deshalb irgendwelche gymnastische Übungen oder andere Dinge machen, um Ihre eigene Kondition aufzubauen, egal wie viele Pferde Sie jeden Tag zu Hause reiten. Dabei können Sie sich selbst aussuchen, was Ihnen am besten gefällt: Seilspringen, Joggen, Schwimmen, Radeln auf dem Heimtrainer oder was auch immer – und Sie müssen es mindestens dreimal in der Woche tun.

FÜTTERUNG

Wir schlagen ungern Fütterungstabellen vor, weil die Menge bei jedem einzelnen Pferd variiert.

Wie bereits erwähnt, müssen Sie die erforderliche Futtermenge aufgrund seiner Erscheinung und dem Gefühl, das Ihnen das Pferd beim Reiten gibt, abschätzen. Ist ein Pferd aus Ivyleaze schon einmal in einer Großen Prüfung gestartet, haben wir den Vorteil, daß wir nachschlagen können, wieviel Kraftfutter das Pferd damals bekommen hat – und wie es damit zurechtkam. Unter Berücksichtigung der Richtlinie, daß man 1 Pfund Kraftfutter für jede pro Tag zurückgelegte Meile füttert, kann man natürlich erwarten, daß die Menge für die längeren Strecken, die bei Großen Prüfungen zurückgelegt werden, ebenfalls vergrößert wird. Das ist normalerweise (natürlich nicht automatisch) richtig. Weil wir immer versuchen, das Pferd mit so wenig Kraftfutter wie möglich für seine Aufgabe fit zu machen, füttern wir selten mehr als 12 Pfund am Tag, meistens viel weniger. Die Menge an Rauhfutter hängt mehr von seiner Taille ab, als vom Grad seiner Fitneß. Hat das Pferd Gewichtsprobleme, erlaubt man ihm natürlich nicht, sich den ganzen Tag auf der Weide den Bauch vollzuschlagen. Auch Heu und Kops werden sparsamer gefüttert, weil wir nicht möchten, daß das Pferd während des Turniers mit zuviel Übergewicht belastet ist.

TRAINING FÜR VERFASSUNGSPRÜFUNG

Es ist sehr leicht, ein gesundes Pferd lahm aussehen zu lassen. Es muß lediglich seinen Kopf drehen – normalerweise in die Richtung der Person, die es vortrabt –, um schief anzutraben, was es immer ungleich erscheinen läßt. Ich übe das Vortraben immer zu Hause und führe das Pferd dabei auf der falschen Seite, damit es nicht in die Angewohnheit verfällt, seinen Kopf nach links zu drehen. Abgesehen davon, daß ich seinen Kopf und seinen Hals absolut gerade halten möchte, muß ich das beste Tempo herausfinden. Die Richter bestehen auf einem Arbeitstrab (und nicht auf dem Mitteltrab), die Geschwindigkeit kann aber in diesem Tempo variiieren. Manche Pferd verkürzen ihre Tritte, wenn sie zu schnell laufen; andere sehen sehr schlurfend (und ziemlich seltsam) aus, wenn sie zu langsam traben. Sehr viele

Die Wegestrecken machen eine Große Prüfung genauso zu einem Ausdauer- wie Geschwindigkeitstest. Gehen Sie sicher, daß Ihr Pferd ausreichend Fitneßtraining absolviert hat, um in der Lage zu sein, mit dem Ausdaueraspekt fertig zu werden.

Rechts: Wenn Sie noch nie auf einer Rennbahn geritten sind, ist etwas Übung im erforderlichen Tempo hilfreich.

*Um sicherzu-
gehen, daß Pferd
und Reiter sich
damit wohlfühlen,
sollte man mit der
Bleidecke im Trai-
ning galoppieren.
Achten Sie darauf,
daß das Gewicht
gleichmäßig ver-
teilt ist.*

Pferde traben schlecht an der Hand, weil sie alles
anglotzen, was in ihrer Nähe ist, oder die Unterstützung durch den Reiterschenkel brauchen und
sonst aussehen wie ein ungehobelter Klotz. Die
Übung zu Hause perfektioniert die Sache vielleicht nicht, ist aber sicherlich hilfreich.

ZEITPLAN

Eine Drei-Tages-Prüfung, vor allem eine mit zwei
Dressurtagen, mag in der Theorie im Vergleich
zu den Ein-Tages-Ausflügen vielleicht äußerst ge-
ruhsam erscheinen. In der Praxis kann es aber

ganz schön hektisch werden. Das Pferd muß zweimal am Tag geritten werden, wenn es übermütig ist; Sie müssen die Geländestrecke mindestens dreimal abgehen, die Rennbahn mindestens zweimal und einen zweiten Blick auf die Wegestrecke werfen, nachdem Sie einmal in einem völlig überfüllten Fahrzeug herumgefahren wurden. In all das muß das Briefing, die Verfassungsprüfung, ein kurzer letzter Galopp und der eigentliche Wettkampf eingepaßt werden. Außerdem braucht auch das Pferd eine bestimmte Zuwendung in seinem Stall! Einmal des groben Musters bewußt, müssen wir zumindest einmal am Tag die feineren Details unseres Programms planen. Das geschieht jeden Abend, wenn wir detaillierte Pläne für den nächsten Tag machen.

CHECKLISTE

Zusätzlich zu den Gegenständen, die für eine Ein-Tages-Prüfung erforderlich sind (siehe Seite 92), würde ich fogendes mitnehmen:

Für den Reiter:
Frack und Zylinder (freiwillig)
Stoppuhr (und Ersatzuhr)

Für das Pferd:
Reserve aller grundsätzlich wichtigen Ausrüstungsgegenstände
Easyboot
Bleidecke und Bleiplatten
Vaseline oder Wollfett
Gummihandschuhe
Stumpfes Messer und Waschlotion
Schaffellnasenriemen und Pullerriemen
Weißer Sattelgurt für die Dressur (freiwillig)
Schnürsenkel (um die Trense am obersten Zöpfchen zu befestigen)
Animalintex

Andere wichtige Dinge:
Pferdepaß (falls erforderlich)
Wenn es heiß ist, kümmern Sie sich, ob Eis erhältlich ist.

ZUSAMMENFASSUNG

Beantragen Sie den Pferdepaß, wenn es nötig ist. Erkundigen Sie sich nach der Dressuraufgabe und lernen Sie notfalls alle neuen Lektionen. Vergewissern Sie sich bei der dressurmäßigen Arbeit, daß die Hinterhand des Pferdes aktiv ist, bevor Sie Seitengänge oder andere schwierige Übungen verlangen. Arbeiten Sie ein Fitneßprogramm aus (siehe Tabellen in Kapitel 17). Üben Sie das Tempo, das auf der Rennbahn verlangt wird. Denken Sie daran, daß man bei Vollblütern an der Ausdauerleistung arbeiten muß. Bei Halbblütern muß an der Erhaltung einer höheren Geschwindigkeit gearbeitet werden. Der Reiter muß ein Fitneßtraining absolvieren. Das Pferd braucht wahrscheinlich aufgrund der längeren Strecken, die zurückgelegt werden, eine erhöhte Menge an Kraftfutter.

Trainieren Sie für die Verfassungsprüfung. Vergewissern Sie sich, daß die notwendige Ausrüstung in gutem Zustand vorhanden ist.

15

DIE ERSTE DREI-TAGES-PRÜFUNG

Wenn wir nicht ins Ausland fahren, kommen wir bei Großen L- oder M-Vielseitigkeiten normalerweise einen Tag vor dem Briefing an. Für ein Turnier in Übersee gebe ich gern noch zwei Tage dazu, damit das Pferd genug Zeit hat, sich von der Reise zu erholen. Die Ankunftszeit ist so geplant, daß das Pferd einen ruhigen Ausritt am Bestimmungsort machen kann, um sich zu entspannen, bevor es in seine vorübergehende Stallung kommt. Der Ablauf des nächsten Tages, der so geplant werden muß, daß er in die fest vorgegebenen Daten, wie das Briefing und die erste Verfassungsprüfung, paßt, besteht aus ein oder zwei Ausritten und dem Abgehen der Geländestrecke. Es sei denn, Ihr Pferd hat eine völlig »coole« Einstellung, würde ich es normalerweise zweimal am Tag herausnehmen, um ihm Zeit zu geben, die Atmosphäre aufzunehmen. Mit so vielen Menschen, Geschäften, Blumen, Fahnen, Fahrzeugen und Menschen ist es aufregender, als alles, was das Pferd bis jetzt bei kleineren Turnieren gesehen hat. Der Anblick dieser zusätzlichen Dinge regt das Pferd dabei wahrscheinlich weniger auf als der zusätzliche Lärm.

Das Pferd hat ein viel feineres Gehör als der Mensch; es kann das leiseste Schnalzen Ihrer Zunge oder jedes leise Wort im Training hören. Seltsame Geräusche alarmieren es viel mehr als ein fremder Anblick, man muß ihm deshalb die Chance geben, zu hören und zu sehen, was um uns rundherum vorgeht. Ich versuche selten am ersten Tag dressurmäßig zu arbeiten. Es braucht Zeit, um sich in seiner neuen Umgebung einzugewöhnen, und wenn ich versuchen würde, zu arbeiten, bevor es sich entspannt hat, würde es wahrscheinlich in einem Kampf enden – und das ist das Letzte, was ich in diesem Stadium möchte.

DER TAG DES BRIEFING

Nachdem ich alles andere als ein perfektes Gedächtnis habe, nehme ich ein Notizbuch mit zum Briefing, damit ich mir wichtige Informationen notieren kann. Das kann ineinandergreifende Strafzonen betreffen, enthält aber sicherlich Details darüber, wo wir galoppieren und reiten können. Außerdem werden wir vielleicht über Gebißkontrollen oder Dopingproben unterrichtet. Sofort nach dem Briefing reihen sich die Teilnehmer in einen Fahrzeugkonvoi ein, der die Wegestrecken abfährt. Bei so vielen Menschen und Fahrzeugen ist es nicht immer möglich, zu sehen, wo man hinfährt oder wo die Kilometerpunkte sind. Oftmals bekommen Sie lediglich ein Gefühl für das Terrain. Sie müssen vor dem Geländetag noch einmal zurückkommen, um eine genaue Vorstellung vom Verlauf der Strecke und den Kilometerpunkten zu haben. Ich fahre die Strecke lieber ab, manche reiten sie lieber ab. Egal, was für ein Mittel Ihnen angenehmer ist, Sie müssen sich über die Strecke im klaren sein; man kann leicht an einem Pflichttor vorbeireiten, und das ist eine äußerst enttäuschende Art, disqualifiziert zu werden. Zwischen den beiden Wegestrecken strömen wir alle aus unseren Autos, um die Rennbahn abzugehen. Das endet normalerweise in einem großen Klatsch und nicht in einem konzentrierten Studieren der Hindernisse; ich muß deshalb noch ein- bis zweimal zurückkommen, um mir die Rennbahn noch genauer anzusehen. In der Zwischenzeit habe ich dann dank der Hilfe eines verläßlichen Freundes, der die Rennbahn mit einem Meßrad abgefahren ist, erfahren, wo sich die Minutenpunkte, die Hälfte und dreiviertel der Strecke befinden. Diese Punkte werden beim nächsten Abgehen genau in meinem Kopf festgehalten. Die Informationen, die ich mir am Geländetag auf den Arm schreibe, sagen mir, wann ich an diesen drei Punkten und im Ziel sein muß. Ich übe am Tag der Verfassungsprüfung und des Briefing ein letztes Mal das Vortraben. Anschließend wird das Pferd eingeflochten, die Hufe gefettet und das Karomuster auf die Hinterhand gebürstet, damit es elegant aussieht, wenn es vor der Richtergruppe auftritt. Wir planen eine halbe Stunde vorher ein, damit es geführt werden kann, um seine Muskeln zu lockern und aufzuwärmen. Je nach Wetter trägt es eine leichte oder dickere Decke, und weil es fit und vielleicht übermütig ist, hat es an allen vier Beinen Gamaschen. Diese werden im letzten Moment entfernt; gleichzeitig werden Dreck oder Kieselsteine entfernt. Selbst winzige Steinchen können leichtes Unbehagen verursachen und das Pferd leicht ungerade machen, und das kann ausreichen, um die Verfassungsprüfung nicht zu passieren.

DAS ABGEHEN DER GELÄNDESTRECKE

Die festgesetzte Zeit für die Verfassungsprüfung bestimmt, ob ich die Geländestrecke vorher oder nachher abgehe. Ich meide es, in der Gruppe zu gehen, wenn ich den ersten Blick darauf werfe. Lieber setze ich mich und esse ein Sandwich, während alle anderen Reiter losgehen, um die Hindernisse zu sehen. Wenn ich mit den anderen gehe, ist meine Konzentration ruiniert; ich fange an, deren Vorstellungen aufzunehmen, anstatt mich auf meinen eigenen ersten Eindruck zu konzentrieren. Aus diesem Grund gehe ich lieber allein oder mit Dot oder vielleicht mit einem Freund. Wenn ich es schaffen kann, versuche ich, nicht mit den anderen über die Strecke zu diskutieren. Der erste Eindruck ist ungeheuer wichtig, denn Sie sehen die Geländestrecke so, wie sie das Pferd am Geländetag sieht. Zu diesem Zeitpunkt ist Ihnen die Strecke viel vertrauter, denn Sie sind diese noch zwei- oder dreimal abgegangen, während Ihr Pferd sie beim tatsächlichen Wettkampf zum ersten Mal sieht. Ich versuche, mich auf die wahrscheinliche Reaktion meines Pferdes bei jedem Hindernis zu konzentrieren und darauf, wie ich es reiten möchte. Kombinationen lösen bei mir manchmal für einige Momente Panik aus, bis ich

einen Weg entdeckt habe. Normalerweise gibt es aber einen Weg, den ich beim ersten Abgehen bevorzuge – und schlimm genug – ich ändere selten meine Meinung. Beim zweiten Abgehen höre ich mir gerne die Meinung anderer an; in diesem Stadium möchte ich so viele Informationen über die Strecke ausfindig machen, wie nur möglich. Nach dem ich die Meinung der anderen Reiter aufgenommen habe, muß ich sie auf mein Pferd und seine persönlichen Bedürfnisse übertragen – dabei muß ich sowohl die Länge seines Galoppsprungs als auch seine eventuellen Ängste und Zweifel berücksichtigen. Normalerweise gehe ich den ganzen Kurs dreimal ab. Genauso, wie ich jedes Detail meiner geplanten Route kennen muß, möchte ich mit den Alternativen vertraut sein. Manchmal erweist sich eine bestimmte Route am Turniertag als gefährlich; vielleicht wurde sie durch Regen in der Nacht gefährlich rutschig, oder die Distanz läßt sich nicht so gut reiten, wie ich angenommen hatte. Es nützt Ihnen nichts, vor einer unerwarteten Schwierigkeit gewarnt zu werden, ohne den Weg zu kennen, den Sie reiten müssen, um diese zu vermeiden. Auch bei Verweigerungen ist es wichtig, die Alternative zu kennen, es könnte dann nämlich klüger sein, eine leichtere Route zu wählen. Nützlich ist es, eine ungefähre Vorstellung von der zu erwartenden Zuschauermenge am Geländetag zu haben. Sind große Zuschauermengen zu erwarten, müssen Sie sich vorstellen, wie die Leute ihre Sicht vor dem Hindernis beeinträchtigen. Wird die Strecke mit Seilen abgesperrt, müssen Sie sich überlegen, ob die Seile Ihren geplanten Anreiteweg beeinflussen. Bei bestimmten Hindernissen lehnen sich die Zuschauer soweit über die Absperrungen, daß sie Ihre Sicht völlig versperren. Denken Sie beim Abgehen daran, daß auf einem galoppierenden Pferd alles viel schneller passiert.

DIE LETZTEN VORBEREITUNGEN FÜR DEN DRESSURTAG

Am Abend vor der Dressur überprüfe ich meine Ausrüstung und vergewissere mich, daß meine Kleidung bereit ist und meine Stiefel geputzt sind.

Auch einige andere Dinge müssen im voraus überlegt werden, wie zum Beispiel, wo man die Nummer befestigt. Es ist unsinnig, sie kurz vor dem Einreiten an der Trense zu befestigen, um dann ein kopfschüttelndes Pferd zu haben, das die Nummer dort nicht leiden kann. Heutzutage nähe ich meine Nummer an die Satteldecke, dort ist sie aus dem Weg. Man muß sie nach dem Gelände abtrennen und auf eine frische Satteldecke nähen. Trägt Ihr Pferd eine Schabracke mit einem Wappen, müssen Sie vor der Dressur satteln und sich vergewissern, daß sie paßt, andernfalls besteht das Risiko einer Panik in letzter Minute. Sie steigen dann vielleicht zehn Minuten zu spät auf, das bedeutet, daß Sie durcheinander sind, das überträgt sich auf Ihr Pferd und es wird ebenfalls aufgeregt. Obwohl manche Menschen besser funktionieren, wenn Sie unter Druck stehen, müssen doch die meisten von uns vollkommen organisiert sein, um über den Dingen zu stehen und nicht in helle Aufregung zu verfallen.

Unser Eimer für die Dressur hat wahrscheinlich folgenden Inhalt:

Fliegenmittel und Schwamm (nachdem Sie überprüft haben, daß das Spray erlaubt ist)
LPO und Aufgabenheft
Hufauskratzer
Schwamm und Handtuch
Schablone und Bürste, um ein Muster auf die Hinterhand des Pferdes zu machen
Reservegebiß
Reservetrense
Getränk (für den Reiter)
Reservesporen
Schuhcreme und Lappen zum Polieren.
Bei kaltem oder nassem Wetter wäre auch noch eine Decke für das Pferd und eine Jacke oder ein Regenmantel für den Reiter dabei.

DRESSUR

Die Pläne für den Tag der Dressur sind von jedem einzelnen Pferd abhängig. Vielleicht geht es besser mit einem frühmorgendlichen Galopp oder Ausritt; vielleicht muß man es aber auch nur an der Hand ein wenig spazieren führen. Es ist wichtig zu wissen, was Ihrem Pferd am besten liegt und sich dessen bewußt zu sein, daß sein Verhalten durch die Atmosphäre negativ beeinflußt werden kann.

Die ernsthafte Arbeit beginnt eine Stunde und zehn Minuten vor meiner Dressurzeit. Obwohl manche Pferde länger brauchen, halte ich dies für die ideale Zeit. Sie ermöglicht vierzig Minuten richtige Dressurarbeit, unterbrochen durch Schritteinheiten am langen Zügel, die ungefähr zwanzig Minuten beanspruchen. Die restlichen zehn Minuten bleiben für das Aufhübschen. Zu diesem Zeitpunkt ziehe ich mein Jacket an, während das Pferd noch einmal schnell abgewischt wird, um Schaum von seinem Gebiß und von seinem Hals zu entfernen; die Hufe werden eingefettet, die Hufe ausgekratzt, ein Muster auf die Hinterhand gebürstet und schließlich die Schweifbandage und die Gamaschen entfernt. Die Trennungslinie zwischen einer gefälligen, aktiven Dressur und dem Überkochen kann manchmal sehr dünn sein. Das Pferd ist fitter als es für Ein-Tages-Prüfungen war und es sind mehr Menschen da, die eine aufregende Atmosphäre schaffen; vielleicht geht Ihr Pferd in die Luft, wenn es den Applaus hört, den der Reiter vor Ihnen beim Verlassen des Vierecks bekommt. Wie auch immer, Sie müssen Ihr Pferd so reiten, wie es an dem Tag gerade ist, Ihre Aufmerksamkeit konzentriert sich auf die nächste Lektion, bereiten Sie das Pferd drei Tritte vorher darauf vor. Was auch immer das Pferd macht, Sie müssen Ihre Ruhe behalten.

DIE LETZTEN VORBEREITUNGEN FÜR DEN GELÄNDETAG

Jedes Stück des Sattelzeugs und jeder Ausrüstungsgegenstand muß am Abend vor dem Geländetag kontrolliert werden. Wir packen alles aus, was wir brauchen und untersuchen es, vergewissern uns, daß alle Gegenstände (einschließlich der Reservestücke) in gutem Zustand sind, wählen die Stollen aus, die wir brauchen werden, gehen sicher, daß wir das richtige Gebiß, Trense, Satteldecke, Sattel, Bleidecke und Blei, Gurte und Übergurt dabei haben. Außerdem untersuchen

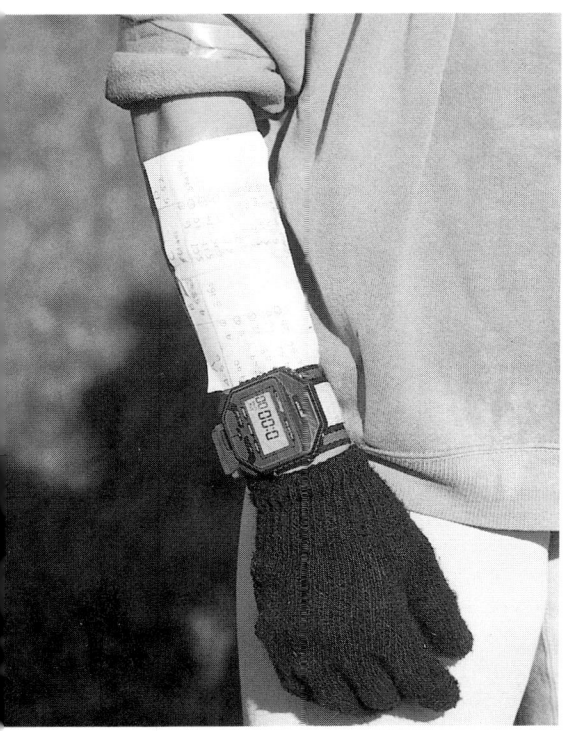

Die notierten Zeiten und die Stoppuhr helfen
diesem Teilnehmer, auf den Wegestrecken und
auf der Rennbahn in der Zeit zu bleiben.

Nehmen Sie sich nach dem Wiegen Zeit, um die
Ausrüstung zu überprüfen, bevor Sie in die Phase
A starten.

wir die Bandagen, Sehnenschoner und Sprung-
glocken und packen alle die Dinge ein, die zum
Start der Rennbahn und in die Zwangspause ge-
bracht werden. Der Eimer für die Rennbahn ent-
hält wahrscheinlich:
Reserveeisen mit bereits eingedrehten Stollen
Easyboot
Reservetrense und Zügel
Reservegurt und Übergurt
Kleiner Erste-Hilfe-Kasten
Bandagen
Schere, Nadel und Faden
Reserve-Stoppuhr
Reservegerte.
Alle diese Dinge werden in die Zwangspause ge-
bracht, sobald ich in die Phase C gestartet bin,
dem zweiten Teil der Wegestrecke. Das folgende
kommt direkt in die Zwangspause:
Getränk für den Reiter (nicht alkoholisch und ohne
Kohlensäure!)
Glukosegetränk für das Pferd
Reservesattel und Reservesteigbügel
Reservesatteldecke
Stollenschlüssel und Stollen
Handtücher
Vaseline oder Wollfett
Gummihandschuhe
Halfter und Führstrick
Reservegummiglocken
Handtücher
Schwämme
Schweißmesser
Eimer (2)
Programm mit Geländeplan
Jacke für den Reiter
Abschwitzdecke
Decken
Ice Packs (wenn es heiß und/oder feucht ist).
Genauso wie wir die Ausrüstung überprüfen müs-
sen, müssen wir uns einen Zeitplan für den Tag
machen. Er beinhaltet den Zeitpunkt, an dem
das Pferd eingeflochten wird und wann es banda-
giert wird, mit ausreichend Zeit, um die Bandagen
anzunähen, ohne daß irgend jemands Daumen zer-
stochen werden, weil alles in Eile geschehen muß.
Außerdem müssen wir uns überlegen, wann das
Pferd gefüttert wird; wieviel es bekommt, hängt

von seiner Startzeit in die Phase A ab. Seine Heuration wird vor dem Gelände immer gekürzt, trotzdem bekommt es am Abend vorher zwischen sechs
und neun Uhr eine Extra-Ration. Es bekommt 2
bis 3 Pfund während der Nacht und egal, welche
Startzeit es hat, eine Handvoll vor dem Kraftfutter am nächsten Morgen.
Meine Zeiten für die Prüfung, die ich am nächsten Tag mit einem Klebeband auf meinem Arm
befestige, schreibe ich mir auf, nachdem wir das
Programm ausgearbeitet haben. Drei-Tages-Prüfungen können sehr unterschiedlich sein, manche Wegestrecken sind großzügiger bemessen als
andere, prüfen Sie deshalb immer die Zeiten. Mein
Zeitplan wird so ausgearbeitet, daß ich die Rennbahn ein bis zwei Minuten vorher erreiche und
zwei Minuten vor dem Geländestart übrig habe.
Ich bemühe mich, die Details so einfach wie möglich zu halten. Bei den Phasen A und C, den beiden Wegestrecken, muß ich wissen, wie lange es
dauert, bis ich jede Kilometermarkierung erreiche. Bei den meisten Prüfungen versuche ich, vier
Minuten pro Kilometer zu brauchen, das ist etwas
schneller als die erlaubte Zeit. Das Ausrechnen
der Zeiten strengt mein Hirn nicht allzusehr an.
Ich rechne einfach: 0-1 (Kilometer) = 4 (Minuten),
1-2 = 8, 2-3 = 12 und so weiter.
Weil ich sowieso die ganze Zeit in der Phase A
trabe, gibt es keine Abweichungen in den Markierungen, es sei denn, die Zeit ist so großzügig
bemessen, daß sie fünf Minuten für einen Kilometer erlaubt, dann könnte man ein wenig Schritt
reiten. In der Phase C, bei der ich immer etwas galoppiere und Schritt reite, schließe ich immer
Fünf-Minuten- und Drei-Minuten-Kilometer ein, die
ich mit einem Sternchen kennzeichne. Für die
Rennbahn schreibe ich mir nur die Zeiten auf, zu
denen ich die vier Punkte auf der Rennbahn erreichen muß – ein Viertel, die Hälfte und dreiviertel
der Strecke, plus das Ziel. Diese Angaben werden
mit Tesafilm auf meinem Arm, direkt unterhalb
des Ellenbogens, vor dem Start der Phase A, befestigt. Ob eine Wolke am Himmel ist oder nicht,
ich wickle den Tesafilm immer solange um meinen Arm, bis das Papier vollständig bedeckt ist.
Sollte es beginnen zu regnen, kann es nicht zer-
stört werden. Meine Geländezeiten berechne ich

danach, wo ich nach jeder Zwei-Minuten-Periode sein muß, wieder mit Hilfe eines verläßlichen Freundes, der die Strecke bereits mit einem Meßrad abgefahren hat. Diese Information brauche ich, bevor ich die Geländestrecke ein zweites und drittes Mal abgehe. Deshalb suche ich mir immer prägnannte Punkte – einen großen Baum oder einen Stadel –, die mir dabei helfen, diese Punkte im Gedächtnis zu behalten. Manche Reiter berechnen alle Minutenpunkte im Gelände, das ist mir aber zu kompliziert, denn da müßte ich mir zu viele Stellen auf der Geländestrecke merken, deshalb fühle ich mich mit meiner vereinfachten Version viel wohler. Die Geländezeiten werden nicht auf meinem Arm befestigt, sondern auf eine Karte geschrieben, die ich mir in der Zwangspause ansehen kann und sichergehen kann, daß die Zeiten unauslöschlich in meinem Gedächtnis eingeprägt sind.

GELÄNDETAG

Ich will 10 Minuten vor meinem Start in die Phase A auf dem Pferd sitzen. Starten wir früh, ist das Pferd vorher mindestens 20 Minuten an der Hand geführt worden. Ist unsere Startzeit so, daß wir in der zweiten Hälfte der Prüfung starten, ist das Pferd früh morgens, bevor die Zuschauer angekommen sind, mindestens eine halbe Stunde geführt worden. Das Pferd weiß genau, daß heute der große Tag ist und produziert vielleicht in seiner Aufregung einige Temperamentsausbrüche. Mit diesem Wissen im Hinterkopf führen wir das Pferd immer mit Kappzaum und Longe. Legt das Pferd dann los, hat die Person, die das Pferd führt, immer noch genug Platz, um mit der Longe zu spielen. Bei einem normalen Halfter genügt ein kurzer Ruck des Pferdes mit seinem Kopf, daß der Führer den Führstrick verliert – und das Pferd dazu. Es sei denn, das Pferd fühlt sich an, als bräuchte es einen kurzen Galopp, um ruhiger zu werden, trabe ich normalerweise auf der ersten Wegestrecke. Manche Reiter geben ihren Pferden am Ende der Phase A einen sog. »Pipe-Opener« (kurzer, schneller Galopp), bevor sie zur Rennbahn kommen, aber ich gehöre nicht zu diesen Reitern. Ich trabe immer weiter und denke an nichts anderes, als daß ich jede Kilometermarkierung in der richtigen Zeit erreichen muß (was aber selten gelingt). Die Rennbahn kommt immer näher und ich wünsche mir, daß sie schon vorbei wäre; es mag ein erhebendes Gefühl sein, über Rennbahnhindernisse zu galoppieren, ich finde es aber nervenzerfetzend, denn bei Drei-Tages-Prüfungen hängt zuviel da-

von ab, daß man es richtig macht. Wenn ich ein bis zwei Minuten früher ankomme, habe ich Zeit, meine Gurte zu überprüfen und zu sehen, ob alles in Ordnung ist, bevor ich in die Phase B starte. Meistens entstehen Fehler auf der Rennbahn, weil der Reiter einen langen Galoppsprung sieht und deshalb zureitet. Das Pferd kann dann vielleicht glauben, daß es zu weit weg ist vom Hindernis und macht noch einen Galoppsprung mehr, wo kein Platz für einen ist – ein Sturz ist häufig das Ergebnis. Wenn ich eine gute Distanz sehe, reite ich zu, lange Distanzen werden aber am besten ignoriert. Man bleibt besser ruhig sitzen und läßt das Pferd entscheiden; mir ist es lieber, wenn das Pferd herumtrickst und dann über den Sprung hoppelt, als auf »groß« zu reiten. Müssen Sie zwei Runden auf der Rennbahn reiten, stellen Sie vielleicht fest, daß Ihr Rennbahn-Anfänger auf halber Strecke die Bremse zieht. Das ist eine ganz normale Tendenz bei jungen Pferden; die Rennbahn ist neu für sie

und nachdem sie sowieso etwas überrascht waren, aus einem schnelleren Tempo als jemals zuvor zu springen, erwarten sie, daß es zu Ende ist, wenn sie zur Startbox zurückkehren. Sie können nicht verstehen, daß man eine zweite Runde von ihnen verlangt. Außerdem ist es potentiell gefährlich und Sie müssen sehr vorsichtig sein. Sie müssen sich fragen, ob das Pferd wirklich müde ist, oder einfach verwirrt, weil Sie noch eine zweite Runde verlangen. Normalerweise wird das unerfahrene Militarypferd langsamer, weil es denkt, daß es das Ziel erreicht hat. In diesem Fall müssen Sie das Pferd aufwecken, damit es wieder in Fahrt kommt. Haben Sie den Verdacht, daß das Pferd erschöpft ist, können Sie es zehn bis fünfzehn Galoppsprünge lang schonen – Sie müssen den Motor aber vor dem nächsten Hindernis wieder anwerfen. Es sei denn, der Boden ist innen tief geworden, halte ich es für den besten Weg, innen ganz dicht an den Rails zu bleiben. Das bedeutet, daß Sie etwas lang-

samer reiten können, weil Sie den kürzesten Weg gewählt haben. Sind die Kurven sehr eng, reite ich trotzdem eng an den Rails, werde aber in den Kurven langsamer, um anschließend wieder Gas zu geben. Auch während dieser Phase denke ich an mein Timing; ich möchte, daß mein Pferd genau in der Zeit ins Ziel kommt, ohne übermäßig beansprucht zu werden. Außerdem erinnere ich mich selbst daran, beim letzten Hindernis sehr vorsichtig zu sein und es mit einer positiven Einstellung anzureiten; man kann leicht denken, daß die Rennbahn zu Ende ist, bevor Sie über den letzten Sprung geritten sind. Sobald Sie wirklich im Ziel sind, müssen Sie sich davor hüten, zu schnell durchzuparieren oder die Zügel hinzuwerfen. Das Pferd muß vorsichtig und ruhig zu einem balancierten Galopp und dann zum Schritt zurückgeführt werden. Wenn es heiß ist, reicht man mir eine Tüte Eis, das man am Hals entlang rubbeln kann, um das Pferd abzukühlen. Am Ende der Rennbahn gibt es einen speziellen Bereich, wo jemand überprüfen kann, ob die Bandagen oder die Eisen noch richtig sitzen, oder ob das Pferd irgendwelche Schrammen oder Schnittwunden hat. Wir nehmen immer weiße Bandagen, damit das Blut sofort sichtbar ist, wenn sich das Pferd verletzt. Ist dies der Fall, müssen wir sofort untersuchen, ob es etwas Ernstes ist, oder ob das Pferd gerade geht, bevor ich weiterreite. Ich bin mir bewußt, daß ich die in diesem Stadium verlorene Zeit auf der zweiten Wegestrecke wieder reinholen muß, aus diesem Grund bin ich darauf bedacht, jede

Bild links: Während der Zwangspause ist Zeit, um sich hinzusetzen und etwas zu trinken.

Bild unten: Ein Schlückchen Glukose für das Pferd während der Zwangspause.

Verzögerung zu vermeiden. Verliert das Pferd ein Eisen, sollte immer ein Schmied in der Nähe sein, der schnell eines der Reserveeisen aus dem dem Eimer für die Rennbahn aufnagelt – normalerweise nehme ich aber lieber den Easyboot für Phase C und gehe sicher, daß jemand einen Schmied in die Zwangspause bestellt. Indem ich zwei Minuten zu früh ankomme, bin ich sicher, daß ich 12 Minuten in der Zwangspause habe, dann muß ich keine verlorene Zeit wieder gut machen, wenn das Pferd vor dem Gelände neu beschlagen werden muß. Auf der zweiten Wegestrecke reite ich Schritt, Trab und Galopp. Diese Gangarten sind weniger belastend für die Beine und ich glaube, daß mein Pferd den Wechsel begrüßt. Wie in Phase A, versuche ich an nichts anderes zu denken, als die Kilometermarkierungen in der richtigen Zeit zu erreichen (wiederum ohne großen Erfolg – die Geländestrecke hat die Angewohnheit, meine Gedanken zu stören!).

Pferde müssen mutig sein, um ins Wasser zu springen. Welton Houdini zeigt, daß er es mit geschlossenen Augen kann!

ZWANGSPAUSE

Ein Tierarzt kontrolliert am Ende der Phase C und beim Einreiten in die Zwangspause, ob das Pferd klar geht und nicht übermäßig gequält aussieht; gibt es kein offensichtliches Problem, besteht nicht die Notwendigkeit, daß der Tierarzt vor dem Geländestart das Pferd noch einmal ansieht. Habe ich vom Tierarzt die Erlaubnis bekommen, abzusteigen, tritt der Rest des Ivyleaze-Teams in Aktion, um sich um das Pferd zu kümmern, während ich Informationen erhalte, wie sich die Strecke reiten läßt – vom Chef d'Equipe (wenn ich in einem Team starte), andernfalls von Dot oder einem anderen Teilnehmer, der bereits über die Hindernisse geritten ist. Ich habe dann kurz Zeit, um mich hinzusetzen, zu entspannen, einen letzten Blick auf den Geländeplan und auf meine Zeiten für die vorbestimmten Streckenpunkte zu werfen. Für diejenigen, die sich um das Pferd kümmern, ist die Arbeit viel härter. Außer ich hatte schreckliche Probleme auf der Rennbahn und mich deshalb dafür entschieden, das Gebiß zu wechseln, lasse ich die Trense drauf (mit einem gelockerten Nasenriemen) und befestige einen Führstrick am Gebiß. Der Gurt und der Übergurt werden ausreichend gelockert, damit man den Sattel anheben kann und den Rücken (genauso wie die Ohren und der Kopf) mit einem Handtuch trocknen kann. Manche Reiter nehmen den Sattel ab, ich lasse aber bevorzugt alles auf dem Pferd. Wenn es sehr heiß ist, bekommt das Pferd einige Schluck zu trinken – eher als Mundspülung, und nicht als Durstlöscher. Vielleicht weil die Pferde wissen, daß ihr Job noch nicht zu Ende ist, trinken sie selten einen tiefen Zug zu diesem Zeitpunkt. Außerdem geben wir ihm ein Traubenzuckergetränk. Bei großer Hitze legen wir Eis auf die Druckpunkte – auf dem Kopf, am Genick und zwischen den Hinterbeinen. Wenn es besonders heiß und feucht ist, waschen wir den Hals, die Kehle und zwischen seinen Hinterbeinen ab. Man muß vorsichtig sein, um nichts anderes naß zu machen, vor allem die Bandagen, die leicht eingeweicht werden, wenn das Abwaschen übereifrig betrieben wird. Erneut untersuchen wir die Beine nach Schrammen oder Schnittwunden und

kratzen die Hufe aus; die Bandagen, Stollen, Eisen und das Sattelzeug werden überprüft und Vaseline/Wollfett auf die Beine aufgetragen. Wenn der Boden weich ist, wechseln wir wahrscheinlich die hinteren Stollen. Wir vermeiden lange Stollen auf den Wegestrecken, denn sie verursachen übermäßige Zerrungen und die Pferdebeine treten während der ganzen Zeit in einem Winkel auf, beides wirkt sich auf die Fesselköpfe und auf die Hinterbeine aus. All das geschieht schnell, denn wir möchten nicht, daß das Pferd zu lange stillsteht. Ist alles fertig, wird es ruhig geführt – mit einer

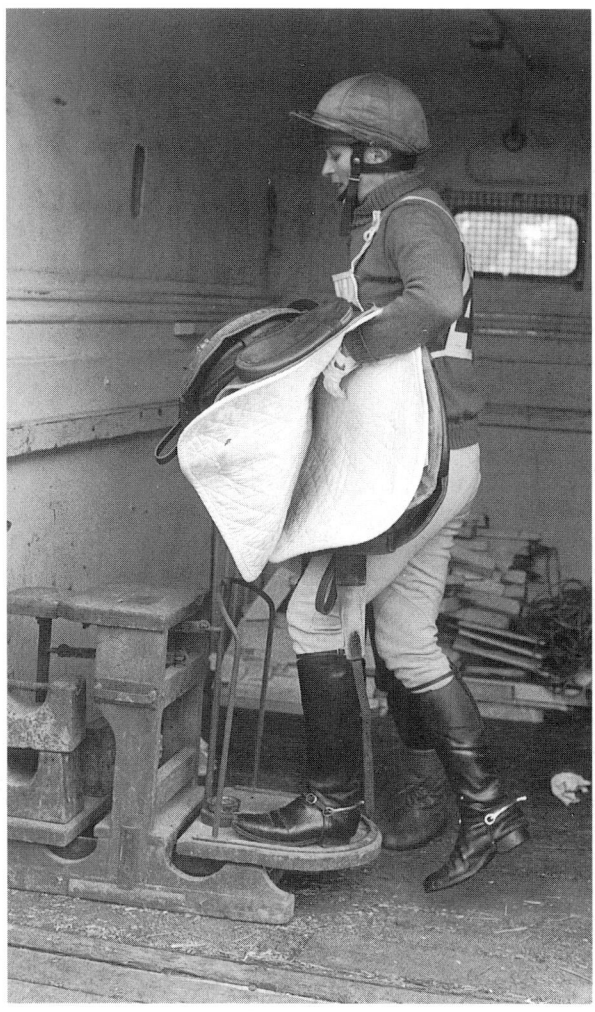

Alle Teilnehmer müssen sich vor und nach dem Gelände wiegen lassen.

Decke, wenn es kalt ist. Ich möchte fünf Minuten vor meiner Startzeit auf die Zeit aufmerksam gemacht werden, damit ich vier Minuten vorher aufsteigen kann und die Zeit habe, meine Steigbügel zu richten und ein wenig zu traben. Manche Reiter warten bis eine Minute vor dem Start, ich habe aber gerne mehr Zeit, damit ich traben kann und sich das Pferd daran erinnert, daß die Arbeit noch nicht zu Ende ist. Außerdem bringt es seinen Adrenalinspiegel in die Höhe, läßt das Blut zirkulieren und macht seine Muskeln warm, so daß das Pferd bereit ist, die Geländestrecke in Angriff zu nehmen. Sie können von einem Pferd nicht verlangen, aus dem Stillstand in den Galopp zu starten und über Hindernisse zu springen.

GELÄNDE

Obwohl ich starte, um auf der Rennbahn und im Gelände in der Zeit zu reiten, gebe ich dieses Vorhaben auf, wenn es bedeutet, ein müdes Pferd zu sehr anzuschieben. Es ist immer wichtig, die Tatsache im Hinterkopf zu behalten, daß sich das erste Viertel der Strecke langsamer reitet, weil die Pferde in Gang kommen müssen und, daß diese Zeit leicht hereingeholt werden kann. Sie sollten Ihr Pferd gut genug kennen, um zu spüren, wenn es wirklich müde ist; aber Sie müssen auch die Gelegenheiten erkennen, wenn die offensichtliche Lethargie einfach nur der Widerwille, von zu Hause wegzugehen, ist. Treiben Sie ein wirklich erschöpftes Pferd zu sehr an, handeln Sie sich Ärger ein; es ist viel besser, einige Zeitfehler zu bekommen, als das Risiko einzugehen, das Pferd über sein Limit zu bringen. An einem bestimmten Zeitpunkt in der Geländestrecke muß das Pferd manchmal tief durchschnaufen, was bedeuten kann, daß man das Pferd 15 oder 30 Galoppsprünge lang schont. Es liegt an Ihnen, herauszufinden, wieviel Schonung Sie dem Pferd geben. Wie bei einer Ein-Tages-Prüfung müssen Pferd und Reiter vorausdenken. Das heißt positive Einschätzung des Hindernisses, das vor einem liegt, nicht das Festhalten an irgendeinem Schluckauf, den Sie hinter sich gelassen haben. Sie müssen haargenau wissen, wie Sie jedes Hindernis reiten möchten, be-

vor Sie dort hinkommen; Ihre Gedanken müssen sich deshalb auf die richtige Richtung konzentrieren. Haben Sie das Glück, sich selbst in Harmonie mit einem mutigen, vorsichtigen und großzügigen Pferd wiederzufinden, wird es ein begeisternder Ritt.

PFERDEPFLEGE

Hat das Pferd die Geländestrecke beendet, entfernen wir schnell das Sattelzeug, die Bandagen und Gamaschen, damit das Pferd so schnell wie möglich abgeschwammt werden kann. Das geschieht normalerweise lieber mit Wasser aus einem Eimer und nicht mit einem Wasserschlauch, weil ich dann notfalls die Wassertemperatur verändern kann. Liebend gern würden wir einen Schlauch nehmen, wenn wir sicher sein könnten, daß das Wasser bei großer Hitze oder Feuchtigkeit richtig kalt und bei Kälte lau bis warm ist. Das Wichtigste bei großer Hitze ist, die Temperatur des Pferdes wieder normal zu bekommen, indem man Eisbeutel auf die Druckpunkte legt und das Pferd abschwammt. Wir werfen Eis in den Eimer, damit das Wasser richtig kalt bleibt. Wir schwammen solange ab, bis das Wasser, das vom Pferd herunterkommt, kalt ist; ist dies der Fall, hören wir sofort auf. Bei den Europameisterschaften 1983 in Frauenfeld, wo es außergewöhnlich heiß und schwül war, dauerte es eine halbe Stunde, bis *Night Cap's* Temperatur wieder normal war. Außerdem schnaufte er mehr und länger als gewöhnlich, was man bei diesen Temperaturen erwarten muß. An einem kühleren Tag erwarten wir, daß der Atem des Pferdes 15 Minuten nach dem Gelände wieder normal ist und daß die Temperatur bereits vorher wieder gesunken ist. Ist das Pferd abgekühlt, ziehen wir mit dem Schweißmesser überschüssiges Wasser ab und rubbeln es mit Handtüchern trocken. Wir bieten ihm etwas zu trinken an, wenn es aufgehört hat, zu schnaufen, erlauben ihm aber nicht, hastig zu schlucken; ist es sehr durstig, bekommt es alle fünf bis zehn Minuten einen Schluck. Normalerweise will das Pferd nicht alles auf einmal trinken und deshalb waschen wir ihm mit einem Schwamm das Maul. Anschließend legen wir ihm eine Abschwitzdecke drauf und führen es ruhig, bis es wieder normal atmet. Hat es sich von seiner Anstrengung erholt, lassen wir es noch ein wenig grasen, bis es in seinen Stall zurückkehrt. Wir halten natürlich die Augen nach irgendeiner Verletzung offen, seine Beine müssen genau untersucht werden, wenn die Schmiere mit einem stumpfen Messer, warmem Wasser und einer Waschlotion entfernt worden ist. Später an diesem und am nächsten Tag wird noch mehr Schmiere aus dem Fell kommen, was noch häufiges Abwaschen erfordert.

Wir lassen das Pferd nun in Ruhe sein Heu fressen und trinken, bevor es eineinhalb Stunden nach der Geländestrecke sein Kraftfutter bekommt. Trotzdem holen wir es während der nächsten drei Stunden jede Stunde aus dem Stall und führen 10 Minuten. Am Abend wird noch einmal vorgetrabt, um zu sehen, ob das Pferd noch immer gerade geht. Verletzungen wie Löcher und Schnitte müssen natürlich versorgt werden. Nachdem Sie überprüft haben, ob keine Dornen (oder andere, vielleicht gefährliche Dinge) mehr drin stecken, muß die Wunde mit warmen Wasser gereinigt werden, anschließend wird ein desinfizierendes Mittel aufgetragen. Wir holen den Tierarzt, wenn die Wunde tief ist oder Dreck oder Steine darin sind. Finden wir irgendwelche Anzeichen von Hitze oder Schwellungen, benutzen wir Gamgee, die wir in Eiswasser einweichen. Diese wird um die betroffene Stelle gewickelt und mit einer Bandage an Ort und Stelle gehalten. Der Vorgang wird jede Stunde wiederholt, dabei wird jedes Mal wieder eisgekühlte Gamgee angewandt. *Priceless* schlug sich einmal in Burghley sein Kniegelenk an und wir verbrachten endlose Stunden damit, abwechselnd heiße Handtücher und Eisbeutel aufzulegen, bis wir ihn für die Nacht in Frieden ließen. Wir halten nichts davon, die ganze Nacht aufzubleiben, um das Pferd am nächsten Tag durch die Verfassung zu bekommen. Vielleicht würden wir um Mitternacht einen heißen Umschlag anlegen, um einen Bluterguß zu verhindern, lassen das Pferd aber bis mindestens fünf Uhr morgens in Ruhe, bevor wir weiter behandeln. Das Pferd braucht seine Ruhe, und wenn wir es nicht fünf Stunden allein lassen können, stellen wir es zur Verfas-

sungsprüfung lieber erst gar nicht vor. Am nächsten Morgen stehen wir immer früh auf. Man läßt sich allzu leicht in falscher Sicherheit einlullen, weil das Pferd am Abend wunderbar in Ordnung war, um dann am nächsten Morgen herauszufinden, daß das Pferd steif geworden ist. Manche Pferde sind nur ein wenig fest nach dem Gelände, manche sind schlimmer als die anderen. Wir haben einmal bei einer Großen Prüfung in Breda in den Niederlanden erfahren können, welche Auswirkungen dieser Effekt haben kann. Das Pferd war beim letzten Vortraben am Abend nach dem Gelände in Ordnung, um 5 Uhr 45 am nächsten Morgen aber ernsthaft lahm. Alle schüttelten den Kopf und meinten, daß das Pferd niemals durch die Verfassung kommen würde. Nichtsdestotrotz führten wir eine Weile und es sah etwas besser aus: Während seines Frühstücks bekam es eine kleine Massage und als ich ein wenig später ritt, sah er wieder normal aus. Es passierte die Verfassungsprüfung ohne Schwierigkeiten und ging nie mehr wieder ungerade. Sie müssen wissen, wie geschmeidig das Pferd unter normalen Umständen ist. Manche jungen Pferde sind steif wie alte Krieger, deshalb ist das Alter keine genaue Richtlinie. Sie haben natürlich eine größere Chance, herauszufinden, wann sich das Pferd wieder normal bewegt, wenn Sie wissen, wie sich das Pferd üblicherweise bewegt. Man kann nichts tun, wenn etwas wirklich ernsthaft nicht in Ordnung ist. Steifheit kann man aber in der Regel durch Massage und Bewegung beheben, wenn man genug Zeit einplant. Große Pferde neigen mehr zu Steifheit als kleine Pferde. Auch die Größe der Box ist ein zusätzlicher Faktor; ist Ihr Pferd groß und die Box klein, muß das Pferd die ganze Zeit gewissermaßen Pirouetten drehen. Es wird deshalb steif, weil es nicht vorwärts gehen und seine Schulter richtig benutzen kann. Longieren hilft manchmal, aber nicht immer. Die Arbeit auf einem kleinen Zirkel kann das Befinden des Pferdes tatsächlich noch verschlechtern, wo es hingegen durch die Arbeit auf einer größeren Fläche verbessert würde. Ist es nach leichter Arbeit mit Trab und Galopp immer noch steif, ziehen wir das Pferd zurück. Das Pferd kann sich leicht selbst verletzen, wenn man von ihm verlangt, in einer

Am dritten Tag einer Großen Vielseitigkeitsprüfung sind die Pferde müde und fühlen sich am Sprung ganz anders an. Es ist ein großer Bonus, wenn ein Pferd zuverlässig im Parcours springt, so wie Priceless, der in den fünf Jahren, in denen er in Championaten startete, nur einen Hindernisfehler hatte.

derartigen Verfassung zu springen. Gibt es keine Probleme, läuft unser Zeitplan so, daß das Pferd als erstes am Morgen kurz vorgetrabt wird. Anschließend reite ich ungefähr 45 Minuten spazieren – dabei vielleicht eine halbe Stunde Schritt, gefolgt von einem kurzen Trab oder einem kleinen Galopp bei einer angenehmen Verbindung. Nach dem Lösen wird sich das Pferd viel zufriedener fühlen, wenn wir es wieder wegstellen, damit es frühstücken kann, bevor es für die Verfassungsprüfung vorbereitet wird. Es ist überflüssig, zu erwähnen, daß wir das Pferd nur vorstellen, wenn es gesund ist und gerade geht.

SPRINGEN

Der Zeitplan informiert uns selten darüber, wann der Parcours zur Besichtigung freigegeben ist. Sie müssen sich deshalb selbst darum kümmern und rechtzeitig fertig sein. Außerdem müssen Sie passend angezogen sein, weil normalerweise beim Abgehen Reitkleidung verlangt wird. Das Abgehen des Parcours ist bei der ersten Großen Prüfung genau das gleiche wie beim ersten Springen, an dem das Pferd teilgenommen hat – mit der Ausnahme, daß Sie jetzt seine Reaktion besser abschätzen können. Neigt Ihr Pferd dazu, in Richtung Abreiteplatz wegzudriften, fällt es Ihnen nun leichter, zu überlegen, wo Sie abwenden müssen, um das Driften auszugleichen. Außerdem sollten Sie mittlerweile mit seiner Springtechnik in Kombinationen und der Länge seiner Galoppsprünge vertrauter sein. Diese Faktoren bestimmen das für die einzelnen Hindernisse erforderliche Tempo, was bei Kombinationen besonders entscheidend ist. Kommen Sie am ersten Element im richtigen Tempo an, treffen Sie den richtigen Absprungpunkt des folgenden Hindernisses. Die zusätzliche Erfahrung schützt Sie aber trotzdem nicht vor Fehlern. Ich gehe den Parcours dreimal ab und sehe mir einige Teilnehmer an, bevor ich aufsteige. Abgesehen davon, daß man sieht, wie sich der Parcours reiten läßt, will ich unbedingt das Startsignal hören, um zu wissen, wie es klingt. Hat das Pferd an diesem Tag schon einen Ausritt gehabt, reite ich eine Stunde vor dem Springen ab, in erster Linie im Schritt. Die Muskeln müssen ständig locker gehalten werden, Sie wollen

aber auch nicht, daß das Pferd nach den Anstrengungen der letzten Tage vor Erschöpfung auf die Knie fällt. Mit dem Springen beginne ich normalerweise acht Pferde vor meinem Start; die letzten Sprünge mache ich, wenn noch zwei Reiter vor mir sind. Die Anzahl der Sprünge ist vom Pferd abhängig. Vielleicht braucht es mehr Sprünge um sich zu lösen als bei Ein-Tages-Prüfungen; wir müssen aber vorsichtig sein, das Pferd nicht müde zu machen. Unter diesem Gesichtspunkt ist es um so besser, je weniger ich springe. Wenn das Pferd nicht springt, muß man es in Gang halten; auf dem Abreiteplatz darf es keinen Stillstand geben. Vergessen Sie nicht, beim Einreiten die Richter zu grüßen.

Ist Ihr Start freigegeben, konzentrieren Sie (wie immer) Ihre Aufmerksamkeit auf Ihre Wendungen und darauf, wie Sie das vor Ihnen liegende Hindernis anreiten sollen.

ZUSAMMENFASSUNG

Machen Sie nach der Ankunft einen ruhigen Ausritt, um ihm die Chance zu geben, sich zu entspannen. Am Tag des Briefing profitiert das Pferd wahrscheinlich mehr von zwei Ausritten als von einem – um sich an fremde Geräusche und Anblicke zu gewöhnen.

Erste Verfassung:
Planen Sie eine halbe Stunde Führen vorher ein. Lassen Sie die Gamaschen bis zum letzten Moment an den Beinen.
Entfernen Sie jeglichen Dreck oder Steine aus den Hufen vor dem Vorstellen.

Abgehen der Geländestrecke:
Erinnern Sie sich an Ihren ersten Eindruck von den Hindernissen, denn genauso sieht sie das Pferd am Geländetag. Alle Beobachtungen und Informationen über die Hindernisse müssen auf das jeweilige Pferd übertragen werden. Machen Sie sich mit den Alternativen vertraut, auch wenn Sie nicht vorhaben, diese auch zu nehmen.

Überlegen Sie sich, ob die Sicht durch Zuschauermassen beeinträchtigt wird. Vergewissern Sie sich, daß Sie die Wegestrecken genau kennen. Suchen Sie sich Stellen auf der Rennbahn und auf der Geländestrecke aus, die Sie zu bestimmten Zeiten erreichen müssen.

Dressur:
Überprüfen Sie Ihre Ausrüstung am Abend vorher. Entscheiden Sie, ob das Pferd vor seiner Dressur mehr von einem Ausritt oder von einem kurzen Galopp profitiert. Planen Sie eine Stunde und zehn Minuten zum Abreiten ein (40 Minuten richtige Arbeit, 20 Minuten Schrittreiten am langen Zügel und 10 Minuten zum Aufhübschen).

Rennbahn, Wegestrecken und Gelände:
Überprüfen Sie Ihre Ausrüstung am Abend vorher. Schreiben Sie sich eine Liste mit den Zeiten für Wegestrecken und Rennbahn.
Am Morgen des Geländetages wird das Pferd 20 bis 30 Minuten geführt.

Der Reiter steigt 10 Minuten vor dem Start der Phase A auf.

Rennbahn:
Versuchen Sie, daß das Pferd an den Hindernissen zurückkommt. Wenn Sie das Pferd auf einer kurzen Strecke »ausruhen« lassen, müssen Sie darauf achten, daß das Pferd rechtzeitig vor dem nächsten Hindernis wieder in Schwung kommt. Reiten Sie positiv über das letzte Rennbahnhindernis. Parieren Sie nicht zu schnell durch und vermeiden Sie, die Zügel hinzuwerfen.

Zwangspause:
Fragen Sie den Tierarzt nach der Erlaubnis, abzusteigen. Der Nasenriemen des Pferdes wird gelockert und ein Führstrick am Gebiß befestigt. Das Pferd wird mit dem Handtuch abgetrocknet. Es bekommt einige Schlückchen Wasser und ein Traubenzuckergetränk. Bei Hitze wird es mit Eis oben auf seinem Genick, am Hals und zwischen den Hinterbeinen gekühlt. Die Kehle, der Hals und zwischen den Hinterbeinen wird abgewaschen. Die Beine werden auf Schrammen und Kratzer untersucht. Bandagen, Stollen, Eisen und Sattelzeug werden kontrolliert. Gleitmittel wird auf die Beine aufgetragen. Das Pferd wird ruhig herumgeführt. Der Reiter steigt vier Minuten vor dem Start in die Geländestrecke auf und hat Zeit, um etwas zu traben.

Gelände:
Erinnern Sie sich daran, daß das Pferd zu einem bestimmten Zeitpunkt einmal richtig tief durchatmen muß. Ist das Pferd wirklich müde, müssen Sie darauf achten, es nicht über seine Grenzen anzutreiben. Konzentrieren Sie sich auf

die richtige Geschwindigkeit, das Gleichgewicht und auf die Genauigkeit beim Anreiten eines jeden Hindernisses.

Pferdepflege:
Entfernen Sie Sattelzeug, Gamaschen und Bandagen. Schwammen Sie das Pferd ab. Das Wichtigste bei Hitze ist, die Temperatur herunterzubringen. Ist das Pferd genug abgekühlt, entfernen wir überschüssiges Wasser mit dem Schweißmesser und rubbeln das Pferd mit dem Handtuch ab. Wir bieten ihm ein kleines Getränk an. Das Pferd wird (mit einer Abschwitzdecke) solange geführt, bis die Atmung wieder normal ist. Die Beine werden gründlich untersucht und wenn Sie irgend etwas entdecken, entsprechend behandelt. Das Gleitmittel wird entfernt.
Kühlgel wird auf die Beine aufgetragen. Das Pferd bekommt Heu und Kraftfutter in der Box, später dann Kraftfutter.
Während der nächsten drei Stunden führen wir es jede Stunde 10 Minuten. Am Abend wird es vorgetrabt. Kühlgel wird aufgetragen, um Schwellungen zu vermeiden. Am nächsten Morgen wird das Pferd sehr früh vorgetrabt. Es bekommt leichte Arbeit, um locker zu werden – und notfalls Massagen, um seine Steifheit loszuwerden.

Springen:
Das Pferd wird eine Stunde – hauptsächlich im Schritt – abgeritten. Reiten Sie über das Hindernis auf dem Abreiteplatz, wenn noch acht Reiter vor Ihnen dran sind. Halten Sie das Pferd im Schritt in Bewegung, wenn Sie nicht springen. Vergessen Sie nicht, die Richter zu grüßen. Konzentrieren Sie sich im Parcours auf die Hindernisse, die vor Ihnen liegen.

16

VON »M« ZU »S«

Der Sprung von M- zu S-Prüfungen ist ein sehr großer Schritt für das Pferd. In England haben wir allerdings den Vorteil, daß wir »Open intermediate-Prüfungen« als Sprungbrett benutzen können – selbst wenn das Pferd schon höher eingestuft ist, können Sie immer wieder dorthin zurückkommen, wenn das Pferd verlorenes Vertrauen zurückgewinnen muß. Es muß in M-Prüfungen gefestigt sein, das heißt mindestens vier Prüfungen ohne Fehler absolviert haben, bevor ich über den nächsten Schritt nachdenke. Ich suche mir dann einige Open intermediate-Prüfungen aus, die normalerweise schwerer sind als normale M-Prüfungen, aber leichter als S-Prüfungen. Das Pferd hat an ungefähr zehn Prüfungen entweder M- oder Open intermediate teilgenommen, bevor ich mir einen Start in einer S-Vielseitigkeit vornehme. Als Reiter müssen Sie sich auf Ihr Gefühl verlassen, um zu entscheiden, wann das Pferd für diese große Herausforderung bereit ist. *Master Craftsman* startete im Frühling 1987 in seiner ersten S-Vielseitigkeit, als er noch siebenjährig war, was bedeutend jünger war, als die meisten anderen Pferde. Natürlich können wir alle Fehler machen, ich sah aber keinen Grund, warum das Pferd nicht vorwärts gehen sollte. Es hatte den richtigen Charakter und das Vertrauen, um es zu versuchen – und er bewies, daß er damit fertig wurde. Ein anderes Pferd im selben Alter wäre vielleicht nicht in der Lage gewesen, bis zum Herbst von A- zu S-Prüfungen zu kommen. Sie müssen jedem Individuum die Zeit geben, die es benötigt. Es darf im Gelände nicht über seinen Rhythmus gehetzt werden und es muß im jeweiligen Schwierigkeitsgrad sicher sein, bevor es die nächste Stufe der Leiter erklimmt. Für die Einführung des Pferdes in den höchsten Schwierigkeitsgrad bei Ein-Tages-Prüfungen suche ich mir immer einen einigermaßen einladenden S-Kurs mit vielen Alternativen aus. Auf diese Weise lernt das Pferd, größere Hindernisse in Angriff zu nehmen, ohne mit größeren Problemen konfrontiert zu werden.

DRESSURMÄSSIGE ARBEIT

Bis jetzt hat sich hoffentlich die Qualität der Bewegungen des Pferdes mehr gefestigt, es trägt hoffentlich mehr Gewicht auf seiner Hinterhand und eine stärkere laterale Biegung vom Schweif zum Genick. Wir verlangen ein Pferd mit kürzerer Basis und zusätzlichem Impuls und Aufrichtung bei der Arbeit. In diesem Stadium kann man anfangen, bei den Hufschlagfiguren etwas kleinlicher zu werden, damit die Übergänge an einem bestimmten Punkt passieren, und nicht in der Nähe davon. In der Theorie heißt das, je mehr das Pferd auf der Hinterhand ist und dabei die Vorhand leichter macht, um so leichter wird die Verbindung der Hand – obwohl es immer eine Verbindung geben muß, egal ob das Pferd Grand Prix Dressur oder die Dressur bei einer A-Vielseitigkeit geht. In der Praxis hängt das Gewicht auf den Zügeln genauso von der Vorliebe jedes Pferdes ab, wie von seinem Ausbildungsstand. Wie immer, beginnen wir mindestens sechs Monate, bevor das Pferd in einem Dressurviereck auftritt, mit den neuen Lektionen. Das Pferd fängt normalerweise mit den Trabtraversalen an, wenn es gerade mit den M-Prüfungen beginnt; nachdem es diese Bewegung bereits als junges Pferd im Schritt gelernt hat, ist es mit den Hilfen schon vertraut. Außerdem muß es Außengalopp auf der Schlangenlinie lernen, diese sind eine Erweiterung der Fünf-Meter-Bögen, die in der Klasse M verlangt werden.

Außengalopp verlangt vom Pferd, einem Zirkel zu folgen, während es nach der entgegengesetzten Seite gebogen ist und auf der anderen Hand galoppiert. Der erste Bogen der Schlangenlinie ist im richtigen Galopp, bei dem das innere Vorderbein führt, dann muß der Reiter in der selben Position bleiben, um die korrekte Biegung für den Bogen im Außengalopp zu erhalten. Soll zum Beispiel das Pferd auf der linken Hand galoppieren, muß das Reitergewicht auf dem linken Gesäßknochen sein, während die linke Hand und der rechte Schenkel während der ganzen Schlangenlinie eine Linksbiegung verlangen. Auf dem Außengalopp-Bogen verlangt der Reiter einen Richtungswechsel, aber keinen Wechsel in der Biegung, indem man den rechten Zügel unterstützt vom linken Schenkel einsetzt.

Sowohl *starker Schritt als auch Mittelgalopp/ starker Galopp* müssen für die Dressur einer S-Vielseitigkeit gelernt werden. Sie bauen auf den Mittelschritt und den Mittelgalopp auf, die das Pferd bereits gelernt hat, und erfordern verlängerte Tritte/Sprünge und energischen Impuls aus der Hinterhand. Der Pferdekopf und der Hals müssen sich weiter nach vorne strecken, weil, wie bereits erwähnt, seine Beine nicht den Boden weiter vorne berühren können, als seine Nase ist. Im starken Trab berühren die Hinterbeine den Boden weit vor den Abdrücken der Vorderbeine. Die Schenkel des Reiters müssen die zusätzliche Energie für die Verstärkungen schaffen, die Hände müssen die notwendige Streckung von Hals und Genick ermöglichen, aber immer die Verbindung behalten. Sie verlangen größere Verstärkungen, als sie bei den mittleren Gängen verlangt waren; diese sind aber nur durch den zusätzlichen Impuls und die zusätzliche Aufrichtung, die sich das Pferd durch die Ausbildung aneignet, zu erreichen. Sie sollten nicht zuviel auf einmal verlangen, oder alles immer an der selben Stelle verlangen. Sie wollen, daß das Pferd ständig auf die Botschaften hört, die Sie ihm durch Ihre Hilfen geben und nicht, daß es diese vorausnimmt.

Das Repertoire muß auch die etwas schwierige-

ren Übergänge wie *Galopp-Halt* und *Halt-Galopp* enthalten. Das Durchparieren zum Halten ohne Schritt oder Trabtritte macht die üblichen halben Paraden erforderlich, um das Pferd auf den Übergang vorzubereiten. Das Training hat das Pferd wachsam und aufmerksam gemacht; es wird lernen, Ihre Hilfen für die Übergänge nach unten durch die Nachdrücklichkeit, die Sie hineinlegen, zu unterscheiden: sie sind natürlich vom Galopp zum Trab leichter und vom Galopp zum Halten stärker. Außerdem erkennt es die Hilfen zum Angaloppieren, und solange Sie mit Ihren Schenkeln genug Energie erzeugt haben, sollte das Pferd auf diese Botschaft reagieren, egal ob Sie aus dem Halten, Schritt oder aus dem Trab gegeben wird.

In diesem Stadium fangen wir wahrscheinlich mit den *Kurzkehrtwendungen* an, bei denen die Vorhand des Pferdes auf einem Halbkreis um die Hinterhand herumgeht. Das ist eine nützliche gymnastische Übung, die Ihnen hilft, Kontrolle über die Hinterhand und über die Vorhand zu bekommen. Sie können das Pferd auf diese Übung vorbereiten, indem Sie auf einem kleinen Zirkel reiten und diesen langsam verkleinern, ohne den Impuls oder Rhythmus zu verlieren. Diese Lektion verlangt vom Pferd, sich in der Richtung, in die es sich bewegt, zu biegen, mit ungefähr derselben Biegung, die für Schulterherein verlangt ist. Um mit einer Kurzkehrtwendung aus dem Schritt zu beginnen, muß der Reiter die Vorwärtsbewegung mit dem äußeren Zügel unterbinden. Der innere Zügel führt die Vorhand herum, während der äußere das Tempo kontrolliert und notfalls die Stellung korrigiert. Der innere Schenkel treibt am Gurt, um den Impuls zu schaffen und das Pferd daran zu hindern, nach innen zu fallen. Der äußere Schenkel hinter dem Gurt hindert das Pferd daran, die Hinterhand nach außen zu schleudern – und dabei den erforderlichen Aufwand, um die Übung korrekt auszuführen, zu verhindern. Das innere Hinterbein, das als Drehpunkt dient, muß sich auf einem so kleinen Kreis bewegen, daß es aussieht, als würde es auf der gleichen Stelle bleiben.

Traversale nach links im Schritt.

Traversale nach rechts im Schritt.

GALOPPTRAINING

Die zusätzliche Strecke beim Geländeteil einer Ein-Tages-Prüfung bedeutet, daß die Zeiten der Trainingseinheiten im Galopp verstärkt werden müssen. Diese werden sich bis auf drei Sieben-Minuten-Galopps (in der Ebene) oder zweimal Acht-Minuten (bei einem ansteigenden Hügel) mit Pausen dazwischen steigern. Man kann das Pferd dann für Ein-Tages-Prüfungen fit halten, indem man den Wochenenden ohne Turniere zweimal Sieben-Minuten kantert. Wie immer werden die Erholungswerte nach dem Galoppieren gemessen. Ich würde das Pferd nicht mehr als an zwei aufeinanderfolgenden Wochenenden in M- oder S-Prüfungen starten, ausgenommen eine der seltenen Gelegenheiten, an denen ich das Gefühle habe, daß mein Pferd mehr Erfahrung sammeln muß und ich weiß, daß der Boden gut ist. Starte ich an drei Wochenenden hintereinander, um das Pferd weiterzubilden, reite ich im Gelände nicht schnell. Meistens haben wir als Ziel, mit dem Pferd eine zweite Große Prüfung – diese ist wahrscheinlich eine weitere M-Vielseitigkeit oder das internationale Equivalent, ein Ein-Sterne-CCI,

zu absolvieren. Hat Ihr Pferd einmal an seiner ersten Drei-Tages-Prüfung in der Saison teilgenommen, gehen wir wahrscheinlich zu einem der Programme (oder einer Kombination daraus), die in Kapitel 17 beschrieben sind, über.

SPRINGEN

Hindernisreihen sind weiterhin eine Maßnahme, um die Technik des Pferdes zu verbessern und um aufkommende Probleme beim Springen zu überwinden. Nachdem das Pferd einen höheren Standard erreicht hat, sollten die Schwierigkeiten einer jeden Reihe nicht anspruchsvoller sein, als die, auf die das Pferd stieß, als es als junges Pferd durch Reihen sprang, die für junge Pferde gebaut waren. Verschiedene Distanzen, fallweise eingesetzt, lehren dem Pferd, seine Galoppsprünge zu verlängern oder zu verkürzen. Absprungstangen können eingesetzt werden (siehe Diagramm auf S. 158), um das Pferd zu ermuntern, gerade zu bleiben und mit runder Basküle zu springen. Vielleicht braucht es eine Korrektur, weil es eine Methode entdeckt hat, die Hindernis-

*Fortgeschrittene Arbeit in einer Reihe. Es werden Stangen benutzt, um das Pferd gerade zu
halten, genauso wie Absprungstangen, die das Pferd athletischer machen und die Sprung-
technik verbessern. Manche Pferde benötigen in den Reihen völlige Kopf- und Halsfreiheit,
ohne vom Reiter unterstützt oder beeinträchtigt zu werden.*

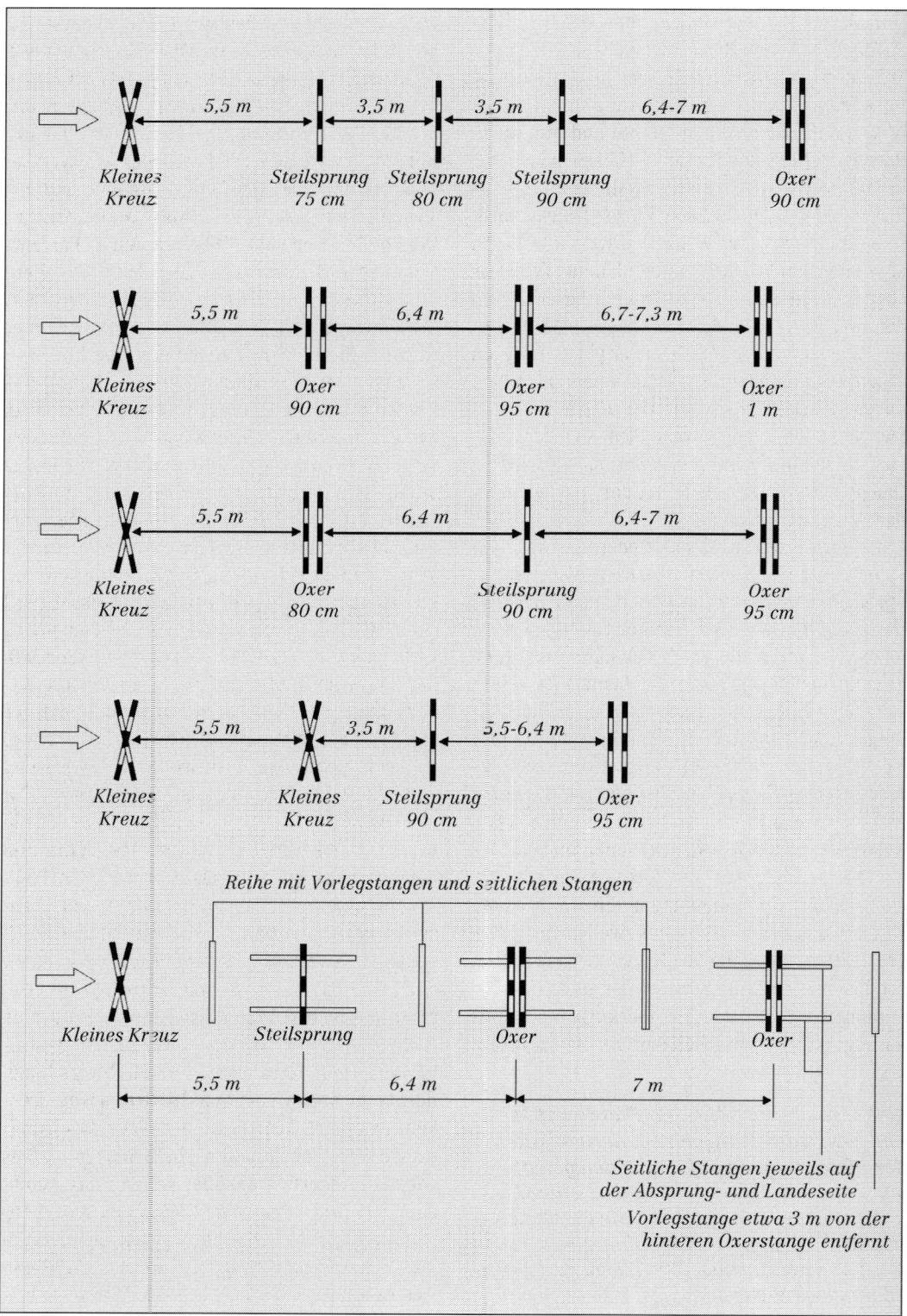

se fehlerfrei zu überwinden, ohne sich die Mühe zu machen, seinen Rücken zu wölben.

Priceless war früher ein Meister in dieser Kunst: Er fand heraus, daß er 60 cm vor dem korrekten Absprungpunkt abheben konnte und mit einem flachen Rücken das Hindernis überwinden. Das bedeutete aber, daß er 60 cm weiter vom Hindernis entfernt landete, was bei Einzelsprüngen nicht so schlimm gewesen wäre, bei Kombinationen aber zu einem Problem werden könnte. *Priceless* aber hatte genau dasselbe ebenfalls herausgefunden. Nachdem er zu dicht vor dem nächsten Hindernis gelandet war, quetschte er einen winzigen Galoppsprung hinein, um einen weiteren flachen Sprung machen zu können. Wir legten dann eine Stange 2,80 m vor das zweite Element einer Zweifachen, damit er gezwungen war, einen richtigen Galoppsprung zu machen und damit seinen Körper richtig zu benutzen.

Auf S-Niveau würde ich die Hindernisse ungefähr 1,20 m hoch machen. Die Distanzen zwischen den Sprüngen können variiert werden, um dem Pferd beizubringen, die Länge seiner Galoppsprünge anzupassen. Für diesen Zweck kann man auch Kombinationen einsetzen, man benutzt dabei verschiedene Höhen und Distanzen. Im frühen Anfangsstadium müssen die Hindernisse in einer Kombination ständig erhöht werden. Hat das Pferd einmal einige Vielseitigkeiten hinter sich, gilt diese Regel nicht mehr. Sie können dann anfangen, mit verschiedenen Höhen und Distanzen herumzuspielen. Auf S-Niveau könnte ich zum Beispiel eine Kombination mit einem ersten Hindernis von 1,10 m, einem zweiten Hindernis von 1,20 m und einem dritten von 1,15 m haben. Die Distanz von 7 m zwischen den ersten beiden Hindernissen erfordert einen kurzen Galoppsprung; 11,60 m zwischen dem zweiten und dem

Links: Hindernisreihen für Pferde auf M- und S-Niveau. Stangen zum Geradehalten der Pferde können auf den Boden gelegt werden oder sie werden mit dem einen Ende auf das Hindernis gelehnt. Alle Distanzen können, abhängig vom Pferd und von der Höhe der Sprünge, um 30 cm verlängert oder verkürzt werden.

dritten Element erlauben zwei große Galoppsprünge. In der darauffolgenden Woche ändere ich vielleicht die Distanzen so, daß ich die erste auf 7,90 m für einen langen Galoppsprung und die zweite auf 10,40 m für zwei kurze Galoppsprünge baue. Außerdem verändere ich die Höhen, bedenke aber dabei immer, daß, je höher die Sprünge sind, um so weiter die Distanz sein muß und umgekehrt. Die Kombination kann Teil eines kleinen Parcours sein, der auch Einzelsprünge enthält. Das Pferd muß lernen, mit den verschiedenen Hindernisformen dieser Einzelsprünge umzugehen, indem es nahe an die Weitsprünge kommt und bei Steilsprüngen weiter hinten abspringt. Kommt das Pferd vor den richtigen Absprungpunkt bei einem Steilsprung, ist der höchste Punkt seiner Basküle vor dem Hindernis anstatt darüber. Springt es einen richtigen Carré-Oxer sollte der höchste Punkt in der Mitte der beiden obersten Stangen erreicht sein, deshalb muß das Pferd etwas dichter abspringen. Manche Pferde kommen aus Gewohnheit zu nahe an Steilsprünge, hauptsächlich, weil sie nicht stabil genug aussehen. Ein Weitsprung verlangt weitaus größeren Respekt und veranlaßt das Pferd, von weiter entfernt abzuspringen, einfach weil er soviel beeindruckender aussieht. Bei Steilsprüngen geht das Pferd oft noch 30 cm näher an das Hindernis als dort, wo Sie den Absprung verlangt haben, was das fehlerfreie Überwinden des Hindernisses schwieriger macht, weil es ein höheres Maß Athletik verlangt. Man kann ihm mit einem kleinen Hindernis, 15 cm vor dem Steilsprung aufgebaut, lernen, weiter hinten abzuspringen. Als Alternative können Sie aber auch eine Stange 60 cm vor das Hindernis legen, damit das Pferd vor dieser Stange abspringt und daraufhin entdeckt, daß diese Art von Hindernis leichter zu überwinden ist, wenn man 30 cm früher abspringt. Geraten Sie nicht in Versuchung, die Stange noch weiter vom Hindernis wegzurücken, das Pferd könnte sie mit einer Absprungstange verwechseln und deshalb denken, daß es vor dem Absprung darüber gehen muß. Macht das Pferd weiterhin seine Basküle zu spät, können Sie es damit versuchen, eine Stange 3,05 m hinter den Sprung zu legen. Das veranlaßt eine frühere Kurve, weil das Pferd vor der Stange lan-

159

den muß. Nun, da das Pferd ein höheres Niveau erreicht hat, wähle ich eine andere Aufeinanderfolge von Hindernissen beim Abreiten vor dem Springen. Mit dem S-Pferd beginne ich mit einem Steilsprung, gefolgt von einem kleinen Carré-Oxer, oder mit anderen Worten, einem Weitsprung mit den vorderen und hinteren Stangen in derselben Höhe. Das verlangt vom Pferd, den höchsten Punkt seiner Flugkurve genau über und zwischen den beiden Stangen zu haben. Ich reite dann über einen ansteigenden Oxer, bei dem die hintere Stange 30-40 cm höher als die vordere hängt. Das Pferd muß nun seine Flugkurve etwas weiter nach hinten verlagern, weil sonst seine Hinterhand hinterherhängt und an die hintere Stange schlägt. Berührt es wirklich die Stangen,

lernt es durch den Fehler und erinnert sich daran, den Rücken richtig zu wölben und seine Hinterhand in der Luft zu lassen. Für meinen nächsten Sprung mache ich den Oxer wieder zum Carré-Oxer, um das Pferd daran zu erinnern, daß es auch über die erste Stange sauber springen muß. Zm Abschluß, wenn der Starter vor mir in den Parcours einreitet, springe ich ein letztes Mal über einen Steilsprung. Weil die erlaubte Zeit knapper bemessen ist, müssen Sie darauf vorbereitet sein, im Parcours einer S-Vielseitigkeit engere Wendungen zu reiten. Vorausgesetzt, die grundsätzliche Ausbildung ist korrekt, sollte das kein Problem sein. Das Pferd ist durch das Training athletischer geworden und braucht nicht länger den selben Anreiteweg.

Master Craftsman beim Überwinden einer Fußgängerbrücke, die die gleiche Präzision beim Anreiten erfordert wie die Ecke.

Beneficial im Wasser. Erst wenn der Reiter das Wasser verlassen hat, kann man von einem erfolgreichen Überwinden sprechen.

Griffin demonstriert perfekte Technik. Es wäre wunderbar, wenn alle meine Pferde in der gleichen Manier über jede Art von Hindernissen springen würden.

Master Craftsman zeigt, daß er vorausdenkt, was immer eine große Unterstützung des Reiters bedeutet.

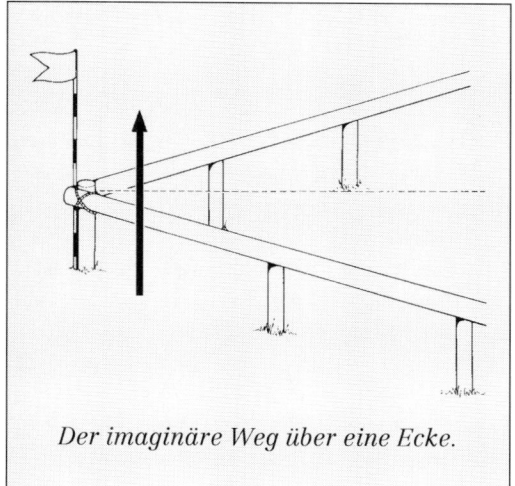

Der imaginäre Weg über eine Ecke.

GELÄNDE

Man läßt sich leicht von der Geländestrecke einer S-Prüfung einschüchtern, es sei denn, Sie fangen an, jedes Problem einzeln zu überdenken. Ich sehe mir immer gern das Hindernis an sich an, bevor ich die äußeren Umstände in Erwägung ziehe, obwohl diese natürlich berücksichtigt werden müssen, wenn ich mir überlege wie ich reiten soll. Mit Sicherheit möchte ich nicht, daß das Pferd bei einem Tiefsprung einen riesigen Sprung macht. Landet das Pferd am Hang, ist es so, daß, je weiter

das Pferd hinausspringt, um so größer ist der Tiefsprung und umso größer ist die Belastung für die Vorderbeine. Wie bereits erwähnt, bin ich auch unbedingt darauf bedacht, daß das Pferd sieht wo es hingeht, bevor es abspringt. Bei S-Prüfungen wird deshalb jedes Hindernis, das einen Tiefsprung enthält, in einem kurzen, aktiven Galopp, mit ausreichend Impuls, angeritten. Auf diese Weise können Sie den Galoppsprung des Pferdes leicht anpassen, um dicht an den Sprung zu kommen, damit das Pferd über das Hindernis sehen kann und sich beim Springen wohlfühlt. Typische Tiefsprünge sind Coffins, Wegesprünge und Wassereinsprünge. Probleme treten bei diesen Sprüngen unvermeidlicherweise auf, weil der Reiter im falschen Tempo angeritten ist, meistens zu schnell. Das veranlaßt das Pferd entweder dazu, zu früh abzuspringen, oder die Bremse zu ziehen, um zu sehen, wo es hingeht, bevor es sich in das Unbekannte begibt. Die korrekte Geschwindigkeit ist von den Distanzen in der Kombination (wie bei einem Coffin) abhängig und davon, ob Sie einen Steilsprung oder einen Weitsprung anreiten. War der Geländeaufbauer freundlich zu den Pferden, so läßt er Sie keinen Weitsprung als Tiefsprung reiten. Dieser erfordert ein höheres Tempo als ein Steilsprung und bringt eine größere Belastung für die Vorderbeine, weil das zusätzliche Tempo einen größeren Aufprall bei der Landung produziert. Die gleiche Regel gilt auch für Tiefsprünge ins

Links: Master Craftman trägt bei einer Kurz-S eine Bleidecke (in Deutschland bei Kurzprüfungen nicht erforderlich). Gehen Sie sicher, daß Sie den großen Schritt von M- zu S-Prüfungen nicht zu früh wagen.

Rechts: Nach einer guten Geländerunde fühlen wir uns alle erleichtert!

Wasser, egal ob es sich um einen Steilsprung oder um einen Weitsprung handelt. Springt das Pferd weit vor dem Hindernis ab, kommt es mit höherer Geschwindigkeit ins Wasser und erlebt deshalb eine stärkere Abbremsung, die das Pferd zum Stürzen bringen kann. Ich versuche immer, ziemlich nah an das Hindernis zu kommen, weil ich nicht möchte, daß es zu steil landet; es muß lernen, seine Vorderbeine beim Eintauchen in das Wasser vorne auszustrecken, das verringert den abbremsenden Effekt. Einmal gelandet, lehrt ihm die Erfahrung, einen geraden Untergrund zu erwarten. Beim Sprung über einen Tiefsprung müssen Sie Ihre Arme strecken, um dem Pferd die erforderliche Zügellänge zu ermöglichen, wenn es seinen Hals streckt. Normalerweise ist das ausreichend, es gibt aber die seltenen Fälle, bei denen Sie die Zügel etwas durchrutschen lassen müssen, um das Pferd nicht zu stören. Außerdem müssen Sie den Winkel Ihres Körpers öffnen, bis er in der Landung mehr oder weniger senkrecht ist, im Idealfall sind Ihre Schultern dabei nicht weiter hinten als Ihre Hüften. Die Unterschenkel sollten nach vorne zeigen, die Fersen zeigen nach unten, um den Aufprall der Landung aufzunehmen. Es kann ein teurer Fehler sein, sich zu früh wieder nach vorne zu beugen. Wenn das Pferd stolpert, stolpert es normalerweise beim ersten Galoppsprung; nehmen Sie Ihre normale Sitzposition ein, sobald das Pferd landet, gehen Sie das Risiko ein, geradewegs über seinen Kopf hinwegzuschießen. Es ist sicherer, einige Galoppsprünge zu warten, sich dann nach vorne zu beugen und die Zügel wieder aufzunehmen. Manchmal müssen Sie ein Hindernis in der Mitte des Hanges springen, dann gelten ebenfalls die gleichen Regeln. Es ist keine Zeit, das Strickzeug in die Hand zu nehmen; besser ist es, in Verbindung und in der Position zu bleiben, die Sie haben, damit das Pferd im Vorwärtsfluß und im Gleichgewicht bleibt.

Entschließen Sie sich dafür, über eine Ecke zu reiten, müssen Sie sich beim Abgehen sehr sorgfältig darauf vorbereiten. Das heißt, daß Sie eine imaginäre Linie ausarbeiten müssen (wie auf dem Diagramm gezeigt), die Sie über beide Flügel des Hindernisses, im selben Abstand von der Flagge, bringt. Nachdem Sie den Winkel untersucht haben, müssen Sie irgendeinen Weg finden, um den richtigen Weg zu erkennen, wenn Sie darauf zureiten. Das heißt, daß Sie einen Punkt am Hindernis selbst finden müssen, und dann mit einem Objekt (normalerweise ein Baum oder ein Telegraphenmast) den Weg in der Distanz aufnehmen müssen. Das gleiche gilt für das Springen von Winkeln. Nachdem Sie die für Ihr Pferd beste Distanz innerhalb des Winkelsprungs herausgefunden haben, müssen Sie irgendeinen Weg finden, um sich darauf einzustellen, damit Sie in der Lage sind, den gewählten Weg vom Sattel aus zu erkennen. Es ist zu spät, um nach dem Winkel zu suchen, wenn Sie bereits auf dem Pferd sitzen; Sie müssen mindestens 12 Galoppsprünge vorher auf der richtigen Linie sein, und Ihre Augen müssen auf das Hindernis gerichtet bleiben, damit Sie irgendwelche notwendigen Veränderungen der Galoppsprünge rechtzeitig durchführen können. Heben Sie sich dies bis zur letzten Minute auf, kommt das Pferd aus dem Gleichgewicht und läuft vorbei. Es ist die Aufgabe des Reiters, an jedes Hindernis mit dem richtigen Tempo zu kommen. Das Pferd wird dann das Stichwort von der Person auf seinem Rücken annehmen und erfahren, welche Art von Hindernis es erwartet. Bei weiten Oxern und Kombinationen, die auf groß gebaut sind, ist mehr Tempo erforderlich, aber Sie sollten das Pferd nicht dazu ermuntern, zu früh abzuspringen.

Springen Sie einen breiten Graben oder ein Wasser ohne Hindernis darüber, sollten Sie ganz dicht am Rand abspringen, um damit den erforderlichen Aufwand so gering wie möglich zu halten. Auch bei Treppen, die bergauf gehen, versucht man so dicht wie möglich hinzukommen. Springt das Pferd groß weg, wird es ziemlich flach landen und die Bremsen anziehen. Springt es dicht an der ersten Stufe ab, macht es einen runderen Sprung und landet im Gleichgewicht, dabei gibt es Ihnen die Aufgabe, für den nächsten Sprung zu ziehen oder zu treiben. Bei Treppen, bei denen man nach unten springen muß, sollte man dem Pferd die Möglichkeit geben, ruhig hinzukommen und ohne Eile herunter zu hopsen. Der Sitz des Reiters ist bei diesem Hindernistyp genau wie bei Tiefsprüngen, mit ausgestreckten Armen, um dem Pferd die notwendige Halsfreiheit zu geben, ohne die Verbindung aufzugeben. Nachdem Sie die Stufen im ruhigen Tempo heruntergekommen sind, müssen Sie vielleicht ein anderes Hindernis in der Ebene springen – und das könnte in einer weiten Distanz gebaut sein. Sie müssen deshalb, sobald Sie nach der letzten Stufe landen, die Beine benutzen, um den notwendigen Impuls für das vor Ihnen liegende Hindernis zu schaffen.

ZUSAMMENFASSUNG

Benützen Sie die M-Vielseitgkeiten als Sprungbrett für die S-Prüfungen.

Treffen Sie die Entscheidung, ob das Pferd für S-Prüfungen bereit ist, danach, wie das Pferd im Gelände geht.

Wählen Sie einen einladenden Kurs mit vielen Alternativen für die erste S aus.

Arbeiten Sie in der dressurmäßigen Arbeit daran, den Impuls und die Aufrichtung zu verstärken.

Verlängern Sie die Galoppeinheiten auf 3x7 Minuten oder 2x8 Minuten, mit Pausen dazwischen.

Messen Sie weiterhin die Erholungszeit.

Haben Sie eine Drei-Tages-Prüfung als Ziel, müssen sie nach der ersten Ein-Tages-Prüfung das Fitneßprogramm überarbeiten.

Verwenden Sie Hindernisreihen, um die Springtechnik Ihres Pferdes zu verbessern.

Verwenden Sie verschiedene Distanzen, um dem Pferd zu lernen, seine Galoppsprünge zu verlängern und zu verkürzen.

Stangen ermuntern das Pferd, gerade zu bleiben und mit runder Baskület zu springen.

Das Pferd lernt, dicht an Weitsprünge zu kommen und bei Steilsprüngen weiter weg abzuspringen.

Während der Aufwärmphase vor dem Parcoursspringen reiten Sie die Übungshindernisse folgendermaßen: Steilsprung, Carré-Oxer, ansteigender Oxer, Carré-Oxer, Steilsprung.

In der Geländestrecke versuchen Sie, dicht an Tiefsprünge zu kommen und in einem kurzen, aktiven Galopp anzureiten.

Wählen Sie das richtige Tempo zum Anreiten, abhängig von der Breite der Hindernisse und den Distanzen in den Kombinationen.

Wenn Sie vorhaben, über eine Ecke oder über einen Winkel zu reiten, müssen Sie sich einen genauen Plan ausarbeiten.

Hilfen für die neuen Bewegungen

Außengalopp auf der linken Hand: Gewicht auf dem linken Gesäßknochen. Die linke Hand und der rechte Schenkel verlangen die Biegung nach der linken Seite. Die rechte Hand, fordert, vom linken Schenkel unterstützt, das Pferd auf, in die gewünschte Richtung zu gehen.

Starker Schritt und Galopp: Die Schenkel des Reiters schaffen die Energie. Die Hände ermöglichen die Streckung des Halses und Kopfes, erhalten aber die Verbindung, damit das Pferd die Verstärkung erreichen kann.

Galopp-Halt: Bereiten Sie das Pferd mit halben Paraden vor. Geben Sie die Hilfen für die Übergänge nach unten mit etwas mehr Nachdruck, als die für die Galopp-Schritt-Übergänge.

Halt-Galopp: Erzeugen Sie mit Ihren Schenkeln Energie. Geben Sie die üblichen Hilfen zum Angaloppieren.

Kurzkehrtwendung (gymnastische Übung) aus dem Schritt: Unterbinden Sie die Vorwärtsbewegung durch den inneren Zügel. Der innere Zügel führt die Vorhand herum. Der äußere Zügel kontrolliert das Tempo und korrigiert die Biegung. Der innere Schenkel am Gurt schafft den Impuls und verhindert, daß das Pferd nach innen fällt. Der äußere Schenkel hinter dem Gurt verhindert ein Ausschwingen der Hinterhand.

17

VORBEREITUNG AUF EIN CHAMPIONAT

Ich hoffe, daß mein vierbeiniger Mehrkämpfer bis jetzt alle seine Fähigkeiten entwickelt hat und etwas von meiner Freude am Geländereiten teilt. Er ist alle Stufen der Leiter langsam hinaufgestiegen, und bei diesem Verfahren sollte er sich wachsendes Vertrauen in seine eigenen Fähigkeiten angeeignet sowie gelernt haben, einzusehen, daß ich mich unbedingt auf ihn (und auf mich!) verlassen möchte. Es muß zwischen uns ein gegenseitiges Vertrauen bestehen, bevor wir das höchste Ziel versuchen, und an einer großen Championatsprüfung teilnehmen. Vorrang Nummer Eins hat dabei, daß das Pferd glücklich und vertrauensvoll im Gelände geht; das Gefühl in meinem Bauch sagt mir, ob das der Fall ist oder nicht. Wenn ich der Meinung bin, daß das Pferd bereit dazu ist, muß ich während der Vorbereitungszeit trotzdem noch aufmerksam bleiben. Diese beinhaltet einige kurze S-Prüfungen, die normalerweise gut geeignet sind; mir zu sagen, ob das Pferd das nötige Selbstvertrauen hat, ein Championatsgelände in Angriff zu nehmen. Fehlt es dem Pferd an Vertrauen, wird es wahrscheinlich stürzen oder verweigern, was sein Vertrauen noch mehr untergräbt.

Sehr selten ziehen Pferde einen Nutzen aus einem Geländefehler. Es kommt aber manchmal vor, wenn Sie einen mutigen und vertrauensvollen Springer haben, der nicht besonders über das Verweigern nachgedacht hat. Diese Beschreibung trifft auf *Master Craftsman* zu und er lernte mit Sicherheit, vorsichtiger zu sein, als er bei den Olympischen Spielen in Seoul an das vierte Hindernis rumpelte und mich beinahe verlor. Er hatte sich vorher noch nie so fest an einem Hindernis angeschlagen und sich anscheinend an die Erfahrung erinnert, ohne sich allzusehr darüber aufzuregen.

NEUE LEKTIONEN

Das Pferd hat wahrscheinlich schon das ganze Repertoire an Bewegungen, die in Vielseitigkeitsdressuren verlangt werden, gelernt. Das enthält **starken Trab,** der eine Fortführung des Mitteltrabs ist, und noch mehr Impuls und Aufrichtung verlangt. Wie immer, wird dies durch Einsatz der Schenkel geschaffen, die den Motor anheizen müssen, bevor die Bewegung beginnt. Der Impuls wird dazu benötigt, das Pferd vorwärts zu bringen; die Aufrichtung ist erforderlich, um dem Pferd die notwendige Zeit zu geben, die Tritte zu verlängern. Es ist wichtig, diese beiden wesentlichen Voraussetzungen erfüllt zu haben, bevor Sie mit der Hand nachgeben (während Sie die Verbindung erhalten) und damit die Kraft freigeben, indem Sie den starken Trab verlangen.

Am Anfang, wenn Sie diese neue Bewegung versuchen, fängt das Pferd wahrscheinlich an zu laufen, in diesem Fall müssen Sie das Tempo reduzieren und die Übung wiederholen. Normalerweise wird das Pferd die Botschaft ziemlich schnell kapieren; nachdem es das Stadium erreicht hat, indem seine Hinterhand gut untertritt, merkt das Pferd, daß dies etwas ist, was es von Natur aus kann. Die Tritte und die Oberlinie des Pferdes sollten länger werden, ohne den Rhythmus zu verlieren oder das Tempo zu verändern.

Außengalopp ist bereits auf der Schlangenlinie geübt worden, wo vom Pferd verlangt wird, auf dem zweiten Bogen im inneren Galopp weiterzugaloppieren. Nun muß das Pferd in der Lage sein, auf der geraden langen Seite im Außengalopp anzugaloppieren. Das bedeutet, daß Sie die normalen Hilfen zum Angaloppieren auf einer bestimmten Hand (siehe Zusammenfassung Kapitel 4) geben und im selben Sitz bleiben müssen, wenn Sie durch die Ecke reiten. Reiten Sie dort rechts herum, ist das Pferd im Linksgalopp und es muß ein wenig nach links gebogen sein – entgegengesetzt der Richtung, in die es geht. Wie beim Außengalopp in der Schlangenlinie, verlangen der rechte Zügel und der linke Schenkel einen Richtungswechsel, aber keine Änderung in der Biegung.

VERWEIGERUNGEN

Obwohl ich alles tue, was in meiner Macht steht, um Verweigerungen zu verhindern, kommen sie manchmal vor – und sind nicht unbedingt das Ende der Welt! Wenn Sie die Gründe untersu-

chen, die das Pferd verweigern ließen und dabei versuchen, konstruktiv zu sein, ist es sogar möglich, daß etwas Gutes herauskommt und daß Sie etwas aus dem Fehler lernen. Sie realisieren vielleicht, daß das Pferd für diesen Hindernistyp noch nicht reif genug ist, oder daß es über seinen Vermögem liegt. Es gibt Ihnen vielleicht eine neue Einstellung dazu, wie Sie das Pferd in einer Großen Prüfung reiten müssen, was heißen könnte, daß Sie langsamere Wege reiten müssen, um ohne Fehler zu bleiben. Es ist sinnlos, Ausreden zu

Jeder Reiter braucht Anweisungen für alle drei Phasen.

finden. Kommen Sie zu dem Entschluß, daß es ein Reiterfehler war, müssen Sie es annehmen, egal wie demoralisiert Sie sich fühlen. Können Sie in Ihrer Reitweise – und in Ihrer eigenen Beurteilung – keinen Fehler finden, müssen Sie versuchen, die anderen Gründe, die das Pferd zu der Verweigerung veranlaßten, herauszufinden. Ich mußte diesen Prozeß mental durchgehen, nachdem *Griffin* in einer Aufbauprüfung vor seinem ersten Badminton am Coffin verweigert hatte. Das erinnerte mich an meine erste gefühlsmäßige Reaktion beim Abgehen der Geländestrecke. Ich hatte das Gefühl, daß die Distanzen innerhalb der Elemente falsch waren und daß es Unsinn wäre, es zu versuchen. Nichtsdestotrotz handelte ich gegen meinen Instinkt. Das Pferd sollte in Badminton starten, also bildete ich mir ein, er müßte den direkten Weg gehen, um zu beweisen, daß er dieser großen Herausforderung gewachsen war. Rückblickend gesehen hatte ich kein Recht, es zu versuchen, also muß ich meine eigene Fehleinschätzung zugeben, und die Schuld auf meine Schultern nehmen. Diese Erfahrung war mir aber trotzdem eine Hilfe in Badminton, denn sie gab mir einen Einblick, wie ich das Pferd reiten sollte. Diesmal war ich weniger tollkühn und, nachdem ich einige Alternativen genommen hatte, sprang *Griffin* eine fehlerfreie Runde, um die Prüfung als Zehnter zu beenden.

GEBISSE

Es ist eine allgemeine Regel, daß Pferde bei langen Prüfungen weniger pullen als bei Kurzprüfungen; sie sind einfach deshalb ruhiger, weil sie bereits die Wegestrecken und die Rennbahn hinter sich haben. Ich bevorzuge deshalb bei großen Prüfungen immer ein milderes Gebiß. Unglücklicherweise ist diese Theorie aber nicht idiotensicher. *Griffin* zog sehr stark bei Kurzprüfungen, in denen wir

Links: Um sicher in das Wasser zu springen, müssen Sie mit den Zügeln nachgeben und eine aufrechte Position einnehmen. Ich muß aber sagen, daß ich es bei diesem Beispiel ziemlich übertrieben habe!

vor Badminton starteten, wo ich erwartete, daß er weniger pullen würde. Das Gegenteil war der Fall, und ich fühlte mich während der Geländestrecke in Badminton ernsthaft zu wenig stark in der Akzeptanz der Zügelhilfen. Wenn das Pferd pullt, müssen Sie langsamer reiten, denn es dauert länger, das Pferd vor jedem Hindernis zurückzunehmen, und wahrscheinlich hatte ich als Ergebnis davon zusätzliche 10 Zeitfehler. Der einzige Moment, in dem ich gebißmäßig lieber etwas übertrieben ausgerüstet bin, ist während meines Galopptrainings. Hat das Pferd einmal gelernt, bis zu dem Ausmaß zu pullen, daß es schneller galoppiert, als Sie es möchten, wird das zusätzliche Tempo zur Angewohnheit. Spüre ich, daß mein Pferd bei den Galopps zu stark zieht, benütze ich bei meiner nächsten Galopparbeit ein Gebiß, mit dem ich mehr Kontrolle habe; vielleicht komme ich danach wieder auf mein altes Gebiß zurück, solange ich das Gefühl habe, das Pferd wieder unter Kontrolle zu bekommen. Genau wie die meisten anderen Reiter habe ich bei Großen Prüfungen gern ein schärferes Gebiß in der Zwangspause für alle Fälle parat. Ich verwende es nicht oft, es ist aber als Vorsichtsmaßnahme da, falls das Pferd auf der Rennbahn außer Kontrolle war. Abgesehen von allem anderen beruhigt es mein Gewissen, wenn ich weiß, daß ich das Gebiß wechseln kann, wenn ich möchte.

IM FALLE EINER VERLETZUNG

Ist Ihr Trainingsprogramm aufgrund einer Verletzung unterbrochen worden, sind Sie vielleicht gezwungen, beim Turnier zurückzuziehen – obwohl natürlich viel vom Zeitpunkt abhängt. Es ist weniger schlimm, wenn das Pferd vorher bereits an zwei Kurzprüfungen teilgenommen hat, denn diese bringen Fitneß und es verliert nicht viel Kondition, wenn es eine Woche bei reduziertem Futter Schritt geht. Fällt das Pferd aber wegen Lahmheit bei zwei Prüfungen aus – oder kann länger als eine Woche nicht gearbeitet werden –, ist es klüger, die Enttäuschung zu akzeptieren und das Pferd bei einer Großen Prüfung zurückzuziehen. Sowohl sein Fitneßprogramm als auch seine Vorbereitung sind abrupt unterbrochen worden, und meiner Meinung nach handeln Sie sich Ärger ein, wenn Sie jetzt unter diesen Umständen an einer Großen Prüfung (vor allem einem Championat) teilnehmen. Tritt zu einem weniger brisanten Zeitpunkt eine kleinere Verletzung auf, möchte ich, daß das Pferd mindestens eine Woche vor einer Kurzprüfung wieder gerade geht. Außerdem muß es einmal galoppieren und beim Vortraben am nächsten Tag vollkommen in Ordnung sein.

DAS TRAININGSPROGRAMM

Das Pferd wird in fünf Bereichen getestet – Dressur, Rennbahn, Wegestrecken (Ausdauer), Gelände und Parcoursspringen – seine Vorbereitung muß also all dies berücksichtigen. Die tatsächliche Zeitspanne für jede Disziplin hängt vor allem vom jeweiligen Pferd ab. Es benötigt vielleicht eine gute halbe Stunde lösende Arbeit, bis seine Hinterhand genügend unterspringt, um Seitengänge oder andere Lektionen, die ein entspre-

chendes Maß an Impuls erfordern, zu versuchen. Sie müssen flexibel sein. Geht das Pferd im Viereck nicht besonders gut, ist es manchmal besser, es wieder in den Stall zu stellen und später noch einmal herauszunehmen, um einen Kampf zu vermeiden. Es ist erstaunlich, wieviel besser das Pferd nach einigen Stunden im Stall oft geht. Trotzdem würde ich es mir nicht zu einer Angewohnheit machen, das Pferd jedes Mal wieder wegzustellen, wenn es sich daneben benimmt, weil es das bald als Möglichkeit, um Arbeit zu vermeiden, betrachten könnte. Aus dem gleichen Grund versuche ich, das Pferd mit einer einfachen Lektion zur Mitarbeit zu bewegen, bevor ich es in die Box stelle. Wenn das Pferd für eine Große Prüfung fit sein muß, braucht es mindestens zwei Galopptrainingseinheiten pro Woche, es sei denn es startet in Kurzprüfungen. Wir gönnen dem Pferd nach einer Open intermediate vier faule Tage, um ihm Zeit zu geben, sich zu erholen, bevor wir irgendwelche schnelle Arbeit verlangen. Außerdem vermeiden wir jede anstrengende Arbeit nach seinem freien Tag. Im Idealfall versuche ich, das Pferd in drei S-Kurzprüfungen zu reiten. Es ist vielleicht

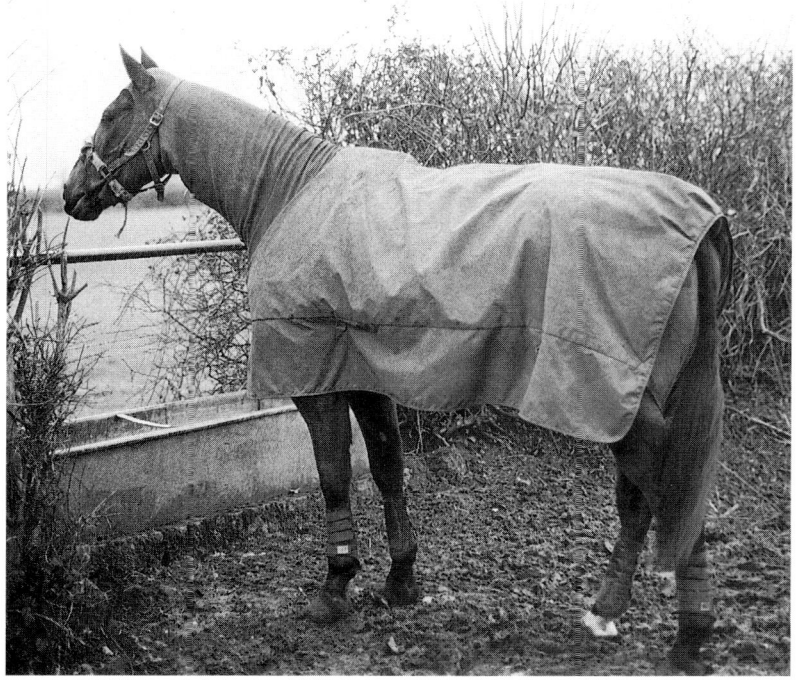

Man kann das Pferd in diesem Stadium allzu leicht übertrainieren. Ein Aufenthalt in der Koppel wirkt Wunder für seine mentale Einstellung und hilft ihm, entspannt und glücklich zu bleiben.

Master Craftsman bei einer Kurz-S, die einen essentiellen Grundstein zum Aufbau bis zu einem Championat bildet.

vorher in einer Open intermediate gestartet, das ist aber vom Pferd abhängig. Neigt das Pferd dazu, übervorsichtig zu sein, gibt eine Open intermediate seinem Selbstvertrauen enormen Aufschwung. Ist es super-mutig, wäre es wahrscheinlich klüger, nur an einer S-Prüfung mit vernünftigen Hindernissen teilzunehmen, die das Pferd ernstnehmen muß. Wie bereits erwähnt, sind Vollblüter leichter auf Geschwindigkeit zu trainieren. Sie müssen weiter an der Ausdauerleistung im Gelände arbeiten, währenddessen das Halbblut lernen muß, ein schnelleres Tempo durchzuhalten. Diese Faktoren müssen Sie im Hinterkopf haben,

wenn Sie das Fitneßprogramm für Ihr Pferd ausarbeiten. Außerdem brauchen Sie selbst ein zusätzliches Übungsprogramm, um fit zu werden, denn das Reiten an sich ist eine unzureichende Vorbereitung auf die Strapazen einer Drei-Tages-Prüfung. Das Programm für das Pferd muß auf die gegebenen Möglichkeiten Rücksicht nehmen, deshalb gebe ich Ihnen zwei verschiedene Tabellen. Sie können entweder eine praktizieren und auf Ihre Bedürfnisse abstimmen – oder eine Kombination aus beiden Tabellen übernehmen. Die Schlüsselpunkte, an die Sie sich erinnern müssen, sind ausreichende Galoppeinheiten und Turniere

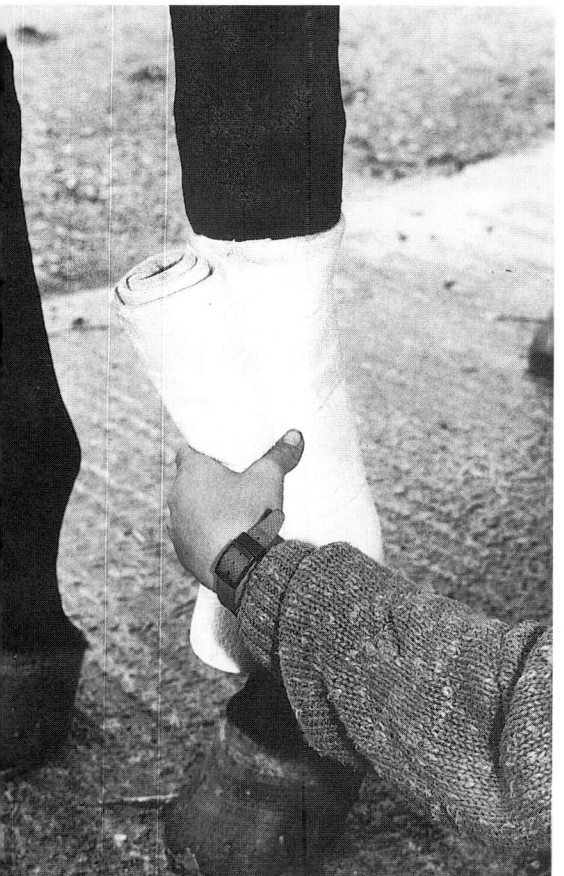 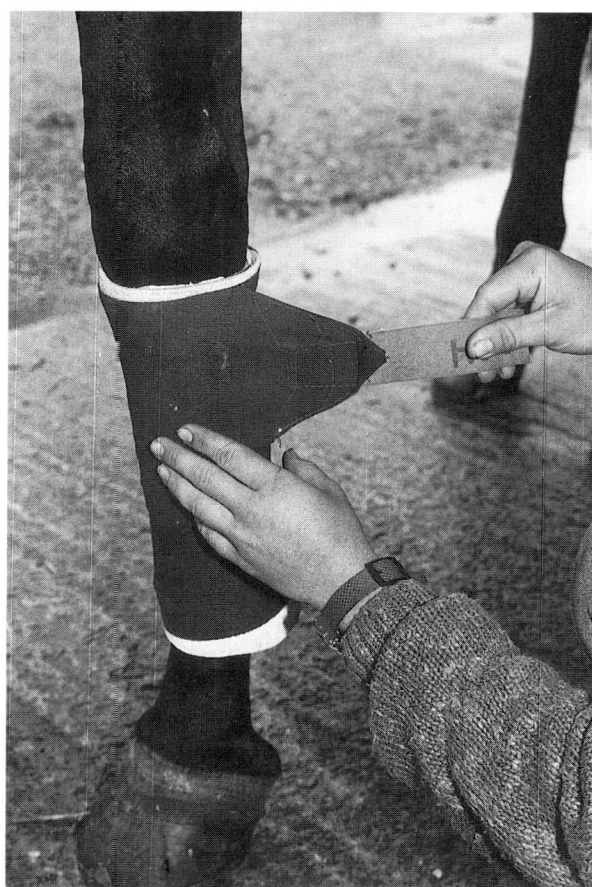

Unfälle können immer passieren, bandagieren Sie deshalb immer Ihre Pferde in der Vorbereitungszeit vor einer Großen Prüfung.

– und Sie müssen genug Zeit einplanen, um alle Disziplinen zu üben. Ihr Pferd benötigt immer noch mindestens fünfundzwanzig Minuten Schritt- und fünf bis zehn Minuten Trabarbeit, bevor Sie mit der Galopparbeit beginnen. Sie zählen weiterhin seine Erholungswerte, wie in Kapitel 9 erwähnt, um seine Fitneß zu überprüfen. Die Tabelle 1 wurde zum Trainieren eines Pferdes in den USA auf flachem und hartem Boden verwendet. Aufgrund der mit den Reisen zu den Turnieren verbundenen Entfernungen verbrachte das Pferd einige Zeit von zu Hause entfernt, die Trainingsmöglichkeiten waren aber den Bedingungen während seines Aufbaus zu Zwei-Sterne-CCIS** ähnlich. Das System folgt der Methode des Intervall-

Trainings, beginnend mit zwei Fünf-Minuten-Galopps und steigert sich langsam auf drei Neun-Minuten-Galopps mit einer Pause von drei Minuten zwischen den einzelnen Galopps. Weil diese Tabelle langsamere und längere Galopps als Tabelle 2 enthält, ist sie hilfreich, um das Durchhaltevermögen bei Vollblütern aufzubauen, und sie vermeidet das Problem, daß die Pferde zu heiß werden, weil sie zu viel galoppieren. Es gab keine Hügel, die dabei halfen, das Pferd fit zu machen und, um ihm ausreichend Arbeit zu geben, zählten am Ende des Programms die Reisetage als Ruhetage. Tabelle 2 machte sich einen Hügel zunutze, während ich das Pferd auf Badminton vorbereitete. Indem ich ein schnelleres Tempo einhielt und den Hügel miteinbezog, war es möglich, über kürzere Distanzen zu trainieren, als die in Tabelle 1, weil das Pferd während der Einheit härter arbeitete. Das belastet seine Vorhand weniger, ist aber bei hartem Boden nicht zu empfehlen. Das schnellere Tempo würde die Pferdebeine zu sehr beanspruchen. Ist der Boden zufriedenstellend (oder wenn Sie eine Allwetter-Bahn benutzen können), hilft die Tabelle 2 dem Nicht-Vollblüter in dem Tempo zu galoppieren, das in einer Großen Prüfung verlangt wird. Zwischen jeder Galoppeinheit wird eine Pause von zwei oder drei Minuten eingelegt. Das geschieht hauptsächlich aus dem Grund, daß es ungefähr zwei Minuten dauert, um den Hügel der Allwetterbahn herunterzureiten, die ich glücklicherweise benutzen darf. Niemals würde ich einen Hügel hinuntergaloppieren, weil das die Pferdebeine zu sehr belastet, deshalb sind die Pausen gegeben, egal ob ich sie möchte oder nicht. Wenn ich eine richtige Rundbahn benutzen könnte, würde ich es wahrscheinlich etwas anders machen, aber nachdem das nie der Fall war, habe ich keine Vorstellung, was ich anders machen würde. Tabelle 2 ist eine Kombination aus der Intervall-Methode und dem Training für Rennpferde. Es ist genug Zeit eingeplant, um alle Disziplinen zu üben, was nicht möglich wäre, wenn ich genau dem Programm des Rennpferdetrainings folgen würde und dreimal die Woche galoppierte. Ich habe das einmal versucht, und obwohl es mit Sicherheit wirkungsvoll war, um ein Pferd fit zu machen, fand ich nicht genug Zeit, um Dressur zu reiten oder zu springen. Deshalb galoppiere ich jetzt zweimal in der Woche, plus einmal Klettern, das den selben gewünschten Effekt auf Lunge und Herz des Pferdes hat. Es kann am gleichen Tag, an dem es klettert, etwas gesprungen oder dres-

surmäßig geritten werden, was aber bei anstrengender Galopparbeit nicht möglich ist. Manchmal, wenn das Pferd nicht viel Vollblut hat – oder mental etwas mehr aufgeweckt werden muß –, könnten Sie das Gefühl haben, daß ein dritter Galopptag notwendig ist. Halten Sie sich an Tabelle 1, müssen Sie trotzdem aufpassen, wenn Sie die Arbeit steigern. Das Pferd galoppiert bereits längere Zeit und über eine längere Distanz als diejenigen, die Tabelle 2 folgen, seine Kondition könnte sich vielleicht dadurch verschlechtern. Fügen wir zu Tabelle 2 eine dritte Galoppeinheit hinzu, lasse ich das Pferd zweimal eine Meile im 550-m-Tempo galoppieren, das sind jeweils drei Minuten. Die letzten fünf Trainingseinheiten in der Tabelle 2 enthalten vier verschiedene Tempi bei einer Distanz von einer Meile, die dritte ist dabei die schnellste. Der Grund dafür, daß ich das bis zum Schluß aufhebe, ist der, daß ich vermeiden möchte, das Pferd mit müden Beinen schnell zu galoppieren. Normalerweise können Sie die Arbeit reduzieren, wenn Sie sich auf eine L- oder M-Vielseitigkeit vorbereiten. Trotzdem sollten Sie aber im Hinterkopf behalten, daß es schwierig sein kann, ein Pferd für seine erste Große Prüfung fit zu bekommen und deshalb braucht es vielleicht genauso viel wie die Pferde, die auf ein Championat vorbereitet werden. Ist dies aber kein Problem, reduziere ich folgendermaßen:
Tabelle 1: Verkürzen Sie jede Galoppeinheit um eine Minute.
Tabelle 2: Übernehmen Sie genau dasselbe System bis zur 15. Woche, in der vier schnelle Galoppeinheiten eingeführt werden. Ändern Sie von diesem Zeitpunkt an alle Einheiten: eine Meile in 550 m pro Minute, eine Meile in 690 m pro Minute und eine Meile in 550 m pro Minute (ungefähr 3, 2 1/4 und 3 Minuten).

TABELLE EINS

Woche 1-3:
Schrittreiten (3/4 - 1 1/2 Std.)

Woche 4:
Ausreiten und Dressur

Woche 5:
Springen (kleine Reihen) mit Dressur und Ausreiten

Woche 6:	
Montag	30 Min. Dressur, 45 Min. Schritt
Dienstag*	2x5 Min. im 400 M./p.M. Tempo
Mittwoch	30 Min. Dressur, 45 Min. Schritt
Donnerstag	Springen (Reihen und Einzelsprünge aus dem Galopp)
Freitag	30 Min. Dressur, 45 Min. Schritt
Samstag*	2x6 Min. im 400 M./p.M. Tempo
Sonntag	Ruhetag (Auf der Koppel)

Woche 7:	
Montag	35 Min. Dressur, 50 Min. Schritt
Dienstag*	6 und 7 Min. im 400 M./p.M. Tempo
Mittwoch	40 Min. Dressur, 45 Min. Schritt
Donnerstag	Springen (Einzelsprünge und Reihen aus dem Galopp)
Freitag	45 Min. Dressur, 45 Min. Schritt
Samstag*	2x7 Min. im 40 M./p.M. Tempo
Sonntag	Ruhetag (auf der Koppel)

Woche 8:	
Montag	45 Min. Dressur, 45 Min. Schritt
Dienstag	Reise: 2-4 Std. Fahrt zu Kurs oder Turnier
Mittwoch	Ruhetag (mit Führen an der Hand)
Donnerstag	1 1/2 Std. Ausritt
Freitag	45 Min. Dressur, 45 Min. Ausritt
Samstag*	2x5 Min. im 400 M./p.M. Tempo und 1x5 Min. im 500 M./p.M. Tempo
Sonntag	1 1/4 Std. Ausritt

Woche 9:	
Montag	30 Min. Dressur, 1 Std. Ausritt
Dienstag	Dressurkurs (Stunden)
Mittwoch	Dressurkurs (Stunden)

Donnerstag	Springen (Einzelsprünge aus dem Trab oder Galopp)
Freitag	45 Min. Dressur, 30 Min. Ausritt
Samstag	1 1/2 Std. Ausritt
Sonntag	Ruhetag

Woche 10:	
Montag	45 Min. Dressur, 45 Min. Schritt
Dienstag*	3x6 Min. im 400 M./p.M. Tempo (die letzten 5 Min. im 500 M./p.M.)
Mittwoch	45 Min. Dressur, 45 Min. Schritt
Donnerstag	Springen (Parcours)
Freitag	1 Std. Dressur, 30 Min. Schritt
Samstag	Erstes Turnier: Dressur und Parcoursspringen
Sonntag*	Erstes Turnier: Gelände

Woche 11:	
Montag	Ruhetag: 1 Std. Führen an der Hand
Dienstag	1 1/2 Std. Ausritt
Mittwoch	1 Std. Dressur, 30 Min. Schritt
Donnerstag	1 Std. Dressur, 30 Min. Schritt
Freitag	1 Std. Dressur, 30 Min. Schritt
Samstag*	3x6 Min. im 400 M./p.M. Tempo (die letzten 5 Min. im 500 M./p.M. Tempo)
Sonntag	1 1/2 Std. Ausritt

Woche 12:	
Montag	1 Std. Dressur, 30 Min. Schritt
Dienstag*	2x6 und 1x7 Min. im 400 M./p.M. Tempo (die letzten 5 Min. im 500 M./p.M. Tempo)
Mittwoch	1 Std. Dressur, 30 Min. Ausritt
Donnerstag	Springen (Reihen)
Freitag	45 Min. Dressur, 45 Min. Ausritt
Samstag*	3x7 Min. im 400 M./p.M. (die letzten 5 Min. im 500 M./p.M. Tempo)
Sonntag	45 Min. Dressur, 45 Min. Ausritt

Woche 13:	
Montag	1 Std. Dressur, 30 Min. Ausritt
Dienstag*	3x7 Min. im 400 M./p.M. (die letzten 5 Min. im 500 M./p.M. Tempo)

Mittwoch	Reise: 8 Std. z. nächst. Turnier
Donnerstag	Springen (Reihen und Einzel-sprünge)
Freitag	1 Std. Dressur, 30 Min. Schritt
Samstag	Turnier: Dressur und Parcours-springen
Sonntag*	Turnier: Gelände

Woche 14:

Montag	Ruhetag: 1 Std. Führen an der Hand
Dienstag	1 1/2 Std. Ausritt
Mittwoch	45 Min. Dressur, 45 Min. Aus-ritt
Donnerstag	1 Std. Dressur, 30 Min. Ausritt
Freitag	45 Min. Dressur, 45 Min. Aus-ritt
Samstag*	3x8 Min. im 400 M./p.M. Tem-po (die letzten 5 Min. im 500 M./p.M. Tempo)
Sonntag	1 Std. Dressur, 30 Min. Ausritt

Woche 15:

Montag	45 Min. Dressur, 45 Min. Aus-ritt
Dienstag	3x8 Min. im 400 M./p.M. Tem-po (die letzten 5 Min. im 500 M./p.M. Tempo)
Mittwoch	Leichte Springarbeit (Einzel-sprünge)
Donnerstag	Reise: 6 Std. Fahrt zum näch-sten Turnier
Freitag	1 Std. Dressur, 30 Min. Schritt
Samstag	Turnier: Dressur und Parcours-springen
Sonntag*	Turnier: Gelände

Woche 16:

Montag	Reise: 11 Std. Fahrt nach Hause
Dienstag	1 1/2 Std. Ausritt
Mittwoch	1 Std. Dressur, 30 Min. Ausritt

Donnerstag	1 Std. Dressur, 30 Min. Ausritt
Freitag	Leichte Springarbeit (Einzel-sprünge)
Samstag	5 Min. Dressur 45 Min. Ausritt
Sonntag*	9 Min. im 400 M./p.M. Tempo, 9 Min. im 450-570 M./p.M. Tempo 9 Min. im 500-690 M./p.M. Tempo

Woche 17:

Montag	45 Min. Dressur, 45 Min. Ausritt
Dienstag	1 Std. Dressur 30 Min. Ausritt
Mittwoch*	9 Min. im 400 M./p.M. Tempo 9 Min. im 450-570 M./p.M. Tempo
Donnerstag	9 Min. im 500-690 M./p.M. Tempo
Freitag	1 Std. Dressur, 1 Std. Schritt Springen (Einzelsprünge und Parcours)
Samstag	1 Std. Dressur 1 Std. Schritt
Sonntag*	9 Min. im 400 M./p.M. Tempo, 9 Min. im 450-570 M./p.M. Tempo, 9 Min. im 500-690 M./p.M. Tempo

Woche 18:

Montag	Reise: 4 Std. Fahrt zur Großen Vielseitigkeitsprüfung
Dienstag	45 Min. Dressur, 1 1/4 Std. Schritt
Mittwoch	1 Std. Dressur, 1 Std. Schritt
Donnerstag	1 Std. Ausritt (Morgens), 30 Min. Ausritt plus Dressur (Nachmittags)
Freitag	Dressur
Samstag	Wegestrecken, Rennbahn und Gelände
Sonntag	Parcoursspringen

* Fitneßprogramm (planen Sie 3 Minuten Pause zwischen jeder Canter-Einheit ein.)

M./p.M. = Meter pro Minute

TABELLE ZWEI

Woche 1-3:	
Schritt (3/4 - 1 1/2 Std.)	

Woche 4:	
Dressur und Ausritt	

Woche 5:	
Leichte Kletterarbeit, Springen (kleine Reihen) mit Dressur und Ausritten	

Woche 6:	
Montag	Ruhetag
Dienstag	1 1/2 Std. Ausritt, Dressur oder Longieren
Mittwoch*	2x3 Min. im 500 M.p.M. Tempo
Donnerstag	1 1/2 Std. Ausritt, Longieren
Freitag*	Klettern und Dressur
Samstag	1 1/2 Std. Ausritt, dressurmäßige Arbeit, Springen (Reihen)
Sonntag	2x3 Min. im 500 M.p.M. Tempo

Woche 7:	
Montag	Ruhetag
Dienstag	1 1/2 Std. Ausritt, Dressur oder Longieren
Mittwoch*	3 und 4 1/2 Min. im 500 M.p.M. Tempo
Donnerstag	1 1/2 Std. Ausritt, Longieren über Stangen
Freitag*	Klettern und Dressur
Samstag	1 1/2 Std. Ausritt, dressurmäßige Arbeit und Springen
Sonntag*	4 1/2 Min im 500 M.p.M. Tempo

Woche 8:	
Montag	Ruhetag
Dienstag	1 1/2 Std. Ausritt, Dressur oder Longieren
Mittwoch*	2x4 1/2 Min. im 525 M.p.M. Tempo
Donnerstag	1 1/2 Std. Ausritt, Dressur oder Longieren
Freitag*	Klettern und Dressur
Samstag	1 Std. Ausritt, Dressur Springen (Reihen)
Sonntag*	2x4 1/2 Min. im 525 M.p.M. Tempo

Woche 9:	
Montag	Ruhetag
Dienstag	1 1/2 Std. Ausritt, Dressur
Mittwoch*	4 1/2 im 525 M.p.M. Tempo und 4 Min. im 545 M.p.M. Tempo
Donnerstag	1 1/2 Std. Ausritt, Longieren über Stangen
Freitag*	Klettern und Dressur
Samstag	Springturnier
Sonntag*	6 und 4 1/2 Min. im 525 M.p.M. Tempo

Woche 10:	
Montag	Ruhetag
Dienstag	1 1/2 Std. Ausritt, Longieren
Mittwoch*	2x6 Min. im 525 M.p.M. Tempo
Donnerstag	1 1/2 Std. Ausritt, Longieren über Stangen
Freitag*	Klettern und Dressur
Samstag	Springturnier
Sonntag*	2x6 Min. im 545 M.p.M. Tempo

Woche 11:	
Montag	Ruhetag
Dienstag	1 1/2 Std. Ausritt, Dressur oder Longieren
Mittwoch*	7 und 6 Min. im 545 M.p.M. Tempo
Donnerstag	1 1/2 Std. Ausritt, leichtes Longieren
Freitag*	Klettern, plus Dressur oder Springen
Samstag	1 1/2 Std. Ausritt, Dressur
Sonntag*	**Erste Ein-Tages-Prüfung** (Open Intermediate)

Woche 12:	
Montag	Ruhetag
Dienstag	1 1/2 Std. Ausritt
Mittwoch	1 1/2 Std. Ausritt, Longieren über Stangen
Donnerstag	1 1/2 Std. Ausritt, Dressur, leichtes Klettern
Freitag	1 1/2 Std. Ausritt, Springen
Samstag	1 1/2 Std. Ausritt, Dressur
Sonntag*	3, 2 3/4 und 2 1/2 Min. im 650 M.p.M. Tempo

Woche 13:	
Montag	Ruhetag
Dienstag	1 1/2 Std. Ausritt, Longieren über Stangen
Mittwoch*	3, 2 3/4 und 2 1/2 Min. im 545 M.p.M. Tempo
Donnerstag	1 1/2 Std. Ausritt
Freitag*	Klettern, plus Dressur oder Springen (Reihen)
Samstag	Ausritt und Dressur
Sonntag	**Kurz-S-Prüfung**

Woche 14:	
Montag	Ruhetag
Dienstag	1 1/2 Std. Ausritt
Mittwoch	1 1/2 Std. Ausritt, Longieren über Stangen
Donnerstag	1 Std. Ausritt, leichtes Klettern, Dressur
Freitag	1 1/2 Std. Ausritt, Springen
Samstag	Ausritt, Dressur (Stunde)
Sonntag*	**Kurz-S-Prüfung**

Woche 15:	
Montag	Ruhetag
Dienstag	1 1/2 Std. Ausritt, Longieren über Stangen
Mittwoch	1 1/2 Std Ausritt, Dressur (Stunde)
Donnerstag*	Klettern und Ausritt
Freitag	Ausritt, kurze Dressur, Springen in der Reihe
Samstag*	2 Min. im M.p.M. Tempo. 3 Min. im 545 M.p.M. Tempo, 2 1/4 Min. im 690 M.p.M. Tempo und 3 Min. im 545 M.p.M.
Sonntag	1 1/2 Std. Ausritt

Woche 16:	
Montag	Ruhetag
Dienstag	1 1/2 Std. Ausritt, Longieren über Stangen
Mittwoch*	2 Min. im 400 M.p.M. Tempo, 3 Min. im 545 M.p.M. Tempo
Donnerstag	1 1/2 Std. Ausritt
Freitag*	1 1/2 Std. Ausritt, leichte Springarbeit in der Reihe
Samstag	1 Std. Ausritt, Dressur
Sonntag	**Kurz-S-Prüfung**

Woche 17:	
Montag	Ruhetag
Dienstag	1 1/2 Std. Ausritt
Mittwoch	1 1/2 Std. Ausritt, Longieren über Stangen
Donnerstag	Klettern, Ausritt
Freitag	Ausritt und Dressur (Stunde)
Samstag	1 1/2 Std. Ausritt, Springen
Sonntag*	3 1/4 Min. im 500 M.p.M. Tempo, 3 Min. im 545 M.p.M. Tempo, 2 1/2 Min. im 690 M.p.M. Tempo und 3 Min. im 545 M.p.M. Tempo

Woche 18:	
Montag	Ruhetag
Dienstag	Fahrt zur Großen Prüfung, 2x1 Std. Ausritte
Mittwoch	Ausritt am Morgen, Dressur nachmittags
Donnerstag	Ausritt am Morgen, Dressur nachmittags
Freitag	**Dressur**, »Pipe opener«-1/2 Meile im 680 M.p.M. Tempo
Samstag	**Wegestrecken, Rennbahn und Gelände**
Sonntag	**Parcoursspringen**

* Fitneßprogramm (Planen Sie 2 bis 3 Minuten Pause zwischen jeder Galopp-Einheit ein, abhängig von den Wetterbedingungen und davon, wie stark das Pferd atmet.)

M./p.M. = Meter pro Minute (die vorgegebenen Zeiten sind ungefähr)

ZUSAMMENFASSUNG

Entscheiden Sie, ob das Pferd soweit ist, anhand der Art, wie es im Gelände springt. Verweigert es, versuchen Sie konstruktiv den Grund herauszufinden.

Pullt das Pferd beim Galoppieren, verwenden Sie ein schärferes Gebiß, mit dem Wunsch, wieder zu einem weicheren zurückzukehren.

Denken Sie daran, daß Pferde normalerweise in der Geländestrecke einer Großen Prüfung weniger pullen, obwohl es auch hier Ausnahmen gibt. Planen Sie Ihr Fitneßprogramm abgestimmt auf die Möglichkeiten, die Ihnen zur Verfügung stehen. Nehmen Sie sich vor, während der Aufbauphase zu einem Championat in drei Kurz-S-Prüfungen zu starten, möglicherweise mit einer Open intermediate vorher.

Zählen Sie weiterhin die Erholungswerte nach den Galoppeinheiten.

Tabelle 1:
Diese Methode wird bei ebenem und hartem Boden verwendet. Sie ist beim Aufbau des Durchhaltevermögens von Vollblütern hilfreich. Für L- oder M-Prüfungen reduzieren Sie die Galoppeinheiten um eine Minute (es sei denn, das Pferd braucht zusätzliche Arbeit). Machen Sie nach jedem Galopp drei Minuten Pause.

Tabelle 2:
Diese Methode benutzt einen Hügel für die Galopparbeit und einen steileren Anstieg für die wöchentliche Kletterarbeit.

Sie ist hilfreich, um Nicht-Vollblüter zu ermuntern, im erforderlichen Tempo zu galoppieren. Sie ist bei hartem Boden nicht empfehlenswert, weil das höhere Tempo die Pferdebeine zu stark bestrafen würde.

Für eine Große L- oder M-Vielseitigkeit reduzieren Sie die letzten Einheiten wie auf S. 172 beschrieben (es sei denn, Ihr Pferd braucht zusätzliche Arbeit).

Machen Sie zwischen jeder Galoppeinheit 2 bis 3 Minuten Pause.

Hilfen für die neuen Bewegungen

Starker Trab: Die Schenkel schaffen die Energie für den verstärkten Impuls und verstärkte Aufrichtung. Die Hände geben nach (während Sie die Verbindung erhalten), um die erzeugte Energie in die verstärkten Bewegungen herauszulassen.

18

DER ULTIMATIVE TEST

Wenn es die Zeit erlaubt und der Veranstalter darauf vorbereitet ist, daß die Menschen und Pferde früh ankommen, reise ich bei Championaten gerne zwei Tage vor dem Briefing an. Nachdem die meisten Championate von Donnerstag bis Sonntag dauern, mit dem Briefing am Mittwoch, bedeutet das normalerweise, daß wir am Montagnachmittag dort ankommen. Ich habe gern ausreichend Zeit, um nach der Ankunft meine Sachen auszupacken und mein Pferd für einen kleinen Ausritt herauszunehmen, damit es seine Umgebung begutachten kann. Pferde kann man nicht leicht zum Narren halten; sobald sie am Schauplatz ankommen, wissen sie, daß ein großes Turnier auf sie zukommt. Als Ergebnis davon sind sie am nächsten Tag oft sehr überdreht. Ich reite am Tag vor dem Briefing selten ernsthaft, sondern mache stattdessen lieber zwei schöne Ausritte. Benimmt sich das Pferd wie ein vollkommen Verrückter, nehme ich es vielleicht sogar dreimal heraus – jedes Mal nicht länger als 45 Minuten, das meiste davon im Schritt. Ich weiß, daß ich genauso wie das Pferd, den Nutzen spüre, einen ganzen Tag zu entspannen und mich zu orientieren. Der Tag des Briefing ist immer ziemlich hektisch. Ich versuche deshalb mein Programm so zu planen, daß ich jede Situation vermeide, die mich in Zeitdruck bringt und deshalb Streß für alle bringt. Lieber reite ich eine halbe Stunde früher, als daß ich mir irgendwelche Sorgen machen muß, ob ich rechtzeitig zum Briefing komme. Merke ich, daß ich eine halbe Stunde übrig habe, um so besser; dann kann ich mich hinsetzen, entspannen und eine Zeitung lesen. Außerdem achte ich darauf, daß ich genug Zeit zum Essen habe; wenn Sie in zu großer Eile sind, um zum Essen anzuhalten, sind Sie am Ende unvermeidlicherweise hungrig und schlecht gelaunt. Genauso wichtig ist es, daß derjenige, der sich um das Pferd kümmert, haargenau weiß, was erforderlich ist. Es ist unfair von jemand zu erwarten, daß er Ihre Gedanken lesen kann, deshalb schreibe ich genau auf, wann ich reite, welches Zaumzeug das Pferd tragen soll, wann es eingeflochten werden muß, um für die Verfassungsprüfung bereit zu sein. Das Ivyleaze-Team glaubt genauso an Kommunikation wie an sorgfältige Planung!

Die Details, die ich in Kapitel 15 angegeben habe, sind bei allen Großen Vielseitgkeitsprüfungen gleich, es gibt also keinen Grund, diese hier zu wiederholen. Dieses Kapitel beschäftigt sich deshalb mit den zusätzlichen Problemen, die bei Championaten auftreten können, hauptsächlich aufgrund der riesigen Menschenmasse, die erscheint, um die Reiter zu sehen.

DRESSUR

Wir alle neigen dazu, das Gefühl zu haben, wir müßten versuchen, die Dressur zu verbessern, während wir bei einem Championat sind und darauf warten, unsere Aufgabe zu reiten. Das ist falsch; wir können zu diesem Zeitpunkt nichts mehr verbessern und sind besser bedient, wenn wir versuchen, das Pferd entspannt und bei Laune zu halten, damit wir uns auf das verlassen können, was wir bereits haben. Ein großer Teil der Vorbereitung auf die Aufgabe kann ohne jede Dressurarbeit erledigt werden. Das enthält zum Beispiel das Herumschlendern, Ausreiten und alles, was dem Pferd hilft, sich mental zu entspannen, während es die Atmosphäre in sich aufsaugt. Sie wissen, daß das Pferd in der Lage ist, alle Lektionen der Aufgabe auszuführen, wird es aber nicht zufriedenstellend tun, wenn es unter Spannung ist. Die größten Kämpfe, die ich bei Championaten hatte, entstanden, weil ich zuviel Zeit im Vorbereitungsviereck verbracht habe. Heutzutage versuche ich, während des Turniers nicht mehr als eine halbe Stunde insgesamt dort zu verbringen.Das Pferd bekommt Platzangst, wenn Sie zuviel Zeit dort verbringen, wie ich zu meinem Leidwesen erfahren mußte. Seine Bewegungen werden verkürzt, sobald Spannung in seinen Körper kommt. Ich hatte vielleicht das ganze Jahr über keine Meinungsverschiedenheit mit meinem Pferd, aber seine Spannung, zusammen mit meiner Sorge, bei solch einem wichtigen Ereignis eine gute Dressur zu reiten, können zu einem ernsthaften Meinungskrieg führen.

Die meisten Pferde sind ruhiger, wenn sie am Dressurtag einen kleinen Morgenausritt machen. Ich stand mit den Vögeln auf, um *Master Craftsman* vor seiner Dressur in Seoul zu reiten und ich weiß, daß es für seinen Auftritt sehr gut war. Es ist immer eine gute Idee, das Pferd einzuflechten, bevor es das erste Mal aus seiner Box kommt. Es weiß genau, daß das Einflechten bedeutet, daß

etwas Wichtiges passieren wird und wenn es rechtzeitig geschieht, ist genug Zeit, damit das Pferd diese Botschaft verarbeitet. Alle Pferde werden in größerem oder geringen Ausmaß von der elektrisierenden Atmosphäre einer Großen Championatsprüfung beeinflußt. Manche genießen es im positiven Sinne; andere werden introvertiert und nervös. *Night Cap* fiel in die zweite Kategorie, und wir zerbrachen uns den Kopf darüber, einen Weg zu finden, um ihn vor der Dressur zu entspannen. Was ihn am meisten aufregte, war der Lärm, speziell das Geräusch des Klatschens von den Tribünen. Nachdem wir zahlreiche Tricks mit geringem Erfolg ausprobiert hatten (vier Tage bei der Bath und West Show, Besuche örtlicher Fußballspiele, eine gemietete applaudierende Menschenmenge zu Hause und Blasmusik in seinem Stall), entdeckten wir eine wirkungsvollere Lö-

Master Craftsman in Badminton. Sie müssen sich bewußt sein, daß große Zuschauermengen eine elektrische Atmosphäre schaffen.

Vergewissern Sie sich immer, daß der Kopf Ihres Pferdes gerade ist, wenn Sie bei der Verfassungsprüfung vortraben.

sung. Wir gaben dem Pferd einige Stunden Zeit, um sich an die Atmosphäre zu gewöhnen, währenddessen führten wir ihn um den Abreiteplatz und ließen ihn ein wenig grasen. Indem wir ihn dort ließen, konnte er das Klatschen so lange hören, bis es ihn langweilte. Als Ergebnis davon war er viel weniger angespannt und konnte deshalb den Richtern zeigen, daß er fähig war, eine richtig gute Dressur zu gehen.

RENNBAHN, WEGESTRECKEN UND GELÄNDE

Wenn ich die Geländestrecke einer Großen Championatsprüfung zum erstenmal abgehe, erschrecken mich normalerweise zwei Hindernisse. Das gilt besonders für Badminton, wo es das erklärte Ziel Colonel Frank Weldons (er war dort viele Jahre Aufbauer und Direktor) war, »to frighten the living daylights out of the riders without hurting any of the horse«, d.h. nicht das Pferd sondern den Reiter zu schrecken. Wie in jeder Klasse der Vielseitigkeit muß ich mir jedes Hindernis positiv ansehen – zuerst das Hindernis an sich und dann die Probleme in seiner Umgebung. Normalerweise können Sie jedes Hindernis mit einem ähnlichen Hindernis, das das Pferd in der Vergangenheit bereits gesprungen hat (auch wenn es nur die Miniaturausgabe davon war), in Verbindung bringen, das gibt Ihnen Zuversicht und Sie wissen, wie Sie reiten müssen. Die Hindernisse fangen ausnahmslos an, weniger erschreckend auszusehen, wenn Sie einmal positiv darüber nachgedacht haben. Ich kann mich an eine Gelegenheit erinnern, bei der ich vollkommen verblüfft war, nämlich bei den Olympischen Spielen in Seoul, wo ich ums Sterben keinen Weg durch die Wondang Walls ausmachen konnte. Es war eine ungeheure Erleichterung, als das erste Element dieser Kombination entfernt wurde, weil es dann reitbar erschien. Ich gehe die Geländestrekken bei Championaten viermal ab – am Tag des Briefing, an beiden Dressurtagen und am Morgen des Geländetages. Zum Zeitpunkt, an dem ich dann darüberreite, sollte ich mit jedem einzelnen Hindernis vertraut sein und genau wissen, wie und wo ich dann reiten will. Außerdem muß ich die vorhandenen Alternativen kennen, falls es einen guten Grund gibt, meine geplante Route zu verlassen. Bei den meisten Geländestrecken gibt es einen Bereich vor jedem Hindernis, in dem Sie Ihr Pferd gerade richten können und auf die richtige Linie kommen können. Badminton bildet eine Ausnahme; die Seile sind verzwickt angebracht und es ist viel weniger Platz, um sich zu ordnen. Die Hindernisse sind oft nicht zu sehen, bis man beinahe schon darüber ist. Es kann einem passieren, daß man auf ein Hindernis zugaloppiert und alles, was man sehen kann, ist eine Ausbauchung der Seile, über die sich Menschen lehnen und die Sicht versperren. Ich bin davon überzeugt, daß es in Badminton mindestens 25 Prozent mehr fehlerfreie Geländeritte gäbe, wenn es keine Seile oder Zuschauer gäbe. Beim Abgehen der Geländestrecke müssen Sie Ihre Phantasie einsetzen und sich vorstellen, wie sich Ihre Sicht verändert, wenn die Mengen in den Park des Herzogs von Beaufort strömen. Ein Hindernis ist vielleicht von weitem gut zu sehen, wenn Sie es ohne Zuschauer betrachten; am Geländetag können diese aber in zehn Reihen an jeder Seite der Hindernisabsperrung stehen. Haben Sie es versäumt, diesen Aspekt zu berücksichtigen – und in dem schnelleren Tempo in dem Sie im Gelände unterwegs sind –, können Sie an diesem Tag ernsthaft aus der Fassung gebracht werden. Ein weiterer Imperativ ist es (wie immer), sich Ihrer eigenen Fähigkeiten und Grenzen und denen Ihres Pferdes bewußt zu sein, um diese zu berücksichtigen, wenn Sie sich überlegen, wie Sie die Strecke reiten sollen. Im Idealfall würde ich mir wünschen, mit einem Pferd, das man genauso wie *Priceless* beschreiben kann, über schwere Geländesprünge zu reiten: relativ klein, mit enormem Vermögen und dabei unglaublich athletisch. Leider sind solche Pferde schwer zu finden, wir alle müssen deshalb bestimmte Grenzen akzeptieren und lernen, damit umzugehen. Vom Anfang ihrer Militarykarriere an finden Pferde mit einem großen Galoppsprung das Galoppieren und das Springen von Weitsprüngen leicht, es fehlt ihnen aber vielleicht an der Elastizität, um durch ein enges Coffin zu springen. Das Pferd mit einem kurzen Galoppsprung findet Oxer schwieriger, sollte aber flotte Wendungen machen können – es ist deshalb vielleicht empfehlenswert, eine schnelle und kurvige Alternative, soweit vorhanden, zu wählen. Außer, Sie müssen früh starten, sollte es möglich sein, die ersten Starter auf dem Bildschirm anzusehen. Das kann sehr hilfreich, aber auch gefährlich irreführend sein, wenn Sie ein Pferd sehen, das von Ihrem völlig verschieden ist. Wenn Sie Ratschläge erhalten, dann müssen diese von jemandem kommen, der Ihr Pferd gut kennt und bei dem man sich darauf verlassen kann, daß er alle wichtigen Informationen weitergibt. Es bringt nichts, erzählt zu bekommen, wie ein Pferd durch eine Kombination sprang, wenn Ihr Informant zu erwähnen vergißt, daß das Tier einen kurzen Galoppsprung hat und sowohl feig, als auch durcheinander war! Manchmal stellt sich heraus, daß sich eine Zweifache oder eine Kombination anders reiten läßt, als man erwartet hat. Die weißen Rails beim Was-

sereinsprung 1989 in Badminton gehören in diese Kategorie. Beim Abgehen war die Distanz zwischen den Sprüngen genau richtig für einen normalen Galoppsprung, aber mit den weißen Sprüngen und dem Wasser wurden die Pferde dazu ermuntert, zurückzukommen und es wurde ein weiter Galoppsprung daraus. Es war deshalb wichtig, mit mehr Tempo, als es zunächst notwendig erschien, anzureiten, andernfalls kam das Pferd in die Versuchung, noch einen zweiten Galoppsprung hineinzumachen. Eine Menge Pferde versuchten es, in der Regel mit schmerzhaften

Mit Ian Stark, Lorna Clarke und Anne-Marie Taylor (jetzt Evans). Wir alle müssen unseren Anreiteweg bei jedem einzelnen Hindernis immer wieder prüfen und überprüfen, und sicher gehen, daß wir alle Alternativen kennen.

Ergebnissen. Einmal auf der ersten Wegestrecke unterwegs, sind die Rennbahnsprünge die ersten Hindernisse, über die man sich Sorgen machen muß. Bis jetzt ist das Pferd in genügend Großen Prüfungen gestartet, um zu wissen, daß es zwei Runden auf der Rennbahn drehen muß. Bremst es deshalb am Ende der ersten Runde ab, ist es wahrscheinlich müde oder nicht in Ordnung und kein Mißverständnis. Sie müssen sich also schnell entscheiden, ob es lahm ist oder unter den Wetter- oder Bodenverhältnissen leidet. Gleichzeitig dürfen Sie die vor Ihnen liegenden Hindernisse nicht unterschätzen. Wenn Sie das Pferd auf einem kurzen Stück ausruhen lassen, muß es wieder in die Gänge kommen, damit es genug Power und Schwung hat, um das Hindernis zu überwinden. Es wer-

Master Craftsman als vergleichsweise junges und unerfahrenes Pferd bei den Olympischen Spielen in Seoul.

den nicht sehr viele Zuschauer bei der Rennbahn stehen, wenn Sie aber das Gelände erreichen, wird es wahrscheinlich mit Zuschauern überschwemmt sein. Die Reiter werden unvermeidlicherweise von der Atmosphäre angesteckt, was die Nervosität vor dem Gelände noch vergrößert. Aber einmal gestartet, konzentrieren Sie sich zu sehr auf die Hindernisse, um sich der Zuschauer bewußt zu sein. Sie wissen, daß diese nur zusehen, um gute Leistungen zu sehen, was Ihnen, wenn überhaupt, hilft, besser zu reiten. Höre ich, nachdem ich über ein schwieriges Hindernis gesprungen bin, zufälligerweise Beifall, gibt es mir enormen Auftrieb. Auf der anderen Seite kann das Pferd durch die Menschen ernsthaft abgelenkt werden. Es kann anfangen, auf die Menschenmengen zu achten, statt sich auf die Hindernisse vor ihm zu konzentrieren und dann vorsichtig werden. Es besteht die Gefahr, daß es dann vor den Menschen und vor den Hindernissen stark zurückkommt, was ein riesiges Problem ist, gegen das Sie nichts tun können. Diese Pferde neigen dazu, introvertiert und ängstlich zu werden, wenn sie große Menschenmengen sehen. Ich hatte erwartet, daß *Griffin* so reagieren würde, als ich ihn das erste Mal in Badminton ritt und war entzückt, als er stattdessen extrovertiert wurde, das bedeutete, daß die Menschenmengen ihm eher halfen, als hinderten. Es ist wie immer die Verantwortung des Reiters, das Pferd auf die einzelnen Hindernisse vorzubereiten. Er muß das richtige Tempo und Gleichgewicht einstellen und mit Genauigkeit an-

reiten; es ist zu spät, um etwas richtig zu stellen, wenn Sie das Hindernis erreicht haben. Das richtige Tempo für In-Outs hängt von der Distanz ab. Sie sollten aber immer versuchen, möglichst dicht am ersten Element abzuspringen, um nicht zu dicht vor dem folgenden Element zu landen. Im Idealfall landet das Pferd genau in der Mitte zwischen den beiden Elementen; es ist dann genau richtig plaziert, um den nächsten Teil des Hindernisses zu springen. Manchmal fangen die Pferde an, sich am Ende der Strecke auf das Gebiß zu legen, wenn sie müde werden, das macht sie vorne schwer. Der Reiter muß die Schenkel und Hände einsetzen können, um das Pferd wieder auf die Hinterhand zu bekommen und weg von der Vorhand, andernfalls kommt er in die ernsthafte Gefahr, an eines der verbleibenden Hindernisse

Das Parcoursspringen ist außerordentlich nervenzerreißend und kann den Unterschied zwischen Erfolg und Niederlage bedeuten.

zu rumpeln. Das ist einer der Gründe, warum der Reiter ein wenig Fitneßtraining gemacht haben sollte!

PARCOURSSPRINGEN

Normalerweise gehe ich den Parcours bei Championatsprüfungen viermal ab, das hilft mir, meine Angst zu verlieren. Wir sind uns alle dessen bewußt, daß die Vorteile einer überragenden Dressur und eines heldenhaften Geländerittes sehr leicht im Parcours zunichte gemacht werden können. Jedes Hindernis muß genau untersucht werden, oft in dem Wissen, daß eine Stange auf dem Boden Sie in der Plazierung weit nach unten werfen kann. Normalerweise ist die nervöse Spannung vor dem Springen immer größer als vor dem Gelände, was sich natürlich auf das Pferd übertragen muß. Die Parade der Teilnehmer vor dem Springen kann sich auch als zu anregend für Ihren Partner erweisen, trotz seiner Anstrengungen am vorhergehenden Tag. Hat sich das Pferd zu sehr aufgeregt, weil es mit all den anderen Pferden im Stadion war, kann es ein echtes Problem werden, es wieder in Konzentration zu bringen, wenn es dorthin zurückkommt, um den Parcours zu springen. Es ist die Sache wert, sich daran zu erinnern, daß je ruhiger Sie das Pferd während der Parade halten können, um so besser wird es in der letzten Phase des Wettbewerbs abschneiden. Manche Pferde blühen bei großen Ereignissen richtig auf und springen deshalb besser; andere verlieren ihre Konzentration und werden wahnsinnig guckrig. Die Reiter sind sich natürlich vor dem Springen der überfüllten Tribünen bewußt, aber einmal im Stadion, gibt es glücklicherweise soviel nachzudenken, daß die meisten von uns es schaffen, die Menschen zu vergessen. Nur einer kann gewinnen, viele von uns sind aber wahrscheinlich ähnlich hingerissen, wenn das Turnier vorbei ist. Hat das Pferd bereitwillig auf diese höchste Herausforderung reagiert, müssen Sie sich unheimlich darüber freuen. Und wenn der ganze Beifall vorüber ist, und Sie wieder zurück auf die Erde kommen, wird immer noch ein tiefes Gefühl der Zufriedenheit übrigbleiben.

ZUSAMMENFASSUNG

(In Verbindung mit der Zusammenfassung von Kapitel 15 zu verwenden)

Dressur:
Verbringen Sie nicht zu viel Zeit im Vorbereitungsviereck. Ist das Pferd verspannt, müssen Sie ihm viel Zeit auf dem Abreiteplatz geben, um sich an die Atmosphäre zu gewöhnen. Ein Ausritt früh am Morgen vor der Aufgabe hilft dem Pferd, sich zu beruhigen.

Rennbahn, Wegestrecken und Gelände:
Beim Abgehen der Geländestrecke müssen Sie sich jedes Hindernis einzeln ansehen, bevor Sie die Probleme in der Umgebung bedenken. Berücksichtigen Sie die Position der Absperrungsseile. Sie erlauben vielleicht nicht genug Platz, um das Pferd vor dem Hindernis gerade zu richten; lehnen sich die Menschen über die Seile, ist Ihre Sicht versperrt. Ziehen Sie die Grenzen Ihres Pferdes in Erwägung, wenn Sie sich überlegen, wie Sie über die Sprünge reiten wollen. Sehen Sie sich etwas auf dem Monitor an, müssen Sie das, was Sie sehen, in Relation zur Galoppsprunglänge Ihres Pferdes bringen. Dasselbe gilt für jede erhaltene Information. Legt sich das Pferd auf das Gebiß, weil es müde ist, müssen Sie es mit Ihren Händen und Schenkeln wieder zurück auf seine Hinterhand setzen.

Parcoursspringen:
Ist eine Teilnehmerparade vor dem Springen, müssen Sie versuchen, das Pferd während der Parade so ruhig wie möglich zu halten.

19

REISEN NACH ÜBERSEE

Pferde haben eine weitaus angenehmere Reise, wenn sie mit dem Flugzeug unterwegs sind, als wenn sie auf der Straße oder mit dem Schiff fahren. Weil sie physisch nicht in der Lage sind, sich zu übergeben, kann sie eine Überfahrt bei rauher See besonders quälen, und Sie haben vielleicht ein sehr krankes Pferd mit hohen Temperaturen am Ende der Reise. Verstärkte Untätigkeit zu einem Zeitpunkt, an dem das Pferd fit für eine Große Prüfung ist, kann ernsthafte Probleme verursachen, wenn das Kraftfutter nicht verringert wird und das Pferd keine ausreichende Bewegung bekommt.

FUTTER FÜR DEN REISENDEN

Das Pferd bekommt seine normale Heuration und anderes Rauhfutter, wenn es eine lange Reise nach Übersee macht. Wir reduzieren aber zwei bis fünf Tage vorher das Kraftfutter und rechnen dieselbe Zeit, um wieder auf die normale Menge zurückzukommen. Die tatsächliche Menge – und die Zeitspanne, in der das Kraftfutter reduziert wird – hängt von der Länge der Reise, wie das Pferd reist und von dem ab, was für Bewegungsmöglichkeiten unterwegs gegeben sind. Unsere Pläne müssen darauf eingerichtet sein, wenn es eine unerwartete Verzögerung wegen schlechten Wetters gibt. Wir würden nicht mit der Fähre fahren wollen, wenn ein Sturm geht – und es ist auch unwahrscheinlich, daß es uns gestattet würde. Das Warten auf die nächste Fährmöglichkeit (und auf ruhigere See) können einen zusätzlichen halben Tag oder mehr zwischen die Abfahrt und die Ankunft schieben. Wir hatten einen solchen Aufenthalt, als wir *Griffin* zu einer Großen Vielseitigkeitsprüfung nach Boekelo in den Niederlanden brachten. Er sollte zur Nachtfähre in Harwich,

das hätte bedeutet, daß er um vier Uhr morgens in Boekelo angekommen wäre. Wir hatten den Plan, ihm seine normale Kraftfuttermenge am Morgen zu geben; er wurde an diesem Morgen geritten und es sollte möglich sein, ihn nach der Ankunft noch eine Stunde zu bewegen. Der Plan mußte aufgegeben werden, als der Transporter nicht auf die Nachtfähre durfte; *Griffin* mußte auf dem Parkplatz der Docks übernachten und am nächsten Morgen auf die Fähre gehen. Sein Kraftfutter wurde deshalb auf zwei Pfund reduziert, weil wir nun erst nach Einbruch der Dunkelheit ankamen und es deshalb zu spät war, um das Pferd zu reiten oder zu longieren; seine einzige Bewegung war nun das Führen an der Hand. Verläßt das Pferd den Stall vor Tagesanbruch und kommt es spät am selben Abend an, bekommt es wahrscheinlich seine normale Ruhetagsration an dem Tag, an dem es unterwegs ist. Auf längeren Reisen müssen wir die Kraftfuttermenge reduzieren, besonders wenn das Führen an der Hand die einzige Bewegungsmöglichkeit ist. Wir müssen aber im Hinterkopf behalten, daß das Pferd wahrscheinlich ein wenig Kondition verliert, wenn es drei Tage hintereinander kaum Kraftfutter bekommt. Das ist kein Problem, wenn uns mindestens fünf Tage zur Verfügung stehen, um das Pferd vor dem Turnier wieder auf seinen Höhepunkt zu bringen. Der Flug zu den Weltmeisterschaften 1986 in Australien dauerte 33 Stunden und wir reduzierten das Kraftfutter während der ganzen Reise, denn *Priceless* hatte vier Wochen Zeit, bis das Turnier begann. *Master Craftsman* hatte 12 Tage, bevor der Wettbewerb in Seoul begann, es war also auch genügend Zeit, um seine Kraftfuttermenge vor dem Flug allmählich zu reduzieren und langsam wieder auf die normale Menge zu steigern. Starten wir in Europa, ist die Zeit gewöhnlicherweise nicht auf unserer Seite. Dauert die Reise auf der Straße und auf der Fähre zwei Tage oder länger, versuchen wir einen Platz zu finden, an dem wir das Pferd an jedem Tag der Reise longieren können. Es kann anschließend ein wenig Kraftfutter bekommen, ohne ein allzu großes Risiko einzugehen, daß die Probleme, die mit dem Aufbau von Protein verbunden sind, auftreten. Das bekannteste dieser Probleme ist Kreuzverschlag, der schwere Krämpfe im Pferderücken und in der Hinterhand verursacht, wenn das Pferd wieder zu arbeiten beginnt. Zu Hause haben unsere Pferde ein Minimum von zehn Minuten Grasen am Tag. Es ist selten möglich, die Pferde zum Grasen zu führen, wenn sie zu einem Turnier in Übersee unterwegs sind, wir müssen deshalb dieses Defizit ausgleichen, indem wir unterwegs Karotten füttern. Die Karotten sind eine spezielle Belohnung bei Reisen; in Ivyleaze füttern wir sie nicht, sie sind aber hilfreich, um das Herausreißen des Pferdes aus der Sicherheit und dem Komfort seines Stalles auszugleichen. Außerdem machen sie die Mahlzeiten interessanter, die ansonsten hauptsächlich aus »slops« bestehen. Es ist für das Pferd immer noch sehr wichtig, viermal am Tag sein Futter zu bekommen, weil es sich auf die Mahlzeiten freut. Ist heißes und feuchtes

Wetter zu erwarten, geben wir automatisch Elektrolyte, die wichtige Stoffe ersetzen, die durch das Schwitzen verloren gehen. Wir fangen damit an, bevor wir von zu Hause wegfahren und machen noch einige Tage nach der Rückkehr weiter, wie auf der Packungsbeilage beschrieben. Am liebsten würden wir unser ganzes Futter mit auf Reisen nach Übersee nehmen, aber es ist nicht immer erlaubt. Es ist deshalb wichtig, die Bestimmungen eines jeden Landes, in das Sie reisen, zu kennen und zu überprüfen, ob Sie die erforderlichen Nachweise erbringen können. Dürfen wir das Futter nicht mitbringen, versuchen wir unser Bestes, um etwas Futter aus unserem Bestimmungsland zu bekommen, um das Pferd zu Hause langsam daran zu gewöhnen, bevor es wegfährt, und um damit irgendwelche plötzlichen Veränderungen zu vermeiden. Es ist nicht gestattet, Heu zurück nach England zu bringen, *HorseHage* ist aber erlaubt, weil es in Säcken versiegelt ist. Wir gehen deshalb sicher, daß wir genug *HorseHage* dabei

Reisen in der Luft. Die Pferde müssen während der langen Reise sehr sorgfältig überwacht werden, um potentielle Gefahren wie Austrocknung und Übelkeit zu vermeiden.

haben, andernfalls hat das arme Pferd nach der Ankunft am Hafen nichts mehr zu essen. Normalerweise füttern wir dieselbe Kraftfuttermenge auf der Hin- und Rückfahrt. Zum Zeitpunkt der Rückfahrt wird das Pferd müde sein und es ist deshalb nicht gut, vom System abzuweichen. Die Müdigkeit macht das Pferd weniger widerstandsfähig gegenüber Bakterien, es besteht deshalb in diesem Stadium mehr Gefahr als bei der Hinfahrt.

REISEFERTIG

Für zusätzlichen Schutz und um ein Anlaufen der Beine zu verhindern, bandagieren wir die Beine immer mit Einlagen unter den Transportgamaschen, wenn wir weiter wegfahren. Wie bei den meisten kürzeren Fahrten trägt das Pferd (notfalls) eine leichte Decke, die für die Temperaturen geeignet ist und seine persönlichen Bedürfnisse erfüllt. Wenn Sie weite Strecken zurücklegen, kann sich die Temperatur häufig ändern, Sie müssen deshalb regelmäßig überprüfen, ob das Pferd wärmere oder dünnere Kleidung braucht. Es kann weitaus besser mit dem Reisestreß umgehen,

wenn der Transporter gut belüftet ist. Stickige Luft ist einer der Hauptgründe für Streß, speziell in den Flugzeugen, wo es unvermeidlicherweise zu heiß wird. Niedrige Temperaturen sind kein Problem, man kann immer noch eine zusätzliche Decke auflegen, um das Pferd warm zu halten. Sie kommen in Schwierigkeiten, wenn es zu heiß ist, denn Hitze schwächt und verursacht Streß. Wir benutzen keine Schweifbandage bei diesen Reisen, aus Furcht, daß es zu fest sein könnte oder in einen Bereich rutscht, in dem es Druckstellen verursacht und die Blutzirkulation verhindert. Man hat von Pferden gehört, die ihre Schweife verloren haben, weil die Bandagen zu fest angezogen waren, also gehen wir lieber kein Risiko ein. Der Schweif ist eine empfindliche Stelle, ohne dicke Schutzhaut – und sehr wenig Haare, weil wir das meiste aus Schönheitsgründen entfernen. Statt einer Schweifbandage verwenden wir einen Schweifschoner, der an einem leichten Gurt befestigt ist, damit er nicht verrutscht.

Ausladen am Ende eines erfolgreichen Ausflugs.

187

BEWEGEN

Wir bewegen das Pferd immer vor dem Einladen für eine lange Reise, selbst wenn es bedeutet, um drei Uhr morgens aufzustehen, um das Pferd mit der Taschenlampe eine halbe Stunde im Hof zu führen. Ist das Ausladen am Hafen erlaubt, wird es nochmal eine halbe Stunde vor dem Einschiffen geführt und am Ende der Überfahrt noch einmal herausgenommen. Abhängig von unserem Bestimmungsort, können immer noch zwei oder drei Tage Fahrt vor uns liegen. Ist dies der Fall, wird das Pferd jeden Morgen vor der Abfahrt bewegt und am Abend bei der Ankunft oder am Zielort. Außerdem halten wir mittags und geben dem Pferd etwas Bewegung, das bedeutet, daß das Pferd dann insgesamt 1 bis 1,5 Stunden täglich Bewegung hat. Wir hoffen, dafür am Morgen und am Mittag eine geeignete Stelle zum Longieren zu finden; es kann dann kräftiger bewegt werden als beim Führen an der Hand. Läßt man das Pferd den ganzen Tag im LKW stehen, kann man kaum erwarten, daß es sein Ziel in Höchstform erreicht.

Urlaubszeit. Der Reiter träumt vielleicht von Barbados, aber alles was das Pferd verlangt, ist eine schöne große Koppel.

URLAUB

Das Pferd braucht einen Urlaub, wenn es wieder nach Hause kommt. Das bedeutet aber nicht, daß man es geradewegs auf die Koppel wirft; nach einer Großen Prüfung, egal ob im eigenen Land oder Ausland, braucht das Pferd ungefähr eine Woche, in der es langsam abgebaut wird, bevor man es wegstellt. Am Wochenanfang reitet man eineinhalb Stunden aus. Das wird allmählich auf eine halbe Stunde reduziert und gleichzeitig wird auch sein Kraftfutter reduziert. Das verhindert eine abrupte Veränderung, die wahrscheinlich sein ganzes System durcheinander bringen würde. Die Pause hilft dem Pferd, sich sowohl körperlich als auch geistig zu erholen. Und es kann auch für den Reiter vorteilhaft sein! Obwohl das Pferd immer noch liebevolle Pflege und Zuneigung braucht, während es weggestellt ist, ist es natürlich weitaus weniger zeitaufwendig, als wenn es im Training ist.

Die Frühjahrssaison ist immer besonders willkommen, weil Pferd und Reiter viel Erholung hatten.

ZUSAMMENFASSUNG

Fütterung:
Reduzieren Sie das Futter 2 bis 5 Tage vor langen Auslandsreisen und planen Sie dieselbe Zeit ein, um auf die normale Futtermenge zurückzukommen. Bei kürzeren Reisen (24 Stunden oder kürzer) geben wir die normale Ration für einen Ruhetag. Wenn es erlaubt ist, nehmen Sie das Futter für die ganze Reise mit.

Ausrüstung für die Reise:
Bandagieren Sie das Pferd mit Einlagen unter den Transportgamaschen. Wählen Sie eine leichte Decke (falls nötig), die für das jeweilige Pferd und die Temperaturen geeignet ist. Überprüfen Sie regelmäßig ob das Pferd zu heiß oder zu kalt ist. Geben Sie einem Schweifschoner den Vorzug gegenüber einer Bandage.

Bewegung:
Das Pferd sollte mindestens dreimal am Tag 20 bis 30 Minuten bewegt werden – vor der Abfahrt, ein zweites Mal zur Mittagszeit und bei der Ankunft am Übernachtungsquartier oder am Zielort. Versuchen Sie, einen Platz zum Reiten oder Longieren für eine dieser drei Pausen zu finden (bei den anderen beiden kann man das Pferd an der Hand führen).

Schluß:
Die in diesem Buch beschriebenen Trainingsmethoden wurden bei einer Menge verschiedener Pferde mit Erfolg angewendet, sie sind aber nicht in Stein gemeißelt. Wir lernen immer weiter und müssen deshalb bereit sein, uns anzupassen.

Wie Egon von Neindorff schrieb: »The horse already knows how to be a horse, the problems of the horsemanship are entirely those of the rider.«

Pferde verstehen – besser reiten

Tom Ainslie/
Bonnie Ledbetter
So verstehen Sie Ihr Pferd
Fundiertes Praxisbuch über
Natur, Bewußtsein und
Sozialverhalten des
Pferdes: viele Beispiele zu
Körpersprache und
Problemlösungen, An-
leitungen zur Erziehung
des Fohlens, Korrektur
eines bösartigen Pferdes
und Tips zum Kauf eines
Pferdes oder Rennpferdes.
192 Seiten

Kerstin Diacont
Das Westernpferd.
Der Westernreiter
Ausrüstung, Haltung und
Ausbildung
Alle Informationen zum
Westernreiten, z.B. zu ver-
haltensgerechter Aus-
bildung, Sitz und Ein-
wirkung des Reiters in den
Grundgangarten, Ver-
stehen der natürlichen
Verhaltensweisen und
Reaktionen des Pferdes.
143 Seiten, 84 Fotos,
35 Zeichnungen

Gerhard Kapitzke
Das Pferd von A – Z
Aktuelles Grundlagen-
wissen von A – Z zu
Pferdezucht und -haltung
sowie zum Reit- und Fahr-
sport in 1070 Stichwörtern
mit vielen informativen
Fotos.
349 Seiten, 41 Farbfotos,
200 s/w-Fotos,
57 Zeichnungen,
63 Grafiken mit
317 Einzelabbildungen

Birgit Neuhaus
Das Freizeitpferd.
Der Freizeitreiter
Praktische Einführung in
die Ausbildung des
Reiters, über Kauf, Unter-
bringung, Fütterung und
Pflege des Pferdes, Aus-
rüstungsfragen, Reit-
weisen, die Arbeit des
Pferdes an der Hand sowie
organisatorische Tips.
151 Seiten, 46 Fotos,
4 Zeichnungen

Kurt Albrecht
Ausbildungshilfen für
Pferd und Reiter
Methodische und psycho-
logische Anleitungen für
Ausbilder und Dressur-
reiter: Sitz und Ein-

wirkung, Höhere
Campagneschule, Arbeit
an der Hand, Spezial-
dressur, Korrektur-
Hinweise u.v.m.
111 Seiten

Jürgen Kemmler
Mit Pferden durchs Jahr
Die Welt der Pferde heute
in ihren vielfältigen
Erscheinungsformen – in
Farbfotos dargestellt am
Beispiel eines Jahreszyklus;
Informationen über
Evolution, Zucht, art-
gerechte Haltung, Aus-
bildung, Training, Sport,
Freizeit und verständnis-
vollen Umgang mit dem
Pferd.
128 Seiten, 208 Farbfotos